手際よく
収納率
アップ！

覚えておきたい
# 自治体徴収実務の定石

日澤邦幸 [著]
Kuniyuki Hisawa

第一法規

はしがき

　振り返ると、第一法規さんとの出会いは2002年でした。加除式書籍『地方公共団体　徴収実務の要点』の執筆が最初で、それから17年目を迎えたことになります。途中、2008年に単行本『4日でマスター！　徴収実務』の初版を、2012年に増補版を刊行させていただき、並行して、月刊誌『自治実務セミナー』に「地方税徴収実務のテーゼ」をちょうど7年間、連載させていただきました。

　この度刊行される『手際よく収納率アップ！──覚えておきたい自治体徴収実務の定石』は、「地方税徴収実務のテーゼ」84回連載分が軸になっております。「定石」とは甚だ言い過ぎではないかと、執筆した私自身が気恥ずかしくなります。しかし、私の滞納整理は「地方税法第15条」が原点であって、「地方税法第15条」が出発点であると言うことは紛れもない事実ですから、その点では「定石」であると言えるのではと思っております。全国の地方自治体で徴収実務を担当されるみなさまのお役に立てればという思いを強く持っております。

　さて、地方自治体の滞納整理のターゲットについては、「平成」になってから大きな転換が三度ありました。最初は土地神話に象徴されるバブル経済が崩壊した1991年以降に固定資産税と特別土地保有税を中心とする時代に突入し、その後の長引く平成不況下では地方自治体は不良債権処理に全力で取り組みました。二度目は地方分権が推進され、2007年以降の三位一体の改革による国から地方への3兆円規模の税源移譲が所得税から住民税へ移すという形で行われたことによって、住民税中心の滞納整理の時代が訪れました。そして、三度目は国民健康保険料、後期高齢者医療保険料、介護保険料、保育料などの「料」を滞納整理の中心にする時代へと流れてきました。

　これまでは、国税徴収法を基にする、滞納処分が可能な強制徴収公債権の時代であり、「覚えておきたい自治体徴収実務の定石」は、この強制徴収公債権

の滞納整理の基本を総まとめできることを『めあて』にしております。また、本年4月からは国民健康保険の運営が都道府県に移管されることを踏まえ、地方自治体では個々の事情に応じた徴収体制の充実がますます重要になります。そのようなことから、国民健康保険料についてはかなりのページを割かせていただきました。

　近い将来、地方自治体の滞納整理は、非強制徴収公債権、私債権を全て含む債権管理の時代となるはずです。債権管理の時代が訪れても、債権回収にあたって滞納の原因や負担する力を把握する重要性は変わらず、「地方税法第15条」の考え方が基本になることに変わりはないと思います。

　最後に本書の刊行にあたって、一緒に考え、相談させていただき、校正作業を夜遅くまで、あるいは朝早くからご尽力いただいた、第一法規株式会社出版編集局編集第二部の大庭政人氏に心から感謝いたします。

　　2018年2月吉日

　　　　　　　　　　　　　　　　　　　　　　　　　　日　澤　邦　幸

[目次] 手際よく収納率アップ！ 覚えておきたい 自治体徴収実務の定石

## 第1編　収納率の向上

### 第1章　滞納整理の原点「地方税法第15条」

**第1節　納税の猶予と執行停止** …………………………………… 2
1　はじめに　2
2　納税の猶予と執行停止　3
3　「誠実な意思」と「困難にするおそれ」の判断　5
4　換価の猶予とその効果　6
5　納税環境の整備　7
6　「地方税法第15条の5第1項第1号」と「地方税法第15条の7第1項第2号」この2つの条文を比較する　10
7　不納欠損額から「単独時効」をなくす　12
8　整理効率を意識　13
9　滞納整理マネージメント　15
10　徴税吏員と地方税法第15条　16

**第2節　「換価の猶予」に伴う担保の徴収と処分** ……………17
1　「換価の猶予」の重要性　17
2　差押後の納税交渉　18
3　担保の徴収と担保の処分　20
4　担保物処分による差押え　23

目次

## 第2章 収納率向上の工夫と効率的な滞納整理

**第1節 滞納累積化の防止**………………………………………………25
 1 滞納繰越額の圧縮　25
 2 換価の猶予と分割納付　27
 3 執行停止中の分割納付　28

**第2節 収納率向上の近道「現年度優先主義」と「単年度整理の促進」**……31
 1 現年度優先主義　31
 2 「単年度整理の促進」を実践する　33
 3 単年度整理に積極的に取り組む　34
 4 膠着化事案を作った原因の分析　35

**第3節 税組織の再構築と税務事務の集約化**……………………………40
 1 地方税を取り巻く環境の変化　40
 2 政令指定都市における税務事務の集約化　40
 3 行財政改革と税組織の再構築　42
 4 徴収業務への民間事業者の活用　42
 5 徴収現場の改革　44
 6 不思議な滞納整理　44
 7 納税意識の高揚　45
 8 複数の債権を一元回収　46
 9 多重債務者の滞納整理　48
 10 差押解除の要件と換価の猶予　50
 11 国民皆保険制度の空洞化　54

**第4節 効率的な滞納整理の追求**…………………………………………56
 1 単年度整理の実現について　56
 2 滞納繰越分の停止　58
 3 新規滞納者に対する滞納整理の展開　61
 4 期別滞納整理の重要性　63

5　徴収体制と徴収意識の改革　64

第5節　滞納整理方針……………………………………………………………68
　　1　徴収現場からの声　68
　　2　その差押解除は換価の猶予と執行停止のどちらに基づくのか　71
　　3　任意売却と差押えの解除要件　73
　　4　国税徴収法第76条第1項第4号の考え方　77

第6節　捜索の活用と推進………………………………………………………79
　　1　無益な差押状態の滞納整理と差押解除について　79
　　2　動産の差押えとインターネット公売の活用　81
　　3　差押えから解除の期間を考える　83
　　4　生活保護法から見る固定資産税　84
　　5　不動産差押後の解除までの期間について　86
　　6　競売申立ての増加と任意売却　92
　　7　捜索の活用と推進　94

# 第3章　住民税と固定資産税の滞納整理

第1節　滞納繰越額を縮減させる……………………………………………… 100
　　1　固定資産税が絡む滞納累積事案　100
　　2　現年度収納率の低下を抑える　104
　　3　滞納処分の停止に至るまでの経過等の整理　106
　　4　住民税の滞納金額別滞納整理　108
　　5　住民税の滞納年次別滞納整理　108
　　6　現年度の課税状況別滞納整理　109

第2節　住民税滞納整理の重視………………………………………………… 110
　　1　住民税普通徴収の滞納整理のポイント　110
　　2　住民税滞納の累積化防止　111
　　3　国民健康保険税（料）と住民税普通徴収との関係　114
　　4　滞納累積額を圧縮するための対策　115

目 次

## 第4章　低所得者へのきめ細やかな対応

### 第1節　生活保護受給額と給与の差押禁止額……………………………117
1　はじめに　117
2　給与差押えの解除について　119
3　滞納処分による給与の差押えと民事執行の競合　122
4　給与の差押えと預貯金の差押え　123
5　生活保護世帯に対する準要保護世帯とは　124
6　生活保護受給額と給与の差押禁止額　125

### 第2節　納税交渉力の重要性………………………………………………126
1　世帯における所得の状況　126
2　納税交渉力の重要性　129
3　納税交渉のポイント　131
4　国民健康保険と子どもの貧困対策　138
5　生活保護受給者と滞納整理　141
6　非正規雇用と滞納整理　144

## 第5章　国民健康保険料の滞納整理

### 第1節　徴収実務は国民健康保険料の時代へ……………………………146
1　滞納整理の変革　146
2　住民税の普通徴収中心から国民健康保険料の滞納整理へ　146
3　国民健康保険料（税）の現年度収納率を2％向上させる　152

### 第2節　短期被保険者証と資格証明書……………………………………155
1　国民健康保険被保険者の居所不明者に対する不現住認定　155
2　短期被保険者証と資格証明書　159
3　困難な事案への対応　161

### 第3節　国民健康保険料の滞納と生命保険の差押え……………………167

1　国民健康保険料滞納者の生命保険契約の矛盾　167
　　2　差押財産として選択した生命保険と年金　172
　　3　介護保険料滞納による滞納処分　174
　　4　国民健康保険料滞納処分五事例の研究　176
　第4節　国民健康保険料と保険税……………………………………… 186
　　1　収納率向上のための効果的な徴収　186
　　2　応能応益割合を考える　190
　　3　国民健康保険料の減免　193
　　4　国民健康保険料の滞納処分の根拠　195
　　5　世帯主課税と擬制世帯主　196
　　6　軽減措置について　197
　　7　特別の事情の具体的基準　199
　　8　国民健康保険法第9条第3項　200
　第5節　国民健康保険料の滞納対策……………………………………… 201
　　1　短期被保険者証交付からの滞納整理　201
　　2　国民健康保険料と国民健康保険税　205
　　3　課税主体と納税義務者　208
　　4　国民健康保険事業の安定的な運営　210

# 第6章　差押えの法的技術

　第1節　差押財産の選択……………………………………………………… 213
　　1　差押えの対象となる財産　213
　　2　債権の差押え　214
　　3　給与の差押え　220
　　4　家賃や売掛金等の差押え　225
　　5　滞納者の申出がある場合　227
　第2節　質問及び検査と捜索……………………………………………… 229
　　1　質問及び検査　229

2 捜　　索　231

3 質問・検査と捜索の比較　238

## 第3節　自動車の差押え ……………………………………………… 239

1 滞納者が所有する自動車の調査方法と差押え　239

2 電話加入権に替わる自動車の差押え　242

3 不動産の差押えと自動車の差押え　245

4 自動車の差押手続きの流れ　246

5 自動車の差押えにおける調書関係書類について　247

## 第4節　第二次納税義務 ………………………………………………… 250

1 第二次納税義務（国税徴収法第32条、地方税法第11条）　250

2 共同的事業者の第二次納税義務　253

# 第2編　徴収業務の効率化

## 第1章　業務の民間委託

### 第1節　専門定型業務の民間委託 …………………………………… 260

1 国民健康保険業務を民間委託　260

2 足立区の民間委託から考える　261

3 資格検定制度の活用　262

4 民間委託の有効活用　263

5 平成19年3月27日総税企第55号通知（地方税の徴収対策の一層の推進に係る留意事項等について）　264

6 共同徴収と民間委託の融合　269

7 民間事業者の活用　271

8 インターネット公売等の活用　274

目 次

## 第2章 収納方法の工夫と地方税法第15条の弾力的運用

**第1節 公金収納方法の多様化**……………………………………… 276
 1 モバイル端末と公金収納　276
 2 コンビニ収納の導入　277
 3 MPNでの収納　281
 4 クレジットカードを利用した納付　282

**第2節 合理化及び効率化の推進策**………………………………… 284
 1 国民健康保険料と地方税徴収の連携強化　284
 2 国民健康保険料の2年時効を踏まえた滞納整理　288
 3 納税の猶予等の取扱要領　290
 4 換価猶予の弾力的運用　291
 5 滞納処分の停止に関する取扱い　294
 6 執行停止の要綱策定　299

## 第3章 関係法令の知識

**第1節 地方税の優先と他の債権との調整**……………………………… 302
 1 租税の優先関係について　302
 2 交付要求と参加差押え　305
 3 税と私債権との競合の調整　306
 4 租税優先の原則と担保を徴した公課について　310
 5 担保権付財産が譲渡された場合について　312

**第2節 相続による納税義務の承継**…………………………………… 315
 1 納税義務承継者　315
 2 承継の効果　316
 3 承継の範囲　317
 4 徴収手続き　319

# 第1編
# 収納率の向上

# 第1章 滞納整理の原点「地方税法第15条」

## 第1節　納税の猶予と執行停止

### 1　はじめに

　ある全国紙に「自治体怠慢、逃げ得許す」、「不公平感広がる」、「財産調査もせず時効」、「人員不足、少額後回し」という「見出し」が躍りました。「背景に滞納増と職員減」という現場サイドに同情的な記述もありましたが、一面に「地方税滞納帳消し……一部に不適切処理」とあり、ここまで言い切られてしまっては、徴収体制の見直しが急務となります。

　これらの記事を要約すると、都道府県や市町村の不納欠損額には、財産調査を怠り、放置し続けたために「時効」が完成したものが多いという指摘であり、事実上、自治体が徴収権を放棄していたことに対する痛烈な批判と今後の滞納整理のあり方への警告であると受けとめることができます。特に、徴収体制の手薄な市町村で「時効」が目立つと指摘しています。

　このように監視の目が強まり、公務員に対する非難が強まる中にあって、徴税吏員は市民から信頼される適正な滞納整理を実現して、「財源確保」と「納税の公平性」に努めることを真剣に考えなければなりません。多くの徴収吏員が日々感じている「憂鬱さ」を払いのけること、さらに徴収業務の「奥深さ」を味わうこと、実務において「充実感」や「達成感」を感じられるようになること、このようなことを私自身の目標として、1人でも多くの徴税吏員のモチベーション向上に役立つことができれば幸いです。そこで最初に、私が滞納整理の原点と考えている地方税法（以下「法」という）第15条を取り上げることにします。

## 2　納税の猶予と執行停止

　地方団体の徴収金を完納しない場合は納期限後20日以内に督促状を発し、督促状を発した日から起算して10日を経過した日までに滞納者が完納しない場合は、徴税吏員は滞納者の財産を差し押えなければならないと規定されています。これは実に厳しい規定であり、実際の徴収現場では、このような早期の差押えは極めて稀です。

　一方で、法第15条は、滞納者に一定の理由がある場合、徴収の緩和制度として、納税の猶予と滞納処分の停止を規定しています。納税の猶予には徴収の猶予と換価の猶予の2つがあり、徴収の猶予は災害や盗難、本人及び生計を一にする親族の病気や負傷、事業の廃止又は休止や著しい損失を受けた場合などに納税者からの申請に基づいて認めるか否かを判断するものです。もう一つの換価の猶予は滞納者の申請に基づくものと、徴税吏員が裁量で判断するものの2つがあり、事業の継続や生活の維持を困難にするおそれがある場合や徴収上において有利であると判断される場合等に認めることができます。

　滞納処分の停止は、滞納処分ができる財産がない場合や生活を著しく窮迫させるおそれがあると判断される場合に認めることができます。また、滞納処分の停止の状態が改善することなく3年間継続した場合は納税義務が消滅すると規定されています。

　できるだけ早い段階から納税交渉と財産調査を行えば、それだけ早く滞納の原因と担税力を把握することができ、法第15条の緩和措置に該当する事案を効率的に整理進捗させて、滞納額の累積化の未然防止と滞納繰越額の圧縮につなげることができます。

　滞納整理には「差押え→換価（公売）→完納」という本流のほかに、「差押え→換価の猶予→完納」と「差押え→滞納処分の停止→3年間継続で消滅」という流れがあることも理解していなければなりません。

▶▶▶滞納整理の事例1

**Q**　滞納者に対して差押えができる条件及び差押えの目的と差押後の整理方法について説明してください。

**A** 差押えができるのは、原則として督促状を発した日から起算して10日を経過した日までに、その督促に係る地方公共団体の徴収金が完納されないときです。督促状を発することなく差押えを行った場合は、その差押えは無効となります。

督促状は法第66条等で納期限後20日以内に発しなければならないと規定されており、必ず書面でしなくてはならず、口頭によって行った督促は無効となります。

他方で納期限後20日を経過してから督促状を発した場合は地方税法上の規定には反しますが、効力としては有効として取り扱ってかまいません。督促状を発しても完納されない地方公共団体の徴収金に対しては差押えを執行して、換価手続き、配当手続きと続けていくことになります。差押えは滞納者の財産を制限した上で換価できる状態にしておく強制処分であり、換価を目的としてその財産を保全するものであるといえます。

差押以後の整理方法としては、必ずしも換価手続きに進むものではなく、滞納者に一定の納められない事情や納税に対する誠実な意思が認められる場合は、法第15条の規定により換価を猶予することが可能であり、差押えそのものの猶予や差押えを解除することも可能となります。

### ▶▶▶滞納整理の事例2

**Q** 差押えしなくてはならないのは督促状を発した日から起算して10日を経過した日までに、その督促に係る地方公共団体の徴収金が完納されないときとありますが、一部に納付がある場合でも差押えは可能でしょうか。

**A** 一部の納付があっても完納されていなければ差押えは可能です。しかしながらまったく納めていないわけではありませんから、実務上は、事情を聴取するために文書催告等を行うことが必要であると考えられます。もっとも、高額の預貯金等の存在が判明して、明らかに

> 生活の継続の困難や窮迫させる事実が認められなければ、差押えに着手してかまいません。

## 3 「誠実な意思」と「困難にするおそれ」の判断

　法第15条の5の換価の猶予は職権により行うことになりますが、滞納者に「誠実な意思」があると認めることができるかどうかが第一の条件となります。「誠実な意思」を有するか否かの判断は個々の徴税吏員に委ねられますが、法律の条項でありながら「誠実な意思」という表記は実に幅広く解釈することが可能ではないでしょうか。実は、私が滞納整理にのめり込むきっかけとなった理由のひとつが、国税徴収法でこの表記と出会ったことなのです。

　「誠実な意思」の有無は、滞納に至った過去の経緯を考慮しながら滞納者の現況で判断すべきものであり、現在から将来にかけて納税に対する誠意があることが絶対条件になります。その判断は個々の徴税吏員の裁量に委ねられるため、若干の「差異」が生じることはやむを得ません。私の「誠実な意思」の判断基準は実にシンプルで、「換価の猶予期間内（通常1年間）に新たに納期が訪れる税金については納税して、猶予に係る滞納税については分割納付等で完納を目指す意思があること」というものです。

　さらに、第1項第1号に「事業の継続又はその生活の維持を困難にするおそれがあるとき」と規定されていますが、「困難にするおそれ」についての判断も個々の徴税吏員に委ねられ、その解釈にはかなりの「幅」を持たせることができます。

　「誠実な意思」と「困難にするおそれ」の有無は、納税交渉や担税力調査を通じて徴税吏員が滞納者等から「感じ取れた」心情的な部分を含めて判断されることもあるので、徴税吏員間の「差異」や「幅」が生じることはやむを得ません。

　実務経験が豊富な徴税吏員は過去に数多くの事案を担当し「ものさし」を完成させているので、個々の事案間の公平性を維持することができますが、経験の浅い職員の事案間の公平性や徴税吏員間の公平性は勉強会や研修等で補う必

要があります。自治体には宿命である「人事異動」がありますから、経験の浅い職員に対しては研修等の役割が大きくなります。

　私が研修や講義で「地方税法第15条」に多くの時間を割り当てているのには、もう一つ理由があります。それは、「地方税法第15条を熟知しないままでは、滞納整理の進捗は有り得ない」と考えているからです。「換価の猶予」を滞納整理に積極的に取り入れ、税法に規定されている「緩和措置の制度の存在」や「緩和措置を受けるための条件」を滞納者に説明・指導することで、納税交渉に行き詰まった事案や長期に渡って硬直化した事案を解決することができるのです。

　できるだけ早い段階で滞納処分に着手できる環境を整えて、滞納額が累積化する前に納税指導を行い、滞納者から納税に対する「誠実な意思」を導き出すことができれば、滞納額は間違いなく減少するでしょう。

## 4　換価の猶予とその効果

　法第15条の5第1項第2号に「徴収上有利」という表現が出てきます。換価の猶予を認める期間内（1年間）に新たに納期限が訪れる税金について、滞納者との納税交渉で納期内納付が約束されれば、滞納累積は完全に止まり、滞納分についても確実に減少することになりますから、このような状態であれば「徴収上有利」であるといえます。

　「換価の猶予」に期待できる効果としては、「換価の猶予」の期間内に新たに納期限が訪れる（あるいは発生する）税金の確実な納付・納入による現年度課税分の徴収確保と「換価の猶予」に係る滞納税の分割納付等による滞納繰越分の縮減をあげることができます。

　次に同条第2項において、「滞納者の事業の継続又は生活の維持を困難にするおそれがある財産の差押えを猶予し、又は解除することができる」と規定されています。

　滞納者側から見ると「納税の誠意」を有することを示して「換価の猶予」が認められれば、差押中の財産の換価が猶予されるばかりか差押えそのものが猶予の対象となるほか、差押えされている財産が差押解除と認められることもあ

りますから、滞納者にとってもメリットがあります。このように、「換価の猶予」は自治体及び滞納者双方にメリットが期待できますし、「換価の猶予」に辿り着くまでに滞納者との納税交渉がかなり進んでおり、生活状況まで完全に把握することができます。「換価の猶予」の件数が伸びるということは、滞納整理がそれだけ進捗しているということなのです。

## 5　納税環境の整備

滞納の早期段階における計画的な納付を確保するため、納税者の申請に基づく換価の猶予が、特例として創設されることになりました。

＜換価の猶予の特例（申請）の新設＞

①　国税を一時に納付することにより、滞納者の事業の継続や生活の維持が困難になるおそれがある場合、その滞納者が納税について誠実な意思を有すると認められ、その国税の納期限から6ヶ月以内にその滞納者の申請に基づき、税務署長は1年以内の期間に限り換価の猶予をすることができる。ただし、その申請の係る国税以外の国税（猶予の申請中の国税および一定の猶予中の国税を除く）について滞納がある場合は、換価の猶予の対象とはならない。

②　換価の猶予をする場合には、その猶予に係る国税（その納付を困難とする金額として、滞納国税の額から納付可能な額を控除した一定の額を限度とする）の納付については、税務署長がやむを得ない理由があると認める場合を除き、その猶予期間内において、毎月納付の方法により、その猶予に係る金額をその者の財産の状況および納付能力からみて合理的かつ妥当なものに分割して納付させなければならない。

③　換価の猶予をした場合において、その猶予をした期間内にその猶予をした金額を納付することができないやむを得ない理由があると税務署長が認めるときは、滞納者の申請に基づき、その期間を延長（当初の猶予期間と併せて2年間を限度）することができる。

④　換価の猶予（その猶予期間の延長を含む）の申請をしようとする者は、次の事項を記載した申請書に、財産目録および収支の状況等を明らかにす

る一定の書類を添付した上で提出しなければならない。
（ア）　国税を一時に納付することにより、その事業の継続もしくはその生活の維持を困難にする事情の詳細又は猶予期間を延長する場合のその期間内に納付することができない理由
（イ）　猶予を受けようとする金額およびその分割納付の方法
（ウ）　担保の種類、数量、価額および所在その他担保に関し参考となるべき事項
（エ）　その他必要な事項
⑤　延滞金の軽減については換価の猶予（職権）と同様とし、担保の徴取基準、猶予の申請手続き（猶予の不許可事由、申請に係る補正の手続等、猶予の取消事由）については、見直し後の納税の猶予（納税の猶予および換価の猶予（職権）の見直しの①および④から⑥までを参照）と同様とする。
上記の改正は、平成27年4月1日以後に納期限が到来する国税について適用とする。

＜納税の猶予および換価の猶予（職権）の見直し＞
①　担保の徴取基準の見直し
（ア）　要担保徴取額の最低限度額を100万円に引き上げる。所得税および相続税の延納の担保ならびに移転価格税制に係る納税の猶予の担保についても同様とする
（イ）　猶予期間が3ヶ月以内の場合には担保を不要とする。所得税の延納の担保および移転価格税制に係る納税の猶予の担保についても同様とする。
②　納付方法の見直し
（ア）　納税の猶予をする場合
　　その猶予期間内において、その猶予に係る金額を、その者の財産の状況および納付能力からみて合理的かつ妥当なものに分割して納付する方法を定めることができる。
（イ）　換価の猶予をする場合
＜換価の猶予の特例（申請）の創設＞
②と同様とする。

③ 申請・添付書類の整備
(ア) 納税の猶予(その猶予期間の延長を含む)の申請をしようとする者は、その猶予の種類等に応じ、猶予該当事実の詳細、猶予を受けようとする金額・期間、分割納付の方法その他必要事項を記載した申請書に、猶予該当事実を明らかにする書類、財産目録および収支の状況等を明らかにする一定の書類を添付(災害等による納税の猶予の場合で提出が困難な場合を除く)した上で提出しなければならない。
(イ) 換価の猶予(その猶予期間の延長を含む)をする場合において、税務署長は、必要があると認める場合には、財産目録および収支の状況等を明らかにする一定の書類が添付された分割納付計画書の提出を求めることができる。

④ 猶予の不許可事由の整備
税務署長は、納税の猶予(その猶予期間の延長を含む)の申請があった場合において、次のいずれかに該当するときは、その猶予を認めないことができる。
(ア) 滞納者の財産につき強制換価手続きが開始された場合等一定の場合において、その者がその猶予に係る国税を猶予期間内に完納することができないと認められるとき
(イ) 申請に係る事項についての職員の質問に対して答弁せず、または検査を拒み、妨げ、もしくは忌避したとき
(ウ) 不当な目的で猶予の申請がなされたとき、その他その申請が誠実にされたものでないとき

⑤ 申請に係る補正の手続等
提出された申請書もしくは必要な提出書類について記載不備があった場合または必要な提出書類の提出がなかった場合には、税務署長はこれらの書類の補正または提出を申請者に請求することができる。この場合において、請求後20日以内にこれらの書類について補正または提出がされなかった場合には、納税の猶予(その猶予期間の延長を含む)の申請を取り下げたものとみなす。

⑥ 猶予の取消事由の整備
猶予の取消し(猶予期間の短縮を含む)の事由について、次の場合をその対

象に加える。

　（ア）　②により定めた分割納付の方法により国税を納付しないとき（税務署長がやむを得ない理由があると認めるときを除く）

　（イ）　新たに猶予に係る国税以外の国税を滞納したとき（税務署長がやむを得ない理由があると認めるときを除く）。

　（ウ）　偽りその他不正な手段により猶予の申請がされ、その申請に基づき猶予をしたことが判明したとき

　⑦　納税の猶予の申請に関する調査に係る質問検査権の規定を整備する。

　上記の改正は、平成27年4月1日以後に行われる納税の猶予の申請または同日以後に行われる換価の猶予に係る国税について適用する。

## 6　「地方税法第15条の5第1項第1号」と「地方税法第15条の7第1項第2号」この2つの条文を比較する

> [参考]
> 地方税法第15条の5第1項第1号：
> 　「その財産の換価を直ちにすることによりその事業の継続又はその生活の維持を困難にするおそれがあるとき」
> 地方税法第15条の7第1項第2号：
> 　「滞納処分をすることによってその生活を著しく窮迫させるおそれがあるとき」

　全部で第756条まである地方税法で、同じ「第15条」に「換価の猶予」と「滞納処分の停止」が規定されていることから、滞納整理の流れを次のように考えることができます。

　「分納系」と「停止系」の事案が「第15条」に緩和措置として「同居」していることから、この2つが「より近い関係」にあることは明白です。たとえば滞納整理中に「換価の猶予」と「滞納処分の停止」のどちらかを選択する場面が訪れたり、「換価の猶予」を認めた後に猶予期間中又は猶予期間の終了後に

「滞納処分の停止」を検討する場面が訪れることが考えられます。

　条文では、滞納処分によって生活の維持を困難にするおそれがある場合は「換価の猶予」を職権で認めることができ、生活を著しく窮迫させるおそれがあるときは「滞納処分の停止」ができると規定されています。問題となるのは、「生活の維持を困難にする」と「生活を著しく窮迫させる」の程度です。「生活の維持を困難にする」場合とは給与の差押禁止の範囲程度の水準で、「生活を著しく窮迫させる」とは生活保護法の適用水準であると考えれば、判断基準が明確となり、どちらを選択すればよいか考えやすくなります。

　また、「生活の維持を困難にする」と判断して「換価の猶予」を認めていた場合で、猶予期間内に生活状況が悪化して「生活を著しく窮迫させる」状況と認められることになれば、実務上は柔軟に「換価の猶予」から「滞納処分の停止」とすることも考えられます。

　次に、「換価の猶予」には「事業の継続が困難な場合」が規定されていますが、「滞納処分の停止」には規定されていません。このことは何を意味するのでしょうか？　法人系の場合は換価できる財産があれば法人活動を続けているかぎり滞納処分の停止は有り得ないことを意味しているのです。事業の継続が困難な場合は「換価の猶予」を認めることはできますが、「滞納処分の停止」を認めることはできないのです。

　一方で、国税徴収法基本通達逐条解説によれば、納税義務を直ちに消滅させることができる場合（即欠損）で、解散した法人又は解散の登記はないが廃業して将来事業再開の見込みがまったくない法人について、同法第153条第1項第1号又は第3号の規定に該当する理由があるときは直ちに納税義務を消滅させることができると記述されています。

　個人においては、「限定承認をした相続人が相続によって承継した国税を有する場合において、その相続による相続財産について同法第153条第1項第1号の規定に該当する理由があるとき」「相続人が不存在の場合又はすべての相続人が相続を放棄した場合において、相続財産法人について同法第153条第1項第1号の規定に該当する理由があるとき」に納税義務を消滅させることができると記述されています。法人と比較して即欠損の範囲は非常に狭くなります

が、その代わり停止の範囲は広くなると言えます。

## 7　不納欠損額から「単独時効」をなくす

　徴収権を5年間行使しないまま「時効」を完成させている徴収の現状を打開するために、ここでは、「時効寸前の滞納に対する取扱い」と「時効寸前の事案をなくす徴収現場の構築」及び「滞納額の累積化の防止と滞納繰越額の圧縮」のいずれにも法第15条の緩和措置が欠かせない重要なファクターであることを、ご説明します。

　不納欠損（納税義務が消滅）には、次の4つの種類があります。

① 法第18条第1項で規定されている徴収権を5年間行使しない場合の「時効」の完成（以下「単独時効」という）

② 法第15条の7第4項で規定されている滞納処分の停止の状態が改善することなく3年間継続した場合（以下「期間満了」という）

③ 法第15条の7第5項で規定されている納税義務を直ちに消滅させる場合（以下「即時欠損」という）

④ 法第15条の7第4項で滞納処分の停止をして3年間経過する前に第18条の「時効」が先に完成した場合（以下「時効優先」という）

　「税徴収権の時効消滅の責任」としては、平成12年4月24日に浦和地裁で「納税課職員が徴収権を行使しないまま『時効』を完成させたことは、市長が徴収を怠らないように適正に指揮監督を行っていたと認めることができないので、市長に重大な過失がある」という判決が出ました（『地方公共団体 徴収実務の要点』（自治体徴収実務研究会編・第一法規）4,746頁）。このようなことがないように、市町村は「単独時効」を直ちになくすことに全力で取り組む必要があります。

　本年度中に「時効」が完成する課税分については、直ちに実態調査と財産調査を行って滞納の原因と担税能力を把握するとともに、差押可能な財産の有無を調査しなければなりません。その結果、法第15条の7第1項第1号～第3号の滞納処分の停止の要件を満たす事案については速やかに「執行停止」をして「単独時効」を避けるとともに、停止期間中に時効が先に完成する「時効優

先」の状態になるようにします。

　もちろん、差押可能な財産がある場合や担税能力があると判断された場合は早急に差押えを執行する、あるいは納税交渉を通じて職権で「換価猶予」を認めることで「時効」を中断または停止させることが必要です。「単独時効」が多いということは、徴収できない理由を明確にしないまま5年間も放置しているのと同じですから、徴税吏員の怠慢・不作為と言われても反論できません。

　さらに、徴収権を放棄した違法な取扱いと判断される場合もあるのです。このようなことがないように、速やかに実態調査と財産調査を行って、明らかに徴収できないと判断できる事案については「時効」が到来する前に正々堂々と「執行停止」をすることが望ましいのです。

　本来、滞納処分の停止は時効完成直前に行うものではなく、現年度中、遅くても滞納繰越1年目のうちに徴収できるか否かを見極めることが重要です。一歩踏み込んで滞納繰越額を圧縮させるという見地から考えれば、時効の完成は5年間で停止期間の満了は3年間ですから、たとえば平成27年度課税分の滞納事案に対して平成29年度中に滞納処分の停止を執行した場合は平成32年度に「期間満了」となり、「時効」が完成するのも同じく平成32年度となります。ですから、滞納繰越額を圧縮させるためには、平成28年度課税分の滞納事案（「期間満了」が「時効」より1年早く納税義務が消滅する）を積極的に「執行停止」することが必要となります。

　現年度段階から徴収できるか否かの見極めと財産調査の徹底により、必然的に収入額は増えますし、差押件数も増えることになります。さらに、差押後の納税交渉を通じて「換価の猶予」と「執行停止」に滞納者を導くことにより、本当の意味で滞納整理が進捗することになるのです。このような単年度整理が徹底できれば「単独時効」まで5年間も放置される事案は限りなく「ゼロ」に近くなります（『地方公共団体　徴収実務の要点』（自治体徴収実務研究会編・第一法規）第2編第8章を参照）。

## 8　整理効率を意識

　滞納整理業務の事務効率を向上させてすべての滞納事案を現年度中に整理進

捗させることが理想的ですが、限られた徴税吏員で、滞納者全件についてきめ細かい実態調査や財産調査を行うには限界があります。

　住民税普通徴収の滞納者については、住民税の課税状況から、①特別徴収の者、②普通徴収の者、③非課税である者、④未申告の者とに分けることにします。これは、同じような滞納事案毎に滞納整理を進めることで事務効率の向上を狙うわけです。たとえば③の場合は、住民税の賦課は前年度の所得に応じて課税額が決定されるので、平成29年度の住民税が非課税となっている滞納者は前年の平成28年度の所得が課税点に達していない低所得（または所得0）であったことが明らかですから、担税力が低い状態であったと考えることができます。このような事案で財産調査の結果、差押可能な財産がない場合や納税交渉で聴取した生活状況や就業状況から「現時点」での担税力がないと判断できるのであれば「執行停止」を積極的に検討することにします。担税力があると判断されれば「換価の猶予」に伴う分納等で完納を目指すことになります。滞納の早い段階から地方税第15条の緩和措置を取り入れれば、滞納整理を効率的に進捗させることが可能となり、収入額が増加して滞納繰越額が減少し、「取る」「落とす」の両面に大きな効果が期待できます。なお、「執行停止」した事案は停止後1年に1回は必ず見直すことが必要であり、停止のままでよいのか停止を取り消すのがよいのかを、検討することになります。

　整理効率を意識すれば形態毎の滞納整理が有効であり、圧倒的に多数を占める住民税の滞納者への対応策が重要となります。滞納額、滞納の年度、滞納者の年齢、収入状況、扶養家族の人数など内部資料の活用と滞納者との交渉を通じて、執行停止できる事案は速やかに処理することを目標にします。「執行停止」に躊躇することなく、滞納整理を進捗させていかなければなりません。特に住民税普通徴収の場合は1年前の所得に応じて課税されるため、納税通知書が届いた時点では前年までの所得の源であった「仕事」を辞めていて無職であるかもしれません。住民税普通徴収の滞納整理は遅くとも滞納繰越1年目のうちに整理の方向性を決定しなければ、滞納累積を招くことになります。肝に命じてください。

## 9　滞納整理マネージメント

　地方公共団体には「人事異動」という宿命があります。課長・係長でありながら、滞納整理の職場に初めて配置されたという話をよく耳にします。また、担当者は滞納者との交渉よりも、課長・係長に滞納整理のノウハウを伝授するだけで半年も時間を費やしたなどと笑えない話も聞きます。もっとも市町村で滞納整理事業が活発化したのは土地神話に象徴されるバブル経済が崩壊してからと言っても過言ではありませんので、この点での歴史は非常に浅い業務であるといえます。現年度調定額が右肩上がりのよき時代は「滞納整理」はあまり重視されませんでした。今のこの時代だからこそ「脚光」を浴びたのです。バブル経済崩壊後に滞納整理に従事した若手が係長・課長に配置されるようになれば、直ちにマネージメントが可能になると期待できます。

　滞納整理のマネージメントでは、3つの進捗管理ができることが重要です。①目標の進捗管理（滞納事案全体と個々の事案の両面）、②年間計画の進捗管理、③中・長期的（3年〜5年）目標設定の3つです。

　各市町村は滞納繰越額の圧縮を目標に掲げますが、具体的な数値目標を立てることが重要です。①予算確保のための収入額、②差押件数、③整理率（整理率とは、分母に滞納件数、分子に完納・換価の猶予（分納）・滞納処分・執行停止・不納欠損の合計で、納付はされていなくても滞納処分は執行した事案及び停止・欠損相当としている事案を一定の整理をしているものと見なして集計したものです。滞納繰越額が10万円以上は90〜95％と設定するのが望ましい）、④執行停止額、⑤不納欠損額、⑥次年度への繰越額などが中心になります。執行停止額や不納欠損額が目標と言われただけでアレルギーを起こす（あるいは抵抗感を抱く）課長・係長では、残念ながらマネージメントはできません。滞納整理が進捗すれば、停止事案や欠損事案はかなりの金額になるのです。停止や欠損ができるということは、それだけ滞納整理が進捗した結果なのです。年間計画や中・長期の目標設定については、自身の自治体と人口等が同規模で産業形態等も類似する他県の自治体を5〜10ぐらいピックアップして、それらの自治体のデータを分析していくと、自身の自治体が「何」を「どれくらい」そして「いつまでに」しなければならないかが見えてきます。目標設定を

すれば、後はその進捗管理となります。徴税吏員のモチベーションを持続させる工夫も必要となります。

## 10　徴税吏員と地方税法第15条

「滞納処分の前に地方税法第15条の要件に該当すると判定できれば、差押えを執行する必要はなかったのに」と考えることがあります。差押えを躊躇してしまう最大の要因は、文書催告や実態調査で納税相談に応じてはいないが、本当は担税力が衰えているのではないかと不安になるからです。差押後の納税交渉で滞納の原因と担税力が把握できて「換価の猶予」を認める場合は差押えを解除できる規定がありますし、「執行停止」と判断する場合は差押えを解除しなければならない規定がありますから、滞納者から連絡のない段階では差押えを臆することなく坦々と執行していくことで法的に何ら問題はありません。

他方で、議員等から「生活困窮の市民を差押えしたのではないか？　納税交渉を一度もしていないのに差押えするのか？」等のお小言を受けることがありますが、このようなことが将来的に差押えを妨げる障害となることは否定できませんので、「納税交渉を重要視していること、差押財産の選択を十分に検討してから行っていること」を明確に示し、納税通知書、督促状、あるいは広報誌等で納税者に対して「滞納すれば原則的に差押えが執行されるが、納税相談をいつでも受けられる、一定の事情がある場合は緩和制度が保障されている」ことを周知しておく必要があります。

徴税吏員は「換価の猶予」と「執行停止」が自分自身に委ねられていることを十分に認識して、「換価の猶予」については給与差押えの禁止の範囲を、「執行停止」については生活保護法の適用水準をそれぞれの判定基準として、法第15条の規定は滞納整理の終点である「完納」と「納税義務の消滅」のいずれかに導くための途中経過であることを、常に意識しておく必要があります。さらに、納税の公平性を守るために差押えを執行していくことになりますが、差押えを滞納のペナルティとして行うものではなく「納税指導の一環として行っている」ものと考えることができれば、差押後も納税交渉の機会を与えることを目標とすることができますし、納税交渉によって導いた「換価の猶予」は

「完納」を目指す手段と言えるものになります。そして、納税交渉の結果「執行停止」と判断されれば、差押えを解除することになるのです。

　特に住民税普通徴収の滞納整理においては、現年度第一期の滞納者で督促状や催告書に対して何ら納付も連絡もなければ、差押予告書等の文書催告で滞納整理を開始することになります。時期的には8月に開始することが望ましいと考えられます。その後は実態調査、財産調査と滞納整理を進めながら、差押決定書発送後もまったく誠意を示さない滞納者に対しては、差押えを執行することになります。毎年この作業を行えば3年程度で滞納件数は大幅に減少することになります。

　法第15条を勉強していれば、この条文が滞納整理の完了である「完納」または「納税義務の消滅」の前提に置かれていることが理解できるはずです。「差押え」→「換価の猶予」→「完納」この流れを大きな流れにすることで収入額も増加することになります。

　差押えは一般の納期内納税者と滞納者間の納税の公平性を守るだけではなく、徴税吏員と滞納者との間に交渉の場を設けるために行っているのだと考えることもできます。

## 第2節　「換価の猶予」に伴う担保の徴収と処分

### 1　「換価の猶予」の重要性

　本来「差押え」は租税が納付されない場合の強徴処分であり、差し押さえした財産を換価して、その換価代金を租税に充当するのが原則です。しかし、滞納者に一定の事情がある場合には、滞納者の事業を継続させ、あるいは生活を維持させながら円滑に租税を徴収するために、差押財産の「換価を猶予」できる規定です。

　市町村では滞納繰越額に占める固定資産税の割合が高く、さらに固定資産税の滞納者は高額・累積化する傾向があります。このことが収納率の低下の原因になっていることは間違いのない事実です。

実際の徴収現場では、不動産を差し押えた後に原則どおり換価手続きに着手する割合は不動産差押件数の数％程度に過ぎません。換価手続きに着手した後に配当が期待できないことが明らかとなって換価手続きを中止する場合もありますが、ほとんどの場合は換価手続きに着手することなく、差押後の滞納者との納税交渉の結果から徴税吏員の裁量で「換価の猶予」で分納を認めているのです。また、残念なことに差押後も滞納者との接触が希薄で、これといった手立てがなされないまま滞納整理が硬直化する事案も多く見られます。

　徴税吏員の視点では、「差押え」は交渉に応じず滞納について誠意を感じ取ることができない滞納者に対して執行されるもので、一般の納税者との公平性を維持するためにも必要な強徴処分ですが、将来の「換価手続き」への進行を意識して差押えを執行する場合と、「納税交渉の機会」を求め円滑な収納を期待しつつ「差押え」を執行する場合とでは、後者の考え方が圧倒的に多数を占めるのが徴収現場の実態です。「換価の猶予」を狙って滞納整理を進めるのは原則論から少々外れているともいえますが、「差押え」→「換価の猶予」→「完納」という流れが円滑な納税につながるのは間違いのない事実ですから、「換価の猶予」に導く納税交渉の出来、不出来が収納額の増減に影響を与えることになるのです。

## 2　差押後の納税交渉

　不動産の差押えの場合は登記完了証を法務局から受けてから滞納者に差押調書を通知しますが、通知後は滞納者の来庁や電話連絡を期待しながら待つことになります。自主的な納税相談であれ、金融機関等の抵当権者から責められた結果であれ、来庁や電話連絡があって納税交渉の機会ができれば、徴税吏員の腕（交渉力）次第で完納へ導く「換価の猶予」に向けた交渉がスタートすることになります（差押えから1～2ヶ月経過しても滞納者から連絡がない場合は、徴収側から納税交渉の機会を作ることも、滞納の累積化防止には必要なことです）。

　滞納者側は主に差押えの解除を目的として納税交渉の席に着く場合が多く、徴税吏員としては、納税交渉の機会を通じて法第15条の規定に基づく「換価

の猶予」を裁量で認めることができるだけの情報を、滞納者から聴取することになります。差押えが本格的な滞納整理業務の始まりであり、納税交渉がメインであるということができます。納税交渉では、滞納原因、担税力の状態、滞納者の納税に対する誠意等を中心に把握することを心掛けます。滞納者から一定の誠意を感じ取ることができれば、「差押え」の継続にこだわる必要はなく、差押えを解除する方向（第15条の5の3第1項）で納税交渉を進めてかまいません。

1年以内の完納を見込んだ納税計画を滞納者から導き出すことができればよいのですが、完納までに1年以上の期間を要する場合もあります。そのような場合は差押えを解除せずに「換価の猶予」を認めることが望ましいでしょう。「換価の猶予」を認める場合の納税交渉の留意点は、次の3点です。

(1) 滞納の原因の把握と担税力の調査

滞納に至った原因について十分に聞き取り調査をする一方で、反面調査をすること。また、分納額を確定させるために、月々の具体的な収入額と支出額、借金の総額と返済状況を確認する。差し押さえした不動産の抵当権の融資残額については、差押時に抵当権者に対して被担保債権の現在額を調査することが重要です。

(2) 新しく発生する租税の納期内納付

原則として分納計画は差押えに係る滞納税についてのみ認め、新しく発生する租税については納期内納付の指導を徹底する。この場合は、新しく発生する税金の納期月について分納額を減じる等の考慮が必要です。

(3) 差押えに係る滞納税の毎月の分納の履行徹底

やむを得ない事情で納税が遅れる場合は事前に連絡するように滞納者に伝え、何の連絡もなく不履行となった場合は速やかに換価手続き、担保物の処分または新たな差押えに着手することを予め告知しておく。

換価の猶予の要件は、①滞納者の差押財産の換価を直ちに行うことにより、事業の継続または生活の維持を著しく困難にするおそれがある場合（法第15条の5第1項第1号）か、②その財産の換価を猶予することが、直ちに換価す

ることに比べて滞納中の税金及び将来納付することになる税金の徴収上有利であると認められる場合（法第15条の5第1項第2号）であります。

## 3 担保の徴収と担保の処分

　法第16条に「納税の猶予をした場合には担保を徴さなければならない」とあります。ただし書きで「その猶予に係る金額、期間その他の事情を勘案して担保を徴する必要がない場合として当該地方団体の条例で定める場合は、この限りでない」とありますから、滞納額が概ね100万円以上の場合は担保を徴する方向で取り組むべきであり、後々の滞納整理にも有効に作用するはずです。

　法第16条第3項は、「差押え」→「換価の猶予」の滞納整理の流れの中で換価の猶予により差押えを解除したとき（法第15条の5の3第1項）は、増担保の提供、保証人の変更その他担保を確保するために必要な行為を求めることができると規定しています。

　実際の事例で、考えてみましょう。

---

▶▶▶滞納整理の事例3

① 滞納者Aは平成27年度市県民税1,200万円を滞納している。課税の原因は、平成26年8月に所有していた不動産を売却し、長期譲渡所得が発生したためである。

② 文書催告や実態調査に対する反応は一切なく、納税に対する誠意がないと判断したので、平成27年12月に妻と共有する建物の持分（2分の1）の差押えを執行した。滞納者Aには、当該不動産以外に所有する不動産はない。なお、土地部分は妻名義となっている。

③ 平成28年1月に滞納者Aから差押解除の申し出があり、納税交渉を開始した。聴取した内容は次のとおりである。

（ア）前年に不動産を売却したのは、経営するスポーツショップの赤字を補填し、運転資金を捻出するためである。

（イ）現在は給与を全額取れない状況であり、経営の再建には1年以上かかるため、月々の分納額は50万円が限界である。

(ウ) 差押物件の抵当権者B銀行から、差押えが外れない場合は融資額の一括返済を迫られたため、差押えの解除を強く求めている。

④ 本来、換価の猶予は1年以内に限定されるため、月々の納付額は100万円を目標にすることを滞納者Aに指導しなければならないが、当面の間は50万円の分納を認めることにした。ただし、2ヶ月毎にスポーツショップの経営状態を報告し納税計画を見直すことを約束させた。小切手等の証券による納付を求めたが、スポーツショップの経営悪化以降は小切手等を使用していない。

⑤ 差押えは法第15条の5第2項の規定により解除することにしたが、併せて法第16条の規定により担保の徴収を求め、妻名義の土地と建物持分2分の1を担保として提供することの同意を得た(本人の持分だけの差押えより妻分も含めて担保を徴した方が有利である)。

⑥ 担保不動産の評価額は土地と建物の合計で7,500万円、設定されている抵当権はB銀行の残債4,800万円とノンバンクC社の残債2,800万円、及びD信用金庫の残債900万円である。残債については差押時点に、抵当権者に被担保債権の現在額を照会して把握した。評価額よりも残債の方が多いが、実勢価額からは十分に担保価値があると判断した。

⑦ その後、滞納者Aは毎月50万円の納付を数ヶ月しか守らず、10万円から40万円に減額して納付するようになった。担税力の回復は見られず、1ヶ月間連絡がないまま納付のない不履行状態となったので、平成28年10月に担保物権の差押えを検討するに至った。なお、滞納者Aの現在の滞納額は1,020万円、経営する法人には滞納はないが、妻の固定資産税等が平成29年度から40万円ほど滞納となっている。

この事例では「差押え」→「換価の猶予」→「完納」を目指しましたが、「換価の猶予」を認めた後に分納計画が不履行となり、「換価の猶予」を取り消す事態になりました。「完納」から遠ざかり、「差押え」→「換価の猶予」→

「担保物処分による差押え」という流れで滞納整理を進めることになります。滞納となった市県民税の課税の原因は経営する法人の赤字を補填するために不動産を売却したことによるもので、納税交渉時点で一定の誠意も見られたことから「換価の猶予」を認めて「差押え」を解除したことについては何ら問題がありません。さらに、担保を徴する際に妻名義の土地と建物持分2分の1についても抵当権を設定していることから、十分な担保を徴したといえます。

「換価の猶予」を認める場合は1年間での完納という猶予期限があります。事例では50万円の分納額で開始しましたが、1年間で合計1,200万円の納税誓約が取れれば、毎月均等の分納額でなくてもかまいません。また、完納に2年程度要するとしても、共有者からの担保提供を受けることで、本人の持分だけの差押えよりも担保価額は上がりましたから、「換価の猶予」を認めることが妥当であると判断できます。

「換価の猶予」を認めていた事案で不履行等を原因に差押えに着手する場合は、差押えした場合に事業の継続や生活の維持を著しく困難にさせるおそれがないことを十分に確認する必要があります。なお、担保物を差押えする場合は担保権の実行手続きにほかならないことから、督促状を要しないで「滞納処分の例による処分」ができることになります（国税通則法第52条第1項）。

▶▶▶ 滞納整理の事例4

Q　固定資産税を平成29年度第二期から滞納している滞納者Bについて、不動産を差し押えたところ、Bから不動産差押えを解除してほしいと求められました。その理由は、抵当権を設定している金融機関から、担保物に差押登記がなされたことで一括弁済を求められたとのことです。

　Bに対して滞納額40万円と現年度分10万円を合わせた50万円を1年で完納する納税計画を立てることが可能であれば、換価の猶予に基づき不動産を解除すると説明しました。しかし、Bは毎月分納する場合でも当面は2万円が限度であると話しています。この場合、不動産の差押えを解除することは適当でしょうか。

> **A** 法第16条には担保の徴取が規定されていますが、当該地方団体の条例の定めにもよりますが、滞納額50万円で不動産を担保に徴取する必要があったのか疑問に思います。
>
> それ以前に、住宅ローンの抵当権が設定されている不動産に、果たして換価価値があるのかが問題となります。換価手続きに着手した場合に、滞納税への配当が本当に期待できるのかということです。
>
> 公売あるいは競売を想定して、配当の見込みがないと判断されるのなら、換価の猶予に基づく解除（法第15条の5の3第1項、法第15条の6の3第1項）ではなく、換価を予定しても配当の見込みがないという理由で差押えを解除するのが適当であると考えられます。
>
> 換価を猶予するということは滞納者に換価できる財産があることが前提になりますから、この事例で換価の猶予を認めるのであれば、不動産以外の給与等の差押えを猶予することになります。換価できる財産が何もなければ、換価の猶予ができないのは当然のことです。換価できる財産のない滞納者について任意の分納を認める場合は、「分納誓約書」等で履行を管理していくことになります。

## 4　担保物処分による差押え

　事例3で滞納者Aの担保を徴した平成27年度市県民税の滞納残額1,020万円の差押えを登記嘱託する場合は、登記の目的は「差押え」、登記の原因は「担保物処分のための差押え」と記載します。担保物処分のための差押えですから、滞納者Aの建物の持分だけではなく担保提供をしている妻の土地と建物についても差押えができます。

　妻の固定資産税の滞納分を差し押える場合は担保を徴していない一般的な差押えですから、妻の建物の持分と土地について参加差押えをすることになります。担保の徴収以降に滞納者Aが新たに滞納を発生させた場合は、滞納者Aの建物の持分にのみ参加差押えをすることになります。登記の目的は「A持分参加差押え」となります。

さらに、抵当権を設定している状態でE税務署が滞納者Aの建物の持分を先行して差し押えたとします。このような場合の「担保物処分のための差押え」は、滞納者Aの建物の持分については登記の原因を担保物処分の参加差押え（E税務署が差押え）、妻分の建物の持分と土地については担保物処分の差押えと2件の登記嘱託が必要となります。権利関係上は滞納者Aの建物の持分の換価権はE税務署が保有することになりますが、担保を徴した地方税の優先（法第14条の8）から、E税務署が換価権を行使したとしても、配当順位はE税務署より上位となります。妻の建物の持分と土地については換価権を保有している状態になります。

担保を徴した地方税の優先については、法第14条の8に、担保財産の換価代金については他の地方税及び国税に先だって徴収できると規定されています。担保を徴収すれば滞納者の財産の保全をしたという理由で、差押えをした場合と同等の効果があるのです。

担保財産を納税者が所有する場合は法定納期限等以後に設定された私債権に優先しますが、第三者の所有する財産の場合は担保の設定日で優劣を判断することになります。また、第三者の所有する財産について「担保物処分のための差押え」をするときは、その第三者を滞納者とみなして差押調書に準ずる調書を作成します（国税徴収法基本通達第54条関係12）。

担保の設定後に滞納者から第三者に所有権が移転している場合も、同様に滞納者とみなして差押調書を送付します。

この事例では、滞納者Aの所有する建物の持分の差押えを継続させるよりも、妻名義の土地と建物の持分を加えて担保徴収した方が租税債権確保の観点からは絶対的に有利となります。「換価の猶予」は滞納者と徴収側の双方に有利なことですから、徴税吏員は積極的に取り組む必要があります。滞納整理の大きな視野から眺めても、納税交渉で「換価の猶予」に導き、概ね100万円以上の滞納者に対しては担保の徴収を心掛けることが重要であるといえます。

# 第2章 収納率向上の工夫と効率的な滞納整理

## 第1節 滞納累積化の防止

### 1 滞納繰越額の圧縮

　所得税から個人住民税への税源移譲により、地方公共団体の市町村個人住民税の課税額は増加したものの、収入額の方はそこまで増加していないのが実情です。地方公共団体の財政は緊迫状態が続いているため、どの団体も歳出の縮減を目標に掲げており、特に人件費の削減に力を入れる傾向が強いことから、滞納者数や滞納繰越額が増加しても徴税吏員を増員する等の対策は講じられていない（できない）のが実情のようです。

　徴税現場では、各々の徴税吏員の能力を最大限に発揮し、より効率的、合理的な滞納整理を進めていかなければならない厳しい局面を迎えています。

> ▶▶▶滞納整理の事例 5
>
> **Q**　滞納繰越率が 5％ の自治体 A 市は現年度収納率 98.0％、過年度収納率 25.0％ で総括収納率は 94.35％ ですが、滞納繰越率 5％ を維持するためには全調定額の何％ を欠損処理の目標に設定しなければならないでしょうか。ただし、現年度課税額の前年からの伸び率は 0％ として考えます。
>
> **A**　全調定額を 100 億円とした場合に、滞納繰越率が 5％ ということから、現年度調定額は 95 億円、過年度調定額は 5 億円となります。現年度、過年度のそれぞれの収納額を求め、さらに全収納額を求めてみます。
>
> 　　現年度 95 億円 × 0.98 ＝ 93.1 億円

過年度 5 億円 × 0.25 ＝ 1.25 億円

　全調定額 100 億円のうち 93.1 億円 ＋ 1.25 億円 ＝ 94.35 億円が収納額となります。

　現年度課税額の前年からの伸び率は 0％ですから、95 億円が次年度に新たに課税されることになるため、滞納繰越率 5％を保つためには過年度分（滞納繰越額）を 5 億円に留めなければなりません。欠損額は 0.65 億円（100 億円 − 94.35 億円 ＝ 5.65 億円、5.65 億円 − 5.00 億円 ＝ 0.65 億円）必要であることがわかります。すなわち、全調定額の 0.65％に当たる 6,500 万円を欠損処理しなければ、滞納繰越率 5％は維持できないことになります。

　欠損処理と一言でいっても、即時欠損ができる事案がそうそうあるわけではありませんから、3 年前に行った滞納処分の執行停止（期間満了で消滅）の金額が滞納繰越率に大きな影響を与えることになり、毎年コンスタントに執行停止額を計上することが、滞納繰越率の悪化防止につながります。コンスタントに執行停止額を計上するためには、滞納者の財産調査、担税力調査を徹底して、早い段階での見極めが必要です。「取れるものは取る、取れないものは速やかに停止する」このような取組みが重要です。

　執行停止の状態が 3 年継続して期間満了が成立した場合は、納税義務を消滅させることが（法第 15 条の 7 第 4 項）欠損金への適切な導き方であるといえます。

　徴収現場ではこれまで以上に、滞納の原因や担税力の把握および財産調査等の資力調査に重点を置き、その作業を粘り強く繰り返すことで、取れる事案と取れない事案の見極めを早期に行わなければなりません。収入額と執行停止額を確実に積み重ねていくことが、個人住民税の滞納繰越額の圧縮に有効な対策となるのです。

## 2　換価の猶予と分割納付

　法第15条の5第2項と第15条の5の3第1項の規定を徴収実務にどれだけ取り入れることができるか、このことが滞納整理進捗の促進に大きな影響を与えることになります。法第15条の5第1項で滞納者に誠実な意思があると認められる場合は換価を猶予することができるものとし、第15条の5の3第1項で差押えによって滞納者の事業の継続、生活の維持を困難にするおそれがある場合は財産の差押えそのものを猶予することができ、差押後であれば、その差押えを解除することができるものとしています。さらに、第15条の5第2項で徴収猶予の場合の分割納付を換価の猶予の場合にも準用すると規定しており、1年以内に限り適宜分割して納付させること、納入すべき期限を定めることを妨げないとしていますから、分割納付を認めることができます。

　「できる」という言い方が多用されていますが、「誰」が「できる」のかを考えてみると、「誰」＝徴税吏員であることは明白です。徴税吏員が滞納整理を進捗させ、完結させる手段として、法第15条の5を用いるのは極めて重要なことであり、地方税法で「できる」と謳われているのですから、積極的に多く用いることが滞納整理の望ましい姿であると考えられます。

▶▶▶滞納整理の事例6

**Q**　機械修理業を営むBが平成28年度市県民税と固定資産税を滞納したため、Bが所有する不動産の差押えを執行したところ、根抵当権者である銀行から根抵当権の極度額内の融資を拒否され、すでに振出している先日付小切手が不渡りになる可能性があるという理由で、Bから不動産の差押解除を求められました。

　このような場合に解除要件を満たすためには、どのような取扱いが必要でしょうか。

**A**　不動産登記簿の権利部乙区に根抵当権が設定されている不動産について権利部甲区に差押えが設定されると、根抵当権の極度額内であっても、金融機関は新たな融資を停止するため、差押えにあたって予め留意しておくことが必要です。根抵当権は一定の極度額の範囲

内で何度でも繰り返し融資を受けられるもので、複数の借入れであっても、一つの根抵当権で担保することができます。法人や個人事業者が簡単に運転資金を準備できるようにするため、あるいは証券（手形や小切手）を使用することを目的に担保に提供しているものですから、根抵当権が設定されている不動産を差し押える場合は滞納者の事業の継続を困難にさせる可能性を常に考慮しなければなりません。

さて、完納とならなくとも差押えを解除するためには、換価の猶予の要件を満たす必要があります。換価の猶予を認めることが可能な状況であれば、差押えが滞納者の事業の継続を困難にするおそれがあると判断することによって、解除することができます。納付計画を提示するなど、納税について滞納者に誠実な意思があると判断できることが、前提条件となります。

納付の方法としては、適宜分割した納付や納入する期限の設定等を、滞納者の資力や担税力の状況によって選択することになります。事例で滞納額が30万円の場合、毎月3万円の分割納付で1年以内を目処に完納できる見込みであれば、解除して差し支えありません。売掛金の100万円が3ヶ月後に入金されるので、その売掛金で完納するという場合は、支払いの履行が確実であると判断できれば、同様に解除することができます。履行の確実性を高めるために先日付小切手を受託するのが適切な取扱いです。滞納額が概ね100万円以上であるならば、その金額に相当する担保を徴取することとし、先日付小切手を受託することで担保を徴したとみなすことも可能になります。

## 3　執行停止中の分割納付

▶▶▶滞納整理の事例7

**Q** 滞納者Cは平成27年5月に地方裁判所で破産宣告を受け、平成27年度の市県民税が非課税であったことから担税力はな

いと判断して、滞納していた平成25、26年度の市県民税を執行停止としました。平成27年中も滞納者Cは定職を持たず、平成28年度市県民税も非課税であったことから執行停止を継続しましたが、平成28年中に一定の収入があり、平成29年度の市県民税が6万円課税されました。Cは破産宣告によって金融機関の債務については免責されましたが、親類や知人からの借金については返済を続けており、担税力は極めて弱く、毎月5,000円の分割納付が限度です。

すでに執行停止となっている平成25、26年度及び平成29年度の市県民税についてどのような取扱いが必要でしょうか。

**A** 破産宣告を受けてから日が浅く、平成29年度の市県民税の発生状況から考えても担税力の回復の途中であり、平成29年度の市県民税の担税が限度であると考えられます。立ち直り傾向にあることは間違いないので、平成29年度の市県民税については完納を目標としますが、平成25、26年度分については停止のままでCの担税力の回復を待つのが適切な取扱いです。破産宣告を受けた時点で、裁判所の財産調査により換価できる財産を所有しないことは明白ですから、破産宣告後に財産を形成していなければ現在の給与収入等（課税の原因）が差押可能な債権かどうか（給与の差押禁止額の範囲内か否か）を調査します。

事例の場合では、6万円という市県民税の発生状況からは平成29年度の市県民税についても滞納処分を停止した上で分納の履行を監視することになります。事例で5,000円の分納が納税通知書を発した直後から開始されるのであれば、平成30年5月末日の平成29年度の出納閉鎖までに完納となりますから、事務手続上は何ら処分の必要はありません。ただし、平成29年度の市県民税が完納となる時期が平成30年度に繰り越すと想定される場合や5,000円の分納すら困難な状況に陥ったと判断される場合は、平成29年度市県民税についても滞納処分の執行を停止することになります。

また、税金は破産法の免責から除外されるため、納税義務がなくなることはありません。滞納者Cが親類や知人の返済を優先させたいとい

> う私情には汲むべき点がありますが、最低でも平成29年度の市県民税を納税する義務を守らせる納税指導を行わなければなりません。

　滞納処分の停止は滞納者の財産及び資力（担税力）により判定すべきものであり、原則として滞納者の税額全部に行うものです。事例では平成25、26年度の市県民税が停止中で平成29年度の市県民税については分割納付を認める形になっています。分割納付が不履行となった場合を想定してみると、換価の猶予に基づき差押えを猶予しているのであれば、不履行時には差押えを直ちに検討することになりますが、何ら換価できる財産が存在しなければ、法第15条の7第1項第1号の規定（滞納処分をすることができる財産がない）どおりに滞納処分の執行を停止することになります。

　国税徴収法基本通達第153条関係8では、滞納処分の停止は原則として滞納者の有する税額全部について行うものとし、一部停止が認められる場合については、滞納処分によって差し押えた債権の取立てに長期間を要すると認められる場合において、取立可能と認められる債権額を控除した残額について滞納処分の停止をしても差し支えないとされています。

　このように、一部停止の状態が認められるのは「取立てはできるが長期間を要する債権」が存在するときに限定されており、一般の事案では一部停止の状態にならないように留意することが重要です。

　滞納処分の執行を停止している期間内でも納税義務は存在しますから、滞納者の担税力に応じた納税を履行させることと、財産調査、担税力調査を行って停止要件の状態が継続しているか否かを確認する作業が必要となります。一部停止の状態となっている事案については、停止がなされていない部分について、滞納者の就業状況や新しい年度の課税状況を見直して、滞納処分の執行を停止するか、停止に該当する事実がないと認められる場合は一部停止部分を取り消すかを判断していくことになります。

## 第2節 収納率向上の近道「現年度優先主義」と「単年度整理の促進」

### 1 現年度優先主義

▶▶▶滞納整理の事例8

**Q** 滞納者Sは平成26年度から平成29年度までの市県民税を滞納しています。Sはマンションの外装業の下請けをしていましたが、経済不況によるマンション建設数の減少から受注を大幅に減らしたことが滞納の原因です。平成28年8月に職権による換価の猶予に基づく分納の誓約をしましたが、不履行が重なって完納に導くことはできませんでした。平成29年8月に、財産調査によって郵便貯金6万円の差押えを執行しました。差押後の面談交渉において、Sは外装業を続けながら、雨天時は内装業の手伝いをして、日払い賃金1～1.2万円を得て生計を維持していることがわかりました。さらに、賃金の支払いや生活費に充てるために消費者金融3社と金融公庫から総額900万円の借金があることも判明しました。

このような事情で、他に換価できる財産もないことから、滞納処分の執行を停止して現年度市県民税の完納を目指すことにしました。

本年8月の郵便貯金の差押えによって時効は停止して、あらためてカウントされることになったため、徴収するのは難しいとわかっているにもかかわらず、停止期間が満了するまで欠損金にはならず、調定額に残ることになります。

このような事案の滞納整理を進めるにあたって、何か良策がありましたらご教示ください。

**A** 滞納が始まってから2年以上経過した段階で滞納処分による差押等を執行して、その後に法第15条の7の要件を満たすことが明らかであることから、滞納処分の執行を停止させた場合は、執行停止期間の満了する日が本来の税金の時効が完成する日よりも後に訪れるこ

> とになります。差押等の滞納処分をしていない段階で執行停止した場合は、執行停止期間の満了日よりも時効完成が先に訪れる（時効の優先）ので、差押えをしなかった方が早く解決できるという矛盾ともいえる現象が起こります。
>
> 　この問題を解決するためには、督促状の納期限から2年以内に「差押え」⇒「停止」を完了させることを目標にします。これが実現できれば、取れないことが明らかな事案については、時効完成の5年以内に滞納税を消滅させることができます。このように、滞納処分を早期に実現して、特に現年度中に財産調査、滞納処分を執行できれば現年度収入額が増えることにもなりますから、収納率を上げる近道となるわけです。
>
> 　事例では、いくつか問題点があります。職権による換価猶予の分納を認めたのが滞納となってから2年を経過した時点であったこと、不履行が何度かあったのに職権による換価猶予を取り消さず結果的に滞納処分が滞納の開始から4年目を迎えてから執行されたことなどです。
>
> 　そして、執行停止とした上で現年度分の完納を目指すとありますが、当該年度に課税された税金の負担ができるのであれば、滞納当初から現年度分を納める力があったことが想像できます。したがって、滞納整理に早期に着手していれば、執行停止をしなくてもすんだか、執行停止額を少なくすることができたと考えられます。

　差押等を現年度のうちに、遅くとも滞納から1年半程度のうちに執行して、法第15条を遵守して「取れる、取れない」をきちんと判断しながら滞納整理を進めていくためには、単年度整理の徹底や期別滞納整理の導入が必要となります。さらに、停止を検討する滞納繰越事案については、現年度分から徴収する方針を明確に打ち出すことが大切です。

　滞納件数が増加する一方で、徴税吏員がこなせる事務量には限界がありますから、例えば現年度で10万円以上課税された者を優先させるなどの方法で対応することにして、文書催告⇒実態調査⇒財産調査⇒差押えの新規滞納者対策をきちんと繰り返し行うことによって、不要な滞納繰越を未然に防ぐばかりか、

収納率向上が期待できるのです。

## 2 「単年度整理の促進」を実践する

　収納率を向上させるためには滞納繰越率を下げることが大きな目標となり、現年度課税分を確実に徴収することによって、次年度への滞納繰越を未然に防止することが重要となります。さらに、不良債権ともいうべき膠着事案や長期滞納事案の整理を強化して、滞納繰越分の圧縮を同時に進捗させなければなりません。現年度課税分の確実な徴収と不良債権処理の2つが、徴収現場に求められることになります。

　税金の時効完成は督促状の納期限から5年が経過した日ですが、5年間も何ら滞納処分を行わずに時効を完成させてしまうことは、自力執行権を付与されている地方公共団体にとっては実に情けないことであり、怠慢と言われても仕方がありません。もっとも、換価できる財産を発見することができずに時間だけが経過していくというのであれば、滞納処分の執行停止に積極的に取り組む必要があります。徴税吏員は「取れる、取れない」を見極める力を養って、適切に処理していくことを心掛ける必要があります。執行停止を検討するにあたって現年度分が課税されている場合は、滞納者の担税力を十分に調査、検討した上で現年度分の収入確保に全力で取り組む徴収体制を構築して、執行停止と分割納付を組み合わせながら、滞納の累積化を防止しなければなりません。執行停止後も期間満了までの3年間、最低年に1～2回は担税力や生活状況の変化を点検していく必要があります。「停止事案を見直す」ことも、徴収現場に求められることなのです。

　執行停止を検討する場合は、滞納者や関連者との納税交渉を通じて、滞納の原因と担税力を聴取しながら行うことが重要です。納税交渉の機会がないまま、機械的に執行停止を行うことは避けなければなりません。そのためには実態調査を充実させ、居宅だけの訪問や電話による納税交渉だけではなく、勤務先や関係先にも対象を広げ、滞納者との面談を第一に考えていかなければなりません。そして、反面調査を行った上で、滞納の原因と滞納者の担税力を確実に把握していきます。

「現年度優先主義」を実践するためには、滞納処分の早期着手に踏み込まなければなりません。滞納の発生から2年以上経過した後で滞納処分による差押えを執行し、その後に法第15条の7第1項第1号または第2号の要件を満たすことが明らかとなり、滞納処分の執行を停止させた場合は、停止期間の満了となる日が本来の5年時効の完成日の後となってしまいます。このようなことがないように、督促状の納期限から2年以内、できれば現年度のうちに差押えを執行することが、結果的に滞納繰越額を早く減少させるということを十分に認識しなければなりません。差押後に分割納付を認める場合でも、分割納付を早く開始させることができれば収入額が増えますし、全体の執行停止額を少なく抑えることが可能となります。

## 3　単年度整理に積極的に取り組む

単年度整理とは、当該年度に賦課された租税債権を年度内（出納閉鎖日まで）に確実に整理することです。これは、滞納繰越額の膨大化の原因を現年度課税分からの繰越額の増加であると捉え、現年度からの滞納繰越を未然に防止することによって相対的な滞納繰越額と滞納繰越者数を減らすことを狙いとするものです。新規に発生した滞納事案と繰り越している滞納事案を、それぞれ効率的な措置を講じて整理進捗させることは、自治体にとって急務です。さらに、単年度整理に積極的に取り組むことは、次に揚げる二つのことからも後押しされます。

一つは、地方公共団体は自力執行権を保有しており、地方税法の規定では、納期限までに納税が履行されない場合は納期限から20日以内に督促状を発しなければならず（法第66条等）、督促状の送付から10日を経過すれば差押えをしなければならないものとされています（法第68条等）。地方税法は納期限から1ヶ月足らずで差押えをするように規定しているのですから、単年度整理は至極当然のことであるといえるのです。早期の滞納処分を実現するためには、早い段階から滞納者の滞納原因と担税力の把握に全力で取り組む徴収体制を構築しなければなりません。

そしてもう一つ、平成17年1月1日に破産法が改正され、破産手続開始時

点で1年以内の租税債権は、旧破算法と同様に財団債権として保護されますが、それ以前の滞納租税（1年を経過したもの）については財団債権から除外されるように変更されました。新破産法では、租税債権を1年以内のものと1年を経過したものとに分けて優劣をつけることになりましたが、このことは、徴収機関に付与されている自力執行権を使わないことは徴収機関側の怠慢行為であると判断したといっても過言ではありません。少なくとも1年以内に滞納処分を執行するのが当然のことであることを知らしめたものと、私は考えています。

(1) 滞納繰越率を下げるために、現年度課税からの滞納繰越を未然に防止する。
(2) 地方税法の規定は、督促状の納期限から10日を経過したら差し押さえるように規定している。
(3) 新破産法の規定は、破産手続開始時点で1年以内の租税債権だけを保護している。

以上の3点から、単年度整理の促進が徴収現場の最重要課題であるということができます。

## 4　膠着化事案を作った原因の分析

　膠着化は滞納者だけの問題ではなく、徴税吏員側にも問題があると言わざるを得ません。

　原因の一つは、少額の分割納付を安易に認めてしまうことです。毎月納付しても課税額に追いつかず、滞納が累積してしまう事例が多数あります。あるいは、滞納者の納税についての認識が弱く、住宅ローンや各種支払いを優先させて納税が後回しになっている事案もありますし、納税の意義を指導する機会が少ないこともあげられます。

　さらに、「長」や「行政」に対する不満を述べたり、「市（町村）長を出せ」と威圧的な態度をとることによって、分納額を少額に抑えるように働きかけたり、差押えの解除を要求したりして、結果的に納税を免れている事案があります。

　このような滞納者に対しては、徴税吏員としての誇りを持ち、毅然とした対

応を心掛けて根負けしない交渉力を持ち合わせることが必要になります。脅かされたから、怒鳴られたからといって分納額を決定してはいけません。滞納の原因や担税力を把握し、徴税吏員の裁量で換価の猶予を認めて、分納額を決定しなければなりません。

▶▶▶滞納整理の事例9

 実態調査時に怒鳴りつける等の威圧行為があって、結果的に少額分納で対応せざるを得なくなり、滞納が累積している膠着事案や長期滞納事案があります。

具体的な解決事案を紹介してください。

以下のような事案があります。

〔滞納者氏名〕A（Dの祖母）　B（Dの父）　C（Dの母）
　　　　　　　D（交渉代表者）　E（Dの弟）　F（Dの妹）
　　　　　　　故G（死亡者課税でDの祖父）
　　　　　　　H（一級障害者でDの叔母）　　※　Cを除いて外国籍

〔滞納額等〕

・平成28年度納期未到来分を含めて合計272万4,500円。
・A〜Fは市県民税を1〜4年分滞納している。
・Gについては家屋の固定資産税が死亡者課税となっている（土地は借地である）。
・Hには課税されていない。

(1) 滞納者の概要

当人らは故Gが始めた焼肉店をB、Dと三代に亘って経営している。平成12年頃から市税を滞納するようになり、実態調査時に徴税吏員を怒鳴りつける、電話でも不平不満を大声で話すなど、結果としてこのような行為が整理進捗に影響を及ぼしていた。また、納付はあるが滞納者側の申し出を安易に認める傾向が強く、不履行も繰り返していた。滞納が始まってから15年以上経過しており、現在では滞納の累積化が顕著

となり、一家7名で滞納する事態に至っている。

　過去の交渉記録からは、BSE問題等で売上が落ちたことがあること、Dの叔母Hが一級障害者でDの父Bが扶養していることなどが判明しているが、その他に滞納の原因となる事実は把握されていない。

　平成28年8月26日にD名義のI銀行J支店普通預金口座を差し押えて3万7,501円を取り立てしている。徴収サイドとしては、全体の滞納額には遥かに及ばないものの、何とか納税交渉の糸口を掴みたいという気持ちで差押えをしている。Dは、当初は反発していたが、納税の意義や法第15条の説明等に時間をかけて納税指導を実施したところ、焼肉店の経営状況や家族の状況を含めて、滞納原因や担税力について話し始めた。

(2)　交渉経過

　以下の内容については、9月2日、23日、28日の3回の交渉でDより聴取した。25日は電話で交渉し、28日は税理士が同席（K会計事務所に所属するL税理士）している。

　Dの父B（二代目）が焼肉店を切り盛りしていたが、店主Bが大腸癌を発症してからは、DとEの兄弟で経営するようになった。しかし、その後、売上が減って焼肉店の経営は極めて苦しい状況に追い込まれている。母Cは父Dに付き添うことが多くなったほか、一級障害者である叔母Hの介護も必要であることから店に出ることができず、兄弟と妹F、祖母Aが交代で店に出ており、人件費削減のためアルバイトは雇用していない。Dは、一家の滞納市税については「かなりある」ことにうすうす気がついてはいたが、これまでは父母が管理していたため、金額等は知らなかったと話している。

　また、現在の経営状況では一括での納税は不可能であり、分割納付をするにしても毎月の納付額は当面は数万円が限度であると話している。この頃には挑戦的な言動はまったくなくなり誠実に話している。毎月下旬の民間の給料日以降に若干店が混む程度であり、父母が店に出ていないせいか常連さんの来店が減少したことを嘆いていた。

業績の数値等の説明について、ＤとＬ税理士との間に食い違いはなく、その点では誠実な意思があると判断できるが、法第15条の5の換価の猶予の要件を満たしているとは言い難い。そこで、一家全員の滞納関連事案7件をそれぞれ単独事案として、分割納付によって滞納を解決させる方針を打ち出し、滞納者側に次の条件を提示した。

(1) 関与税理士の委任状の提出
(2) 前3年間の売上の推移の作成
(3) Ｂの診断書の写しの提出
(4) Ｂの陳述書と税理士の事実承認

さらに、滞納者側のこれまでの役所に対する挑戦的ともいえる行為を禁止して、誠実な意思で納税するように強く指導して、次の条件を提示した。

(1) 死亡者課税の故Ｇの固定資産税の完納とＢの現所有届の提出
(2) Ｄ、Ｅ、Ｆの早期の完納
(3) Ａ、Ｂ、Ｃの現年度分の完納
(4) 平成29年度以降の一切の課税額の優先納付
(5) (1)～(4)までの約束が守られるのであればＡ、Ｂ、Ｃの滞納繰越分の滞納処分の停止を検討する。

(3) 担税力の状況について

当人らは、父Ｂと母Ｃが一家の納税を管理していたときは、徴税吏員に対して何ら誠実な意思を示さないばかりか挑戦的とも言える言動を繰り返していたが、一家の長が大腸癌を病んでいること、関与税理士に一切の納税交渉を委任すること、長男Ｄが納税管理をすることを認めたことなどから、市税の納税について誠実な意思を持ち合わせていると認めることができる。

「納税について誠実な意思を有すると認められるかどうかは、従来において納期限内に納税していたかどうか、納税の猶予、換価の猶予等の場合に確実に分納を履行したかどうか等を参考として判定するものとする。この場合において、過去に滞納の事実等があっても、現在において

誠実な納税の意思を有していると認められるかどうかにより判定する」という国税の基本通達が発出されている。

　このことを含めて、Dに対して納税計画を立てることを指導した。その結果、49万9,800円を用立てして、平成28年度分のA6万9,000円、B1万8,000円、C23万4,000円、E9万6,000円、F6万2,800円、G2万円を納付させて、以後毎月5万円の分納を平成29年5月末まで続ける。6月以降については、納期月の市県民税は納期内納付、納期のない月は滞納繰越分へ5万円で25回総額125万円を納税する分納計画を作成した。

　また、平成25～27年度分の祖母Aの16万円、父Bの22万6,000円、母Cの48万8,700円については、法第15条の7第1項第2号の規定に基づいて滞納処分を停止することとする。Aについては店番、皿洗い等の仕事はしているがほとんど給与を出せないでいること、Bについては大腸癌の治療に専念していること、CについてはBとHの介護で就業が困難であることを理由とする。

　また、L税理士に対して、D・E・F3名の平成29年以降の申告についてきちんと行わせるよう依頼した。Dについては自身の他に弟E、妹Fの納税を管理する能力があると認め、分割納付で納めることにし、納付額を一括管理で毎月5万円に設定した。

　さらに、死亡者課税である固定資産税（家屋）については、Bに現所有者届を提出させ、今後発生する平成29年度以降分に新たな滞納を発生させないことを、L税理士に対しても確認している。

　このような事案においては、滞納が累積するような分割納付を絶対に認めないこと、過去の交渉経過を引き合いに出された場合は毅然として新たな誓約を結ぶことが重要です。誓約後は履行の管理を徹底して、完納と停止期間満了まで最低半年に一度は納税交渉をしながら、誓約や執行停止の見直しをしていかなければなりません。

　このような事案を避けるためには、単年度整理を徹底し、膠着事案や長期滞

納事案であっても現年度分の確保を目標にして、滞納整理を進捗させることが重要です。

## 第3節 税組織の再構築と税務事務の集約化

### 1 地方税を取り巻く環境の変化

　平成19年度の所得税から住民税への税源移譲をはじめとして、地方税を取り巻く環境は絶えず変化しています。このような環境のもとで、税務行政の水準を維持、向上させていくことは並大抵のことではありません。

　適正、公平な税務事務の執行、納税義務者への説明責任の観点などから、税務事務の重要性はますます大きくなっています。また、従来は国税で対応していた政策的な税制上の措置が地方税においても求められるようになって、地方税制が煩雑化しています。さらに、税源移譲の実施により自主財源の確保がこれまで以上に重視され、移譲された税源を確実に徴収することが最も重要な課題となっています。

　しかしながら、所得税から住民税への税源移譲で個人住民税の負担感が大きくなったことや、景気の悪化や低迷を起因とする滞納者の増加等で、徴収の事務量は増大しています。これまでに、コンビニ収納の取扱い、郵便局の窓口収納の開始、差し押さえした財産のインターネット公売、納税推進センター等の設置（民間委託）など納税の利便性や確実な税収確保の対策が講じられてきましたが、さらに抜本的な税務組織の見直しが必要となっていると考えられます。特に政令指定都市では税務行政の集約化と人員削減によるコストダウンが活発に行われています。

### 2 政令指定都市における税務事務の集約化

　国と地方の財政状況の厳しさは実に深刻なものであり、特に政令指定都市では危機感が強く、抜本的な税務組織の見直しが行われました。

　事務処理の均質化や簡素で効率的な執行体制の実現を目的として、区役所単

位で行われていた賦課と徴収業務を本庁へ集約する、いくつかの区を合同させて市税事務所を創設するなどの集約化が行われています。課税部門の人員を大幅に削減し、削減した一部を徴収部門へ配置することによって徴収体制を強化するのが主な狙いです。総人件費を抑制し、効率性を追求しつつ、収納率の向上と収入未済額の縮減を図ることになります。このような理想的な体制を築くためには、少ない人員に耐えうるだけの徴税吏員のスキルアップとスペシャリストの育成が重要です。

　徴収体制を強化する具体的な取組みとしては、滞納繰越者への財産調査を的確に行い、滞納処分や換価手続きを迅速に執行すること、新規滞納者についても財産調査や滞納処分の時期を早めること、市外滞納者の滞納整理の強化、少額滞納者（滞納額20万円未満又は10万円未満等）への電話催告、実態調査、滞納処分等の執行を強化することなどがあげられます。これまで、なかなか取り組むことができなかった分野に徴税吏員を配置できれば、滞納整理の促進が期待できます。その他にも、新税務システムの導入、公権力を伴わない業務への民間労働力の活用、民間委託などが有効な手段となります。

▶▶▶滞納整理の事例10

**Q** 　民間委託や非常勤職員を導入する場合、どのような業務まで委託、委任することが可能でしょうか。

**A** 　税源移譲後の住民税普通徴収の滞納件数は大幅に増加しました。量的滞納整理の際の文書催告、電話催告、財産調査の補助業務等は正規の職員である徴税吏員でなくても可能な業務です。滞納処分関係の調書の作成、分納の管理、その他滞納整理、滞納処分の補助業務等まで委託、委任することが可能であると考えられます。

　例えば滞納額20万円未満を任せることにすれば、正職員はより専門的な業務に専念することが可能になります。また、行財政改革に沿うべく、費用対効果、効率性、合理性等を追求することになります。

## 3　行財政改革と税組織の再構築

　税組織の再構築は行財政改革に沿ったものが多く、税源移譲後の滞納者の増加や世界的な経済の悪化による滞納者の増加については十分に考慮されていない面があります。

　これから税組織の再構築に着手するのであれば、行財政改革の理念だけではなく、経済不況下における自主財源の確保や徴収体制の強化を前面に押し出すことが大切です。個々の徴税吏員のスキルアップや説明責任能力の向上を図ることによって、できる限り市民サービスの低下を招かないことを原則として、税務事務の集約化を達成していかなければなりません。そして、徴収部門は行財政改革による人員削減を避けるべき部門と位置づけ、課税部門で削減できる人員の一部を投入すれば、収入額を増やし、収入未済額を減らすことにつなげることができます。

## 4　徴収業務への民間事業者の活用

　地方税法上の「督促」、滞納処分のための「質問・検査」、「差押」等は、公務員の中でも徴税吏員に限定して認められている公権力の行使そのものであって、業務の性格上、民間委託になじまないものと考えられています。

　税務業務の民間委託の一般的な方法としては、滞納者に対する納税の慫慂行為（電話・臨戸訪問による自主的納付の呼びかけ）や催告書・督促状等の作成・印刷・封入業務などがあげられます。

　また、滞納者に地方税を滞納している事実や滞納税額を伝えて自主的納税を呼びかけ、対話内容を記録するコールセンター的な業務は、法令上徴税吏員に限定されていませんから、民間委託が可能です。

　その他に税務職員の人材交流、非常勤職員の活用、再任用職員の活用、他の公金との一元化（公金債権の滞納処分の連携強化、地方税と国保料（税）の一元的徴収）、徴収の広域化（複数の地方団体による滞納整理組合の設立や広域的な地方団体のノウハウ、情報の共有）などが徴収対策として考えられます。

　地方税の徴収対策については、平成19年3月27日付け総税企第54号「地方税の徴収対策の一層の推進について」（総務省自治税務局長通知）で総務省

から全国の地方団体に発信されていますが、特に『地方団体内における各種公金の徴収の連携強化の推進』が今後の徴収対策の骨格になるものと考えられます。

　地方団体が住民等から徴収する公金債権としては、地方税だけではなく、国民健康保険料（税）、介護保険料、保育料など国税徴収法の例による自力執行権が付与されている債権のほか、公営住宅使用料、給食費、貸付金など多様な債権があります。それぞれの制度を所管する部局が個別に徴収対策を講ずるのではなく、より効率的かつ効果的な体制を整備する観点から、地方税以外の公金債権についても、一定の滞納整理を税務担当部局に移管、集約することを検討することになります。

　地方団体の歳入を確実に確保するためにも、専門的な徴収ノウハウを有する税務担当部局の活用を図ることが最も有効であると考えられることから、それぞれの債権に関する個人情報保護に十分かつ慎重な配慮を行いつつ、検討していくことになるでしょう。

---

▶▶▶滞納整理の事例11

**Q**　地方税と国民健康保険料の一元的な徴収を計画していますが、財産情報等を共有することについて、守秘義務の観点から問題はないでしょうか。

**A**　国民健康保険料については、地方税の滞納処分の例により処分することができる（国民健康保険法第79条の2及び地方自治法第231条の3第3項）ことから、国税徴収法第141条の規定が適用され、滞納者等に対して、財産に関する必要な質問及び検査への応答義務が課されています。

　したがって、当該情報は滞納者との関係においては秘密ではないと考えられることから、地方税と国民健康保険料を一元的に徴収するために滞納者の財産情報を利用することは、法第22条に定める守秘義務との関係で、何ら差し支えがありません。保育料など、地方税の滞納処分の例によると規定されているものについても、同様であると考えられます。

## 5　徴収現場の改革

　地方公共団体の徴収体制や徴収する力が自主財源比率と反比例となっていることが残念でなりません。国から地方交付金を受け取っていない不交付団体と自主財源比率が20％にも満たずに地方交付金への依存度が高い団体とでは、前者の方が後者よりも明らかに徴収体制や徴収する力がしっかりしていると思います。不交付団体としての自覚がそうさせているのだと思いますが、自主財源比率の低い地方公共団体こそ徴収体制を強化する努力をしてほしいと切実に願います。

　例えば、国民健康保険事業の赤字は一般財源から補填されているのが現状ですが、滞納整理の強化によって地方税を増収できたとしても、国民健康保険料の赤字の穴埋めに使わざるを得ないのでは納得できるものではありません。政令指定都市でさえこのような状態に陥っているところがあるのです。徴収できるかできないかを見極める力を養うために滞納者への調査を徹底するなど、徴収に対する意識の改革と個々の徴収職員のモチベーション向上が極めて重要となります。

　地方公共団体には「人事異動」という宿命がありますが、管理職が徴収部門に異動してきた場合に度々笑えない現実に遭遇します。それは滞納整理のマネージメントができないということです。滞納整理を経験したことがないのですから当然のことでもありますが、一部管理職においては差押えに難色を示す、執行停止に戸惑うなど、業務がはかどらない話を耳にします。このようなことがないように、徴収現場の管理職にはモチベーションの高いスペシャリストを配置する地方公共団体が増えています。中長期にわたる人材の育成にも力を入れていかなければならないのです。

## 6　不思議な滞納整理

　最近、インターネットニュースなどを眺めていて、「あれっ」という記事を目にすることが何回かありました。例えば飲食店経営者の水道料滞納に給水を停止する。水を止められたら商売ができないから、それを避けるために水道料の支払いがスムーズになると考えてのことなのか、あるいはこれ以上の滞納を

累積させないために給水を停止するのか。水を止められたら飲食店は経営ができなくなるので廃業に追い込まれるのではないか。

　水道料はともかくとして、ハローワークや社会福祉協議会からの給付や貸付金を受けている滞納者の預貯金の差押えにも「あれっ」と考えさせられました。法第15条の7第1項第2号は「滞納処分をすることによってその生活を著しく窮迫させるおそれがあるとき」は滞納処分の停止ができると規定していますから、このような給付金や貸付金が残高に含まれている預貯金等の差押えは見合わせなければならないはずです。

　いずれにせよ、脅しのような滞納処分ではすぐに通用しなくなります。滞納額が少ないうちに交渉の機会を持つことが、滞納整理には有効です。どのような滞納者でも初めて滞納となった「時点」があるはずで、この「時点」でスピード感のある滞納整理に着手することが大切なのです。これが現年度早期着手の理念であり、今後の滞納整理の基本となるはずです。

　滞納繰越事案が沢山あるだけに、現年度だけの滞納事案の差押えに戸惑うという話をよく耳にします。まだ2期分しか滞納していないのに差押えは早すぎるのではないか。そういう考え方をするそうです。これも不思議です。丸1年滞納させてから安心して差押えをするというのはおかしなことです。一定以上の所得があって滞納の原因が見受けられないのであれば、早期に差押えを行った方が延滞金の支払いが少なくなって、滞納者にとってもメリットが大きいはずです。

## 7　納税意識の高揚

　様々な事情によって税金の納付が困難となった場合には、滞納となるおそれが生じた時点で納税相談を受けられる仕組みがあることを、住民に周知しておくことが重要です。税金の納期内納付に遅れを生じさせるおそれがある場合は、納税相談を早い段階から行うことで、滞納の累積化を未然に防ぐことができます。納税相談によって生活の実態に応じて申請による換価の猶予に基づく納税計画を立てることができることや、生活の維持が窮迫している場合は滞納処分の停止という緩和措置があることを、広報誌等で広く知らせておくことが重要

です。

　督促状や催告書によって納税相談の機会を与えているにも関わらず応じない滞納者に対しては、税金を滞納したまま放置すると、納期内に納付している納税者との公平性を保つために、財産の差押え・換価・配当という滞納処分の流れがあることを理解させることで、滞納の再発を減らすことができます。納税についての知識や滞納となった後の手続きの流れを周知することによって住民の納税意識を高めていくことも、大切なことなのです。

　若年層の滞納に多く見受けられますが、携帯電話の料金はきちんと納めているのに住民税を納めていないとか、不動産を所有していて住宅ローンは滞りなく納めているのに固定資産税を滞納するなど、納税を後回しにしている事例があります。携帯料金を滞納すると携帯が使えなくなる、住宅ローンを支払わないと金融機関に差し押えられるなど、滞納者が具体的な不利益を予測できるからこそ税金より優先して納めているのです。税金についても滞納すると20日以内に督促状を発して、発した日から10日を経過した日に滞納処分による差押えが執行されることを周知徹底していけば、納税の後回しは減少すると思われます。このように、充実した租税教育や納税指導のあり方を、考えていかなければなりません。

## 8　複数の債権を一元回収

　地方公共団体においては、行財政改革を推進するために、税務組織の一元化や徴収体制の見直しが盛んに行われています。課税部門を一元化することによって人員を削減して人件費を抑制し、削減した人員の一部を徴収部門に配置することによって滞納額の圧縮につなげるという一石二鳥を狙ったものです。

　保育所保育料、国民健康保険料、介護保険料、下水道使用料など国税徴収法を例にする公課を、税の徴収組織と一元化する地方公共団体が増えてきました。また、水道給水料、公立病院診療報酬患者負担金、児童福祉施設徴収金などの公課をすべて一元化して取り組む地方公共団体も現れてきました。

　新たな未集金を発生させない、すでに滞納となっている未集金を解消するという二本柱で対策が講じられるわけですが、その根底には納期内に納める多く

の住民と滞納となる少数の住民の公平性の確保と、財政難に喘ぐ地方公共団体の歳入の確保という命題があります。

　国税徴収法を例にする公課を税の徴収組織のノウハウを活用しながら滞納整理することによって一定以上の効果を期待しているわけですが、ここで重要となるのは滞納の原因、滞納者の担税力、財産の所有状況を把握することです。担税力がなく、生活困窮の状態に陥って換価できる財産を所有していない場合は滞納処分の執行停止を速やかに行うこと、担税力があるにも関わらず自主的な納付がなく、換価できる財産を所有している場合は速やかに滞納処分の差押えを執行していくという、毅然とした姿勢で取り組みます。

　滞納事案について、正確かつ迅速に緩和措置を講ずるべきか、滞納処分による差押えを執行すべきかを見極めることができる徴収職員（徴税吏員）を育成することが、効率的な滞納整理の実現には必要不可欠です。

　さらに、複数の債権を重複して滞納している事案を集約して滞納整理をする場合、例えば租税の時効は 5 年ですが、国民健康保険料は 2 年であることや、公租公課の関係から公売等で換価して配当する場合や債権を差し押えて取立てして配当する場合に公租が公課に優先する問題点などを、事前に整理することも重要です。

▶▶▶滞納整理の事例 12

**Q**　滞納者 B は平成 28 年度の市県民税第二期～第四期の 12 万円を滞納しています。平成 27 年中は電機製造の C 会社に派遣されていましたが、急激な輸出の落ち込みによって C 社が業績を悪化させたため、解雇されています。その後は雇用保険の支給を受けながら職を探していましたが、再就職はできず、雇用保険も打ち切りとなりました。失業してから 1 年経過しましたが、現在は両親の年金収入で生活しています。

　他にも滞納事案が多過ぎて、1 回何件までという金融機関との調査件数等の縛りがあるため、預貯金などの財産調査が追い付かずに終了していないのですが、滞納処分の停止相当と判断しても差し支えないでしょ

うか。なお、平成29年度の市県民税は非課税です。

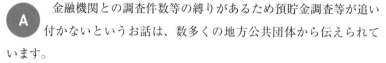 金融機関との調査件数等の縛りがあるため預貯金調査等が追い付かないというお話は、数多くの地方公共団体から伝えられています。

事例では、1年以上失業状態にあり、雇用保険も支給期間を経過して、両親の年金で生活しているという状況からは、滞納処分の停止相当と判断して差し支えないと考えられます。現年度の市県民税が非課税で滞納額の累積懸念がないわけですから、滞納者からの聴き取り調査と雇用保険の振込通帳の写しや生活収支表の作成で十分であると考えられます。

停止マニュアル等で、滞納額が累積する可能性が高い場合や滞納額が一定以上の場合には預貯金調査を実施する等の基準を設けることがよいでしょう。

また、市県民税は前年中の所得に対して課税されますから、その後に失業して現年度の住民税を納付できないという事例もたくさんあるはずです。現年度であっても積極的に緩和措置を講ずることを心掛け、滞納者との納税相談の交渉を通じて、失業中であることを理由に滞納処分を停止することを通知し、就業できた時点で納税についての再相談をすることを、約束しておくようにします。

## 9　多重債務者の滞納整理

滞納の原因や担税力について滞納者に聴き取り調査を行うと、消費者金融やクレジット債務の返済のために税金が後回しになっている事例が多く、多重債務に陥っている事例が多数存在することがわかります。

消費者金融の利用者は約1,400万人で、このうち多重債務の状態に陥っている利用者は200万人を超えていると推定されます。徴収部門の納税相談窓口では、多重債務者と納税交渉をする接触機会が多くありますが、消費者基本法の主旨からも地方公共団体としての責務からも、多重債務に陥った原因を丁寧に聴取しながら、考えられる解決策を検討し、助言する仕組みを充実させていか

なければならないと考えます。

　消費者センターや消費者問題の相談窓口がない場合は、弁護士や司法書士へ相談するように誘導することが重要です。滞納者の状況に応じて、任意整理、特定調停、個人民事再生、自己破産等が選択されることになります。徴税吏員の職務としてここまで必要かという意見もありますが、多重債務者対策本部、日本弁護士連合会及び司法書士会連合会、日本司法支援センターが共催した「多重債務者相談強化キャンペーン」で、地方公共団体の徴収部門も連携先に含まれていることからも、積極的に取り組むべきであるといえます。

　滞納原因を根本的に解決すれば、担税力が回復し、滞納税の納付、特に現年度の滞納額累積を防止させることが可能となります。

---

### ▶▶▶滞納整理の事例13

**Q**　滞納者Ｃは、平成26年度第三期から平成28年度第二期までの市県民税を、総額40万円滞納しています。Ｃは就退職を繰り返して定職に就かず、収入も不安定で滞納の累積化を止めることができませんでしたが、今回、給与照会における勤務先からの指導で納税交渉の機会を得ることができました。

　Ｃからの聴き取りによって、Ｃは消費者金融5社に対して総額250万円の多重債務を抱えており、この返済を優先するために滞納が続いていたことが判明しました。

　財産調査において、換価できる財産を何ら所有していないことが判明したため、滞納処分の執行を停止する方向で検討中です。

　現年度の滞納累積を止めるためにはどのように対応すればよいか、ご教示ください。

**A**　このような事案では、弁護士、司法書士へ多重債務の相談を持ち込むように誘導します。消費者金融の借入が長期に及ぶ場合は、過払金の返還請求も期待できます。破産を選択することになれば、消費者金融への返済は免責されますから、破産後に担税力の回復を見込むことができます。

徴税吏員としては、いかに現年度の滞納累積を止めるかが最大の目標であり、納税交渉を通じて滞納者から丁寧に事情を聴取して、滞納者と一緒に具体的な多重債務の解決方法を検討し、助言できることが望ましいといえます。

　本件の場合は滞納処分の執行を停止することは妥当な判断ですが、滞納者本人に滞納原因である多重債務の整理に努めさせ、解決後には停止中の滞納額を分割で納付させるとか、現年度を優先して納めさせるなど、滞納の圧縮と累積の防止に役立つ対応を心掛けます。

　今後、住民税を中心とする低所得者等の滞納整理においては、滞納の原因を取り除きながら、健全な納税者へ立ち直らせることが求められます。滞納者との納税交渉は現場の最前線ですから、昨今の深刻な経済状況を十分に認識しながら、滞納者に信頼されることが重要です。

## 10　差押解除の要件と換価の猶予

　差押えの解除要件としては、差押えを解除しなければならない場合と解除できる場合があります。

　差押えを解除しなければならない場合とは、①完納となったとき、②差押えに係る公租（公課）に配当される見込みがなくなったとき（無益な差押えの状態）、③滞納処分の執行を停止したときです。

　差押えを解除できる場合とは、①差押財産の価額が差押えに係る公租（公課）の金額を著しく超過しているとき、②滞納者が差し押さえできる他の財産を提供したとき、③換価することが滞納者の生活や事業の継続を困難にさせるおそれがあるときです。

▶▶▶滞納整理の事例14

**Q** 滞納者Ｓは固定資産税を平成27年度三期から平成28年度二期まで1年以上滞納したため、給与の差押えを執行しました。給与の差押直後にＳから、1ヵ月分の給与差押可能額の2万2,000円

を上回る2万5,000円の分納の申出と、これから納期が到来する28年度三期以降の固定資産税については口座振替にするという約束ができました。

納税に対する誠実な意思が十分にあると判断して職権による換価を猶予することとし、給与の差押えを解除しましたが、3ヶ月目に2万5,000円の分納を履行しないばかりか、28年度三期の固定資産税についても口座残高の不足から引き落とされていないことが判明しました。

そこで、職権による換価の猶予を取り消して、2回目の差押えについては課税客体である自宅マンションを選びました。Sから「不動産が差し押さえられたため、抵当権者である金融機関から債務の一括弁済を求められて困っている」旨の連絡が入り、不履行分の2万5,000円と平成28年度三期の固定資産税を納付するので不動産の差押えを解除してほしいと要望してきました。

再び職権による換価の猶予による解除を検討したところ、同僚の徴税吏員Tから、1回目の給与の差押解除については2万2,000円という取立て可能額があったので職権による換価の猶予の差押解除が妥当であるが、今回の不動産の解除については滞納となった固定資産税の法定納期限等より私債権の抵当権設定日が優先するばかりか、私債権の残債が評価額を大幅に超過していることから、本来換価する価値のない財産を差し押さえしたものであり、無益な財産の差押えに該当するのではないか、また、一度換価の猶予を認めたにもかかわらず不履行なのだから誠実な意思はないと判断できるので、給与へ差押換えすべきだという意見が出されました。

Sに対して二度目の換価の猶予による差押解除をすることはできないのでしょうか。

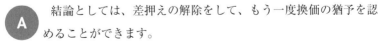
結論としては、差押えの解除をして、もう一度換価の猶予を認めることができます。

事例では、職権による換価の猶予を認めていたSの分納が不履行となりましたが、不履行となった事情を十分に聴き取り、再度、職権によ

る換価の猶予を認める時点で誠実な意思が認められる場合は、現況中心の判定で差し支えありません（国税徴収法基本通達第151条関係2）。

　職権による換価の猶予を認める場合については、法第15条の5の3第1項に「地方団体の長は、職権による換価の猶予をする場合において、必要があると認めるときは、差押により滞納者の事業の継続又は生活の維持を困難にするおそれがある財産の差押を猶予し、又は解除することができる」と規定されています。事例の場合、不動産の差押えの継続は一括弁済というＳにとって生活の維持を困難にするおそれがあることは明白ですし、給与の差押えはできる状態ですが差押えそのものを猶予するという考え方が可能です。

　さて、事例では2回目の差押えに不動産を選択していますが、すでに1回目で給与の差押えを選択していたわけですから、2回目も給与の差押えをして、一度は取立てをすべきであったと考えます。誠実な意思を有していても、担税力の回復が遅れることは頻繁に起こりますから、そのような場合は滞納者から連絡させる等の約束を強く指導してさえおけば、二度目の差押えは必要なかったのではないかと思います。

　不動産の解除については、換価手続きに着手した段階では、その不動産が換価価値のある財産であるか否かを判断することが必須となりますが、事例では換価手続きに未着手で不動産登記簿上だけでの差押えの段階であり、債権現在額等が不明ですから、必ずしも無益な差押えであったとはいえません。

　抵当権者である金融機関から一括弁済を求められた時点で、競売又は公売による配当の可能性を模索して、配当の見込みがない場合は解除することにします。少なくとも事業の継続又は生活の維持を困難にするおそれがあるといえますので、どちらにしても解除することは問題ありません。そして、本来は差押可能である給与の差押えを猶予することにして、職権による換価の猶予を認めることになります。

▶▶▶滞納整理の事例 15

**Q** 滞納者 A は飲食店を経営しており、従業員の市県民税特別徴収と固定資産税を合わせて 80 万円滞納したため、所有する店舗及び自宅の土地・建物を差し押えました。根抵当権者である B 信用金庫から差押えを解除させるように強い要望を受けた A は、差押えに係る金額の分割納付の納税相談に来庁しました。
　この場合、差し押さえた土地・建物の差押えを解除すべきでしようか？

**A** この場合は徴税吏員の裁量で解除できますが、滞納者 A の納税に対する誠実な意思がどの程度のものであるかを計ることになります。

　「80 万円を 1 年以内に完納する、新しく発生する特別徴収市県民税と固定資産税については納期どおりに納める。」このような内容の誓約が取れる場合は、差押えを解除して問題ありません。差押えを解除することによって B 信用金庫の当座預金が使えるようになるのであれば、差押えを解除した方が徴収上有利な滞納整理を行うことができますし、この事例の場合は職権による換価の猶予を認めることができますから、差押えを解除できることになります。

　差押えの解除には、①「解除しなければならない」ときと、②「解除ができる」ときの 2 種類があります。

　「解除しなければならない」ときとは、①差押えに係る徴収金を完納した場合、②滞納処分の執行を停止した場合、③差押財産を換価しても、その換価代金を滞納処分費及び差押えに係る徴収金に優先する他の債権に配当すれば、残余を得る見込みがない場合があげられます。ここでの留意点は、差押えを解除してから滞納処分の執行を停止するのでなく、滞納処分の執行を停止してから差押えを解除しなければならないということです。

　「解除ができる」のは、換価の猶予を徴税吏員の裁量で認めた場合において、差押えにより滞納者の事業又は生活の維持を困難にするおそれがある場合に差

押えを猶予し、又は解除できる規定になっています。滞納者が、他に差押えが可能で換価に適した財産を提供し、現に差押中の財産について差押えの解除を申し出た場合も解除できる規定となっています。

すなわち、差押えの解除を行うのは、①完納した場合、②換価の猶予を認めた場合、③滞納処分の執行を停止した場合、④無益な差押えの状態となった場合、⑤他の財産へ差押換えした場合の５つということになります。①、②、③については明らかに滞納整理が進捗したことを意味しますし、④の場合も新たに財産調査によって換価価値のある財産が見つかれば差し押さえ、見つからなければ停止方向と次の滞納整理の段階へ進捗させることになります。⑤の場合も、換価手続きに進むことが可能であって、完納又は一部確保によって残金停止など進捗させることができます。

このように、差押解除の全てが滞納整理進捗上必ず通過する「行為」となりますから、滞納整理の進捗のバロメーターであるといえるのです。

## 11　国民皆保険制度の空洞化

### （1）　収納率の低下

国民健康保険は被用者保険の対象にならないすべての住民を対象にしており、自営業者や農漁業者のほか、年金生活者、失業者に至るまで加入できる国民皆保険制度の根幹を成しています。国の医療保障制度として公平性が求められますが、保険料の地域格差が最大で3.6倍にも達しているほか、一部の市町村では所得の４分の１を超える高額な保険料となっているなどの問題が生じています。

保険料の高騰については、被保険者の高齢化と医療の高度化による医療給付費増が大きな原因ですが、90年代以降に増加した失業者や非正規雇用労働者などの社会的弱者が国保へ加入し国保財政を弱体化させ、赤字を補うためにさらに保険料を引き上げすることになりました。その結果、高額に設定された保険料が納められず、さらなる滞納者増を招くという悪循環に陥り、保険料滞納世帯が全加入世帯の20％を超えるという状況になっています。

被保険者の属性で収納率を見ると、高齢者、高所得者及び口座振替の加入者

は高く、世帯主年齢別収納率では20歳代が60％程度と低いのに対して、50歳代で80％程度、60歳代以上は90％を超えています。世帯所得別収納率では500万円以上では90％を超えますが、400万円未満で80％台前半と全体の収納率を下げる原因となっています。納付方法別収納率では口座振替者が97％であるのに対し、それ以外は70％にも満たない状況となっています。世帯構成人数別収納率をみると、単身世帯者の収納率が70％台と極めて低くなっており、これらをまとめると、若年層と低所得者及び単身世帯者への納付指導と徴収対策が極めて重要であることがわかります。

(2) 国民健康保険料（税）の収納率向上対策

滞納世帯が全加入世帯の20％を超えている現状からは、短期被保険者証の交付や被保険者資格証明書の交付、保険給付支払の一時差止めや一時差止めに係る保険給付金から滞納額を控除するだけに留まらず、資力があると判断できる滞納者には預貯金の差押えなど債権を中心とした滞納処分を実施していかなければなりません。もちろん、低所得者等の生活困窮者については、減免制度の活用や滞納処分の執行停止に積極的に取り組むことが必要です。

▶▶▶滞納整理の事例16

**Q** 収納率向上に向けた取組みとして、特別対策本部の設置や徴収職員のモチベーションアップ、徴収ノウハウのスキルアップなどが重要だと思いますが、その他にどのような取組みがありますか。

**A** 目標の設定と目標に対する具体的な対策、年間計画などを策定する必要があります。一般的には首長や副市長を本部長にする収納（徴収）対策本部が設置され、特別徴収対策室、特別滞納整理班などが付属的に設置されます。ここで重要なのは、徴収職員全体の意識の啓発、徴収ノウハウの向上であって、課内や係内での定例会や各種研修への積極的な参加等が必要となります。税の徴収担当課との連携や情報の共有化、課長・係長のマネージメント能力の向上、特に月間目標の設定と滞納管理システム導入による進捗管理なども訓練していかなければなりません。

さらに、加入者が未届けのまま市外に転出したり他の保険に加入していないか等の資格喪失、資格確認調査、および退職者医療制度の適用なども加えて、適正化対策を行います。社会保険離脱者や新規加入者等の資格情報提供については、事業主に協力依頼をします。未申告者に対する臨戸調査や所在不明者の調査、職権による消除は住民課等に依頼します。

　広報活動については、被保険者や滞納者、若い世代が興味を持てるような工夫が必要で、昼間不在者に対する休日、夜間、早朝の実態調査や電話催告等の実施、税徴収業務経験者による滞納処分強化策、新規滞納者への早期着手と事案ごとの分納計画の見直し、嘱託職員による口座振替制度の拡大や金融機関との協力体制の構築、短期被保険者証の活用、被保険者資格証明書の交付、保険給付の差止めや滞納額の控除の実施など、やるべきことはたくさんあります。

　※　平成21年10月26日の通知で、原則として資格証明書を交付しないとする基本方針が政府から打ち出されました。資格証明書の交付を検討すべき事案が生じた場合は、厚生労働省に報告して、当該事案を個々に確認する決まりになっています。

　※　退職者医療制度について
　　医療保険制度相互の負担の均衡を図ることを目的に、年金受給権のある被保険者（厚生年金、共済年金などに20年以上加入又は40歳以降に10年以上加入した方及びその扶養家族）の医療費を、保険料と他の健康保険の拠出金で賄う制度です。

## 第4節　効率的な滞納整理の追求

### 1　単年度整理の実現について

　単年度整理とは、当該年度に課税された税金をその年度のうちに収納し、新

しい滞納繰越者を作らないように未然防止するという考え方です。

すでに繰越となっている滞納者であっても、滞納繰越分については「換価の猶予」に伴う分割納付を認めることで滞納繰越額自体の圧縮を図りながら、新たに発生する現年度分については納税指導を徹底して納期内納付に導き、累積化を防ぐことができれば、現年度分については単年度で整理できたということができます。現年度分の課税額を滞納繰越額に合算した金額を1年以内に完納に導くことができれば、これも単年度整理の一つであるといえます。

地方公共団体は自力執行権を保有していますが、このことは地方税法に「納期限後20日以内に督促状を発しなければならず（法第66条等）、この督促状を発した日から起算して10日間を経過すれば差し押えしなければならない（法第68条等）」と規定されています。

しかし、実際の徴収現場では、このような早期滞納の段階で差押えに着手することは極めて稀です。その理由としては、滞納繰越事案の増加に伴って労働力の大部分がそちらに向けられ、現年度分の財産調査まで手が回らないという事情もありますが、現年度分に対する滞納整理を開始する時期が年明け以降とか、出納閉鎖期間だけなどという自治体もあるようです。

単年度整理を実現させるためには、「期別滞納整理」の方法を採用することが理想的であり、督促状の納期限が過ぎても納付されない事案に対して、速やかに実態調査を開始したいのですが、職員数や労働力の制約から、初期段階の膨大な件数の滞納事案に着手するのは不可能に近い状況です。電話催告や文書催告によって一定の滞納件数を減少させてから、実態調査や財産調査を開始するのが、一般的な滞納整理の流れとなってきました。このような実態を踏まえて、コールセンターや催告センターを設置する自治体が増加傾向にあり、滞納初期段階の縮減策としてのみならず、件数的に増加傾向が著しい少額滞納者の縮減策としても、有効に活用されているようです。

他方で、公務員定数が削減され、少ない人員による効率的な滞納整理が求められ、コールセンターや催告センターを設置することは、時代の流れとして必然的な結果であると考えられます。その活用方法としては、①現年度分の単年度整理を達成させるという狙いと、②滞納繰越件数に占める割合が6割～7割

にも達しながら、滞納繰越金額の割合は1割にも満たない「滞納繰越額10万円未満の滞納者」(いわゆる少額滞納者) に対する納税推進業務の2つに活用すべきであるというのが、私の持論です。公務員でなくとも可能な量的滞納整理業務（滞納額10万円未満）を民間に委託して、公務員はより専門性の高い差押等を伴う滞納整理業務（滞納額10万以上）に従事させる、このように考えています。

もちろん、滞納処分を進めるには滞納整理の基本原則である「滞納の原因は何か」、「現在の担税力はどうなのか」、「納税に対する誠実な意思はあるのか」、この3要素を十分に把握できる体制を構築することが重要です。

## 2　滞納繰越分の停止

単年度整理を徹底することで現年度収納率を上げること、および次年度への滞納の累積化を防止することと併せて、何年にもわたって累積傾向のある不良債権と呼ぶべき事案の整理を進捗させなければ、滞納繰越分の圧縮はできません。「取れる」、「取れない」を積極的に見極めることが重要であり、「取れない」と判断されるものについては、速やかに滞納処分の執行を停止しなければなりません。辛口になりますが、取れないことが明らかであると判断できるようになるためには、徴収関係法規を学習しながら、最低でも法第15条、第16条、第14条を熟知した徴税吏員にならなければなりません。地方公共団体は人事異動という「宿命」を抱えており、「今度の課長は初めて徴収事務に携わる」、「係長は税自体が初めての経験だ」という人事的問題がありますが、管理職の半数は見極めのできる人材を配置していく人事的な配慮が必要となります。滞納整理業務は公務員が携わる業務の中でも高い専門性が要求される業務であることを、市町村長や人事権を有する階層に十分に理解させることも、効率的な滞納整理を進め、滞納繰越率を低率化させるための前提条件として必要かもしれません。

▶▶▶滞納整理の事例17

滞納者Aは平成28年度の市県民税を12万円滞納している。Aは平

成27年10月に勤めていた株式会社Ｂ食品を退職して、平成28年4月から市内のコンビニエンスストアーでアルバイトをしている。Ａ本人からの聴取によると、株式会社Ｂ食品を辞めた理由は自己都合とのことである。現在は月10万円ほどの収入しかなく、月々3,000円の分納が精一杯であると認められ、預貯金調査ではＣ銀行普通預金口座の存在が判明しているが、残高は12,500円である。

　この事例で3,000円の分納では、完納までに40ヶ月も要することになります。しかしながら、現状のＡの収入からは3,000円の分納が限界であることも理解できます。将来的に転職等で収入が増える可能性は否定できませんが、現在の状況からは、預金残高の12,500円は生活に必要な金額の範囲内であると認められ、差押可能な財産とは言い難く、その他に換価できる財産がないことから、法第15条の7第1項第1号の規定により滞納処分の執行を停止することが妥当であると判断できます。

　今後は滞納処分の執行を停止したうえで、任意の分割納付を認めて担税力の回復を待つことになります。適用条文については、滞納処分をすることによって生活を著しく窮迫させるおそれがあるとき（法第15条の7第1項第2号）に該当するとも考えられますが、Ｃ銀行の普通預金口座は財産といえるものではないと判断し、給与においても差押可能額がないことから、法第15条の7第1項第1号により滞納処分の執行が停止されます。

　執行の停止以後は、Ａの担税力等を調査しながら、停止期間満了までに担税力の回復がなければ、3年後に納税義務は消滅することになります。この場合、納付により時効は中断せずに、納付中であっても停止の期間満了による納税義務の消滅は停止後3年後となります。また、次年度に新しい税金が発生する可能性がありますが、新しい税金が発生した場合は先に新しい税金を完納させてから、次に停止中の税金に充てることになります。

▶▶▶滞納整理の事例18

　滞納者Ｄは、自営の鮮魚店の経営不振から、店舗兼住宅の固定資産

税を滞納している。整理経過は次のとおりである。

（ア）平成24年度の固定資産税から滞納があり、平成26年に店舗兼住宅を差し押さえた。

（イ）差押後に実施したDからの聴取により、近隣に大型スーパーが出店したため売り上げを落としたこと、および店を手伝っていた妻が病気となりアルバイトを雇わざるを得ず人件費が増えたことが、滞納の原因であると判明している。分納の申し出があり、一定の誠意が認められることから、現年度分については納期内納付を指導して、滞納繰越分については職権による換価の猶予を認めている。

（ウ）現状では平成27、28年度分は完納しており、平成26年度分についても出納閉鎖までに完納の見込みである。平成25、26年度の滞納繰越分は滞納として残っている。

　本来、換価の猶予を認めることができる期間は最長で2年間（法第15条第4項）しか認めることはできないので、差押後3年以上を経過する事案は換価手続きに着手するか、滞納処分を停止して差押えを解除するかのいずれかの方法を採らなければなりません。Dについては平成26年に不動産の差押えを執行してから2年以上を経過していますが、毎月の分納履行額は担税能力から適正なものであったのか、増額のチャンスはなかったのか、換価できる財産は不動産以外にないのか等の再検証が、重要な作業になります。

　一方で、Dの差押中の不動産の債権現在額を調査して、仮に換価手続きに着手した場合に滞納税への配当見込みがないことが明らかであれば、差押えを継続するのではなく、滞納処分の執行を停止する方向で検討することになります。今後発生する現年度分の優先納付を指導しながら、平成25、26年度分については担税力の範囲内で納税させていくことになります。滞納処分の執行を停止した場合は差押えを解除（法第15条の7第3項）して、少なくとも年に1～2回は滞納者の担税力の回復状況を調査しながら、見直しをしていくことが重要です。

## 3　新規滞納者に対する滞納整理の展開

　固定資産税の第一期の納期限は4月30日というのが一般的ですが、この納期限までに完納にならない場合は、法第66条等の規定により納期限後20日以内に督促を発しなければなりませんから、5月20日までに督促状を発送することになります。

　さらに、法第68条等の規定で督促状を発した日から起算して10日を経過する日（この場合は5月30日）までに完納にならない場合は、差押えをしなければなりません。

　しかし、徴収の現場においては、このような早期の滞納処分は例外を除いてほとんど行われておらず、督促状に対して納税が履行されない事案に対しては文書催告や電話催告で滞納整理を開始することになります。滞納処分によらなければ納税が履行されない事案であるかどうか「ふるい」に掛ける作業が開始されることになります。

　固定資産税の納期内納付率（件数）は75%～80%程度であり、これに督促状の指定納期限までの納付率を加えると90%前後になります。完納とならない10%程度に対して文書催告や電話催告によって滞納整理を開始することになります。本来であれば、滞納者宅等の実態調査を中心に取り組んだ方が滞納者の反応率は上がりますが、この時期は滞納繰越業務に重点を置いていることや、現年度滞納者は増加傾向にあるのに対し、徴税吏員数は減少していることを考えると、現年度全件に対する実態調査は物理的に不可能であり、効率性と合理性あるいは費用対効果を追求するのであれば、催告で対応することはやむを得ません。「年税額○○万円以上は実態調査で滞納整理を開始、それ以下は文書や電話による催告で開始する」と金額で分けるのも、一つの方法です。

　ここでの催告は納期が過ぎていることの告知や納税の勧奨に留まるものではなく、滞納者が催告に反応して、滞納者側から納税相談のために電話や来庁をさせる狙いが含まれています。滞納者が納税の遅れる事情を示し、それが滞納処分の執行を停止する要件に合致すれば、積極的に滞納処分の執行を停止することになります。「取る」だけではなく「落とす」ことで、整理進捗をしていくわけです。

催告は6月15日から6月30日頃までに集中的に行うことが効率的であり、催告によって、さらに3.5％～4.5％を完納に導くことになります。

滞納整理においては収納率を向上させることが重要ですが、収納率を上げるためには期別毎の収納率、特に第一期の収納率を上げることが全体の底上げにつながります。

文書催告や電話催告にも反応がない滞納者に対しては、第二段階として実態調査を実施することになります。固定資産税の第二期が7月31日であれば、第一、二期を併せて整理する方が効率的ですから、実態調査の開始時期を8月とするのが理想的です。ただし、少額の事案が数多く含まれるので、対象件数と実態調査に割り当てらることができる労働力に応じて、第一、二期合計で10万円以上であるとか、市県民税も同時に滞納している場合は（市県民税普通徴収の第一期納期は6月30日）、これを含めて10万円以上である等の基準を設けて実施します。実態調査では滞納者本人や家族に面談できる可能性は2～3割程度と低いのが実情ですが、不在の場合は「不在通知書、不在差置書」等で対応することになります。

実態調査を行っても納税が履行されない場合は財産調査に着手することになり、不動産登記簿の申請や預貯金調査から開始します。財産調査で換価できる財産を把握した場合は、滞納者に対して差押えをする旨の予告（警告）をします。差押予告書、差押決定書と二段階で実施すれば、滞納処分までに「督促」、「催告」、「実態調査」、「差押予告書」、「差押決定書」と延べ5回も納税交渉の機会を与えることになりますから、滞納処分後の無用なトラブルを避けるうえでも有効です。

差押えの段階までに滞納整理の履歴を整理しておけば、差押後の交渉初期の段階で「督促、電話、不在差置書、差押予告と、貴方には納税履行・納税相談の機会を与えてきましたが、誠意がみられなかったので差し押えをしました」と説明することができ、滞納者は見ていない、知らないと言い逃れることはできません。滞納となれば差押えは徴税吏員にとっては当たり前のことであっても、まさか10万円やそこらで差押えはないだろうと安易に考えている場合もあります。

差押えの時期については、固定資産税の一般的な第三期の納期限が9月30日であることから、第三期の督促状発送後の指定納期限が過ぎる11月中旬から12月上旬に執行することが理想的です。市県民税普通徴収については、第一期の納期限が6月30日、第二期が8月31日ですから、固定資産税の整理着手時期を追う形でスタートを切ることになります。

　6月1日から10月31日頃までの労働量は、滞納繰越整理業務＞現年度整理業務であることはいうまでもなく、11月1日以降は滞納繰越整理業務＜現年度整理業務に移行させて、4月1日から5月31日の出納整理期間は現年度整理業務に8割から9割程度の労働力を充てることになります。

## 4　期別滞納整理の重要性

　新規滞納者に対する滞納整理は滞納件数の圧縮が最大のテーマであり、第一期の滞納整理計画を重視することになります。市県民税普通徴収の場合は、特に第一期を整理進捗させることが重要です。

　給与所得者の大半は給与から天引きされる特別徴収ですから、市県民税が普通徴収で課税になるということは、個人事業主、零細企業に勤務、雇用形態がアルバイトやパート、あるいは失業中という場合もあります。

　「第一期は納めることができたが第二期からは納めることのできない事情が生じて納められなくなった」というケースは稀であり、第一期から滞納となる場合が圧倒的に多いものです。出納整理期間に市県民税普通徴収の現年度滞納者の滞納開始期別を調べてみると、第四期、第一期、第三期、第二期の順番になるはずです（調べて実感してみてください）。

　この原因としては、次の二点が大きな要因です。
① 　納税に対する意識が希薄である。
② 　市県民税は所得税の源泉徴収とは違って前年度の所得に応じて翌年課税になるため、前年は一定の所得があっても納税年度は所得が減少している場合がある。

　ですから、第一期にウェートを置いて、第一期のうちに滞納整理に着手することが重要です。

2つの要因のうち、どちらのタイプであるかは、内部調査で把握することができます。内部資料による把握の仕方については、次のような例をあげることができます。

① 前年度の課税状況を調べる
・前年度は特別徴収であった。→ 現在は退職しており、定職についていない。
・前年度は非課税であった。→ 就業して間がなく、まだ生活が軌道にのらない。
・前年度は課税情報がない。→ 転入者または初めて就業した若年層なのかを調査すれば、納税する意識に希薄なタイプがここに多いことがわかる。

② 前年度の納税状況を調べる
・前年度は納期限に納めている。→ 本年度は、滞納に至る何らかの原因が生じた。
・前年度も遅れがちではあるが、出納整理期間までには完納となった。→ 本年度は納期内納付に近づけさせる。

市県民税普通徴収の納期内納付率（件数）は60％後半に留まり、督促状による納税者を含めても80％前後という結果となっています。3人に1人は納期内に納めず、5人に1人は督促状の納期限後も滞納していることになります。納税者の5人に1人が滞納処分の対象者という現状なのです。

このような状況を改善しなければ、納税の公平性を守ることが不可能となるばかりか、憲法に定められた納税の義務を守ることができません。滞納の初期の段階から滞納整理に着手して納税指導をしていくことも、我々徴税吏員の重要な任務です。

## 5 徴収体制と徴収意識の改革

私が滞納整理業務に初めて携わった頃は、差押等の強徴処分を行なう際に「自主財源確保の見地から滞納処分を執行する」というように、「自主財源の確保」という言葉が多用されていました。

地方公共団体の徴収体制や徴収する力に「差」が生ずる原因は、自主財源比率の高低にあるのではないかと考えるようになりました。自主財源比率100％で国からの地方交付金を受け取っていない不交付団体と自主財源比率が20％程度の依存性の高い団体を比較した場合、本来であれば自主財源比率の低い団体の方こそ徴収業務を活性化させるべきだと思うのですが、そうではない傾向が強いようです。

その原因は、自主財源となる地方税が課税段階から予算に対して低い比率であるため、すべてを徴収できても自主財源比率にそれほどの変化を与えることができず、地方交付税に依存してしまっているからだと考えられます。そして、税金の収納率が悪い団体ほど、その他公課の収納率も悪くなる傾向があります。

このようなことも踏まえて、徴収意識の改革が必要です。自主財源比率を少しでも上げることが地方公共団体の責任であることを自覚して、住民の納税の公平性を守る見地からも徴収することに努力をしていかなければなりません。

収納率を向上させるためには、滞納繰越分の整理と現年度課税分の滞納に対する早期着手の2つの事業を両立できる徴収体制を作ることが重要です。2つのグループに分けて業務が遂行できるだけの要員が確保できるのであれば、分業させることが望ましいといえます。分業させる目的は税源移譲後の滞納繰越分の滞納整理を強化することにありますが、力を入れ過ぎると現年度の滞納整理が後回しになることが懸念されます。徴収年間計画を作成して、現年度の滞納早期の段階から初動的な滞納整理を強化して新しい滞納の発生を抑制しつつ繰越分の圧縮にも努めるという、「抑制」と「圧縮」の双方の事業を成功させないと、収納率を向上させることはできません。

▶▶▶滞納整理の事例19

滞納者Aは豆腐店を営んでいたが、近隣に大型スーパーが進出した影響で売上げを落とし、慢性的な赤字経営に陥った。従業員を解雇するなど経営再建に努めたが、平成27年12月に不渡りを出して経営継続を断念した。

その後、Aは知人の豆腐店を手伝っていたが、平成28年10月に株

> 式会社Bタクシーに就職して、直近3ヶ月の平均給与総支給額は20万円である。
> 　平成29年度の住民税は特別徴収となっているので、今後の滞納累積の心配はない。滞納は平成25年から平成28年までの市県民税普通徴収で、滞納額は55万円である。
> 　豆腐店倒産時の負債額については連帯保証人となっていた親類等が返済をしており、当人も毎月4万円ずつ返済を続けている。
> 　Aには給与以外に不動産や預貯金等の換価できる財産は何も存在しない。

　この事例では、Aの給与に差押可能額があるか否かが滞納整理のポイントになります。

　簡易計算してみましょう。差押可能額は総支給額から所得税、住民税、社会保険料を控除して、その残額から最低生活費相当額と対面維持費を控除して求めます。

　最低生活費相当額は本人が10万円、生計を一にする配偶者その他の親族は4.5万円です。対面維持費は、総支給額から所得税、住民税、社会保険料、最低生活費相当額を控除した残金の2割と規定（国税徴収法第76条第1項第5号）されています。

　Aの所得税、住民税、社会保険料の合計額を2.5万円、生計を一にする配偶者その他の親族は妻だけであるとすれば、次の計算で差押可能額を算定することができます。

（ア）　20万円 − 2.5万円 − 14.5万円 = 3万円
（イ）　対面維持費　3万円 × 0.2 = 0.6万円
（ウ）　差押可能額　3.0万円 − 0.6万円 = 2.4万円

　その他の親族が、例えば子供1人がいた場合は、
（ア）20万円 − 2.5万円 − 19万円 = − 1.5万円となり、差押可能額はなくなります。

生計を一にする配偶者その他の親族が妻1人である場合は2.4万円の差押可能額が存在しますが、豆腐店経営時の負債額を親類らと返済を続けている事実を考慮すると、給与の差押えはAの生活の維持を困難にするどころか窮迫させるおそれがあると考えることができます。また、妻と子供1人が生計を一にしている場合は、給与の差押可能額そのものがなくなります。

　この事例では、どちらの場合も滞納処分の執行停止相当と判断できることになり、給与に差押可能額がある場合は法第15条の7第1項第2号の規定に基づいて執行停止処分とし、差押可能額がない場合は同条第1項第1号の規定に基づいて執行停止処分となります。

　整理の方向性は「停止」と決定しましたが、「停止」しても納税義務は存在しますし、Aの毎月の収支状況で生活費以外の支出に着目して、納税交渉により任意の一定額の分納を履行させることは可能です。この場合は滞納処分の執行停止が3年間継続すれば、納税義務は消滅します。停止中であっても、担税力の範囲内での納付は履行させていくことを忘れてはいけません。

　Aの平成29年度の市県民税が普通徴収であったとすれば、平成29年度の市県民税は納付させて、滞納繰越額については担税力の回復を待つのが適切な滞納整理であるといえます。

　住民税普通徴収の滞納者について効率的な滞納整理を進めるためには、次のような基準で、同じような形態毎に滞納整理を進めることが重要です。

① 　現年度が普通徴収で課税されているか。
② 　課税されていない場合は特別徴収なのか、非課税なのか、未申告なのか。
③ 　課税されている場合は何年度からの滞納なのか（滞納繰越が平成28年度だけであれば、完納に導ける可能性が高い）。
④ 　課税の原因となった所得は給与によるものか、給与以外のものか。
⑤ 　給与であるならば、差押可能額があるかないか。
⑥ 　滞納金額（高額から重視して整理を進めることは当然のことであり、滞納者が増加しているため少額の滞納事案まできめ細やかな滞納整理を実施することは困難です。財産調査等も、階層別に20万円以上については預貯金調査を完全実施する指標を作ることになります）。

いずれの場合も滞納者との納税交渉が最重要であり、滞納原因と担税する力を把握することが滞納整理の処分を選択するうえで不可欠です。滞納繰越額20万円以上の事案は95％、10万円以上は90％、10万円未満も含む全件に対しては80％等の目標を設定して達成を目指すことになります（『地方公共団体徴収実務の要点』（自治体徴収実務研究会編・第一法規）1,785～1,787頁参照）。

## 第5節　滞納整理方針

### 1　徴収現場からの声

地方公共団体では年度当初に滞納整理方針を掲げ、これに基づいて具体的な取組方針が決定されます。「法に基づく効果的・効率的な滞納整理の執行」、「初期滞納の徹底した抑制と長期・高額滞納の整理促進」、「市税等の公平性確保」の3本柱が、一般的な滞納整理方針です。

ある地方公共団体の、滞納整理方針に基づく具体的な取組方針の例をまとめてみました。

(1)　「法に基づく効果的・効率的な滞納整理の執行」
　(ア)　法令を遵守した滞納整理の執行
　(イ)　滞納原因の把握と適時・適切な滞納処分
　(ウ)　差押対象財産の拡大と積極的な財産公売
　(エ)　滞納者の生活実態を踏まえ、徴収緩和措置も視野に入れた適切な対応

(2)　「初期滞納の徹底した抑制と長期・高額滞納の整理促進」
　(ア)　現年課税分の徴収強化
　(イ)　新規繰越滞納の優先処分
　(ウ)　滞納者へのきめ細やかな納税相談による納税意欲の喚起
　(エ)　長期化抑止と高額滞納の整理促進

(3)　「市税等の公平性確保」
全滞納者に対して公平、公正な滞納整理を行い、市民に対して滞納整理強

化の姿勢を明確に示し、納税等の公平性確保を図る。

この地方公共団体の滞納整理方針は、ごく一般的なものだと思います。国税徴収法、国税通則法、地方税法等を遵守して滞納整理を進め、滞納の原因や滞納者の生活実態を把握し、緩和措置にも十分に配慮しながら滞納処分を行っていくというものです。

差押財産の選択に生命保険や動産なども加えながら長期滞納や高額滞納の滞納整理を促進し、滞納者へのきめ細やかな納税相談を実行しながら、現年度優先、単年度整理を推進していくことになります。そして、納税者と滞納者間の納税の公平性を図ることを目標にしています。

このような滞納整理方針を決定していながらも、現場の係長からは（2）（ア）の現年課税分の徴収強化を進める際に、悩ましい問題を抱えているという声を聞きます。

### ▶▶▶滞納整理の事例20

（分納を認めている場合の収納の優先順位について）

**Q** 分納を認めている事例で古い年度の滞納分から収納するように上司から指導されていますが、長期にわたって完納の目途が立たない事案が多数発生しています。このような事例について、法的根拠を明らかにしながら新しい年度を優先して収納することは可能でしょうか？

**A** 「現年課税分の徴収強化」は初期滞納の徹底した抑制を図るだけではなく、「滞納繰越者の現年課税分をどうするのか」を考えた質問だと思います。職権による換価の猶予に基づく分納について、2つの事例で説明します。

（ア） 滞納者Aは住民税の滞納繰越が48万円、現年の住民税は48万円賦課されている。

（イ） 滞納者Bは住民税の滞納繰越が90万円、現年の住民税は6万円賦課されている。

（ア）の場合に職権による換価の猶予を認めるためには、1年以内に滞

納額を完納させることが条件になるため月々4万円の納付が必要であり、4万円以上の納付があれば職権による換価の猶予を認めることは妥当であると判断できますが、職権による換価猶予期間中の1年間に現年をまったく納めることができないならば、結果的に48万円の滞納は変わらず、単に1年遅れで納付しているに過ぎない状態となります。

　職権による換価の猶予を認める場合は、今後発生する現年度は自主納付することを前提としており、滞納繰越分だけを分納させていくのが正しい対応です。したがって、現年度は納期内に納めながら滞納繰越分について月々4万円の分納をさせるか、現年度も含めて月々8万円以上の納付があれば滞納繰越分から納付させることになります。

　なお、職権による換価の猶予は最長2年まで認められていますから、翌年度の賦課額も48万円と予測して48×3÷24＝6万円、毎月6万円以上を納めることが可能であれば、古い滞納繰越分から先に収納するのがよいでしょう。納付交渉で職権による換価の猶予を認める際は、現年度は自主納付を前提にして、滞納分だけを職権による換価の猶予にするのが私のやり方です。

　(イ)の場合で滞納者から月1万円納付するという申し出があり、財産調査、担税力等でそれが妥当であると徴税吏員が判断できる場合は、月1万円の納付額で現年度を先に完納させ、滞納繰越分については執行停止として分納させることになります。

　(ア)と(イ)で様々な納付額を想定して「古い分から徴収するのか、新しい分から納付させるのか」を研究して、一定のルールを作ることをお薦めします。

　私の滞納整理の基本は、単年度整理の徹底にあります。単年度整理とは当該年度に賦課された租税債権を、その年度内に確実に整理することをいいます。すなわち、新しい滞納を作らないように未然に防止するという考え方が基本にありますから、すでに滞納繰越となっている滞納者でも、新たに発生する現年度分については自主納付させることを前提に滞納の累積化を防止し、担税力の「余力（滞納者の担税力を現年度分に

優先させた場合に、現年度分を完納させる以上に残された担税力)」で滞納繰越分を分割納付させることになります。

納税者全体の公平な税負担を求めるためにも、徴税吏員が適切な納税指導をして、効率的かつ的確な滞納整理を行うことが重要です。このことが徴税吏員の最終目標である自主納税の確立と租税債権確保の達成に直結するからです。

年間の納税額が現年度の賦課額を下回ると、滞納繰越額を圧縮させることはできず、累積してしまいます。事例(ア)と事例(イ)の場合とでは、優先着手すべき事案は(ア)となります。滞納繰越額で優先順位を決めるのではなく、現年度の大きい方、滞納累積がより懸念される事案を優先事案と位置づけることが理想です。

## 2 その差押解除は換価の猶予と執行停止のどちらに基づくのか

住民税普通徴収や国民健康保険税(料)の滞納者の担税力を見極める方法で重要なポイントは、次の2点です。

① 住民税が特別徴収ではなく、保険についても社会保険等でない場合は、雇用先の形態が正規労働者ではなく、一般的に担税力の弱い非正規労働者であると考えられること。
② 納税者本人を含めた世帯全体の所得状況を把握することによって、滞納者の生活状況と担税力を把握することができます。

滞納者の担税力を、次の4つのタイプに分けてみます。
(1) 現年度の納付さえ危ぶまれる滞納者
(2) 現年度分の納付は何とか可能で、滞納累積を止められる滞納者
(3) 現年度分を全て完納し、滞納繰越分にも一定の納付ができる滞納者
(4) 滞納繰越分も含めて1年以内(又は最長2年以内)に完納することができる滞納者

(2)と(3)は、どちらも現年度分の完納を見込むだけの担税力はありますが、滞納繰越分の納付については、(2)はほとんど見込めない、(3)は一部見込めることを意味します。

(1)は処分停止系、(4)は換価の猶予系であり、(2)は処分停止系に近い事案、(3)は換価の猶予系に近い事案であるといえます。納税の緩和措置である法第15条の5と第15条の7は、その中間的事案の見極めを徹底することによって、飛躍的に滞納整理が進捗するのです。

▶▶▶滞納整理の事例21

（差押えの解除の要件について）

**Q** 差押えをしている不動産について、滞納者から売却のために差押えの解除を要求された場合（任意売却）、どのように対応すべきでしょうか？

**A** 競売となっても1円の配当もない状況で、解除料を受け取って少しでも滞納税を徴収した方がよいかどうかを判断する際に一番重要なのは、差押えの解除をどの条項の規定で行うかということです。

差押えの解除をしなければならないのは、①完納した場合、②執行停止とした場合、③無益な差押えの状態が判明した場合です。

差押えを解除することができるのは、換価猶予を認めた場合です。滞納者と権利関係者全員が同意して任意売却が行われる場合に20～30万円の解除料で差押解除の同意を求められたときは、任意売却は実勢価格と競売の売却基準価額の中間的な金額で売却されますが、その処分価格が妥当で、配当に不当性がないと判断できれば、任意売却に応じることは何ら問題がなく、一般的に行われていることです。

問題となるのは、解除を予定している不動産以外の換価できる財産の有無（差押中の不動産以外に差押可能な財産がある場合は差押換えして、解除できます）と担税力の有無を調査して、完納に導くことができる事案か、滞納処分を停止すべき事案かを判断することです。

完納に導くことが可能であると判断できる場合は、職権による換価の

猶予の規定に基づく分納を滞納者に求めて、差押えを解除することに問題はありません。また、差押可能な財産が他になく、担税力もないと判断される場合は、執行停止をすることになります。

このように、任意売却に権利関係者の一員として同意する時点で、その滞納事案の任意売却以後の滞納整理の方針が決定されていることが重要です。

一部納付させる金額については、優先債権の場合（法定納期限等が私債権の抵当権設定日に優先している場合又は私債権の全額が弁済されても剰余金が出る場合等）はその全額、劣後債権の場合は滞納者の実情を考慮しながら判断していくことになります（抵当権者が住宅金融支援機構の場合は任意売却に規定があって、優先する公租公課については全額配当、優先しない場合は10万円または固定資産税の1年分のいずれか低い金額の配当という差押えの解除に係る配当金額の基準としています）。

## 3　任意売却と差押えの解除要件

▶▶▶滞納整理の事例22

（無益な差押えの判定について）

Q　滞納処分によって不動産を差し押えたところ、滞納者側弁護士が国税徴収法第79条第1項第2号の「無益な差押えの解除」の条文に基づき、当市の差押えまで配当が回らないことを鑑定評価書、債権残高等を添えて通知し、同時に差押えの解除を文書で要求してきました。当該物件は任意売却をすることとして、当市へ解除料として30万円を納付する旨の配当表も添えられています。

このまま差押えを続行しても競売で配当される見込みは薄いこと、滞納が累積する中で新たな所有者から固定資産税を徴収できることなどメリットが大きいことから、任意売却に応ずる方向で考えていますが、こ

の場合の差押解除の要件はどの条文に基づくのがよいでしょうか？

**A** バブル経済が崩壊して固定資産税の滞納の累積が顕著であった時期には任意売却は毎日のように行われていたと言っても過言ではありません。

滞納金全額の納付がなければ解除しないという強硬姿勢を貫く自治体もありますが、①完納した場合、②滞納処分の執行を停止した場合のほか、事例のような③無益な差押えの状態が判明した場合も、差押えを解除しなければなりません。

また、差押えを解除できる場合としては、①換価の猶予を認めた場合と、②他の所有財産の提供があって差押換えする場合があります。

「完納でなければ解除しない」というのは、「法定納期限等で優先される滞納分が完納されなければ解除しない」というのが正しい言い方です。

事例における差押解除の要件としては、滞納処分の執行停止で解除するのが適当であると考えられます。土地等の鑑定評価は評価する人間によって評価額に差が生ずることはやむを得ませんし、評価には一定以上の日数を要するため、徴収職員に無益な差押えの禁止の判断を厳密に求めることは、差押えの時期を失するおそれがあって、たいへん難しいものです。したがって、徴収職員が無益な差押えの禁止に当たらないと見込んで差押えを行ったが、結果として無益であったと判定される場合も起こりえます。不動産等の差押えの場合は、長期間の差押えにならないように、差押えから一定の期間を経たら換価手続きを開始することが望ましいといえます。

[参考]
**国税徴収基本通達第48条関係　超過差押え及び無益な差押えの禁止**
無益な差押えの禁止
（財産の価額等）
5　法第48条第2項の「差し押えることができる財産の価額」とは差

押えをしようとする時における差押えの対象となる財産の処分予定価額を、「差押に係る滞納処分費」とは差し押さえようとする財産に係る滞納処分費の見込額を、「徴収すべき国税に先だつ他の国税、地方税その他の債権の金額」とは差押えをしようとする時においてその差押えに係る国税に優先すると認められる他の国税、地方税、公課その他の債権のその時における債権額を、それぞれいうものとする。

　なお、差し押さえることのできる財産の価額や優先する債権の金額の正確な評価は実際上必ずしも容易ではなく、その厳密な評価を要するとすると滞納処分の円滑な遂行が期待できないこと、優先する債権の金額は弁済などによって減少する可能性があること等を考慮すると、差押えの対象となる財産の価額がその差押えに係る滞納処分費及び徴収すべき税に優先する他の税金その他の債権額の合計額を超える見込みのないことが一見して明らかでない限り、直ちに当該差押えが違法となるものではない（平成11. 7. 19高松高判参照）。

### ▶▶▶滞納整理の事例23

（任意売却に関する国税徴収法逐条解説について）

**Q** 　平成22年6月15日の「国税徴収法基本通達の一部改正について（法令解釈通達）において、第79条関係、差押えの解除の要件で新設された「適当な財産を提供した場合」で任意売却について触れられていますが、このことを解説してください。

**A** 　国税徴収法基本通達の第79条関係8—2（適当な財産を提供した場合）は次のように規定されています。

（適当な財産を提供した場合）

第79条関係8—2

　法第79条第2項第2号の「適当な財産を提供した場合」とは、原則として、換価及び保管又は引揚げに便利な財産であって（第47条関係17参照）、その財産を換価した場合の換価代金から滞納国税の全額を徴

収することができる財産（第78条関係1参照）を提供した場合をいう。

　なお、差押財産を換価に付しても入札又は買受申込みがない場合等において、滞納者（譲渡担保権者及び物上保証人を含む。）がその差押財産を売却した代金（ただし、その差押財産の時価以上の金額である場合に限る。）のうちから、その売却代金を法第128条第1項第1号《配当すべき金銭》の「差押財産の売却代金」とみなした場合における国税への配当が見込まれる額以上の金銭をもって滞納国税を納付し、かつ、徴収上弊害がないと認められるときは、その金銭の額が滞納国税に満たない場合であっても、法第79条第2項第2号に該当するものとする。

　差押財産については原則として公売に付さなければなりませんが（国税徴収法第94条第1項）、滞納者から自らが差押財産を任意で売却し、その売却代金を滞納税の納付に充てる旨の差押解除の申立て（任意売却の申立て）がなされた場合には、国税徴収法第79条第1項第1号によれば、差押えに係る滞納税の全額が消滅したときでなければ差押えを解除することができないことから、任意売却による売却代金を滞納税の納付に充てたとしても、本来は滞納税の全額が消滅しない限り差押えを解除することができないことになります。ただし、明らかに任意売却の申立てを認めた方が徴収上有利である場合は、国税徴収法第79条第2項第2号に該当するものとして取り扱い、その差押えを解除することができると定めたものです。

　差押財産は長期に渡り差押えを継続させることなく、原則として公売に付さなければなりませんが、競売、公売で得られる配当金よりも徴収上有利であるならば任意売却を活用することが滞納整理を進捗させると考えられます。

## 4 国税徴収法第76条第1項第4号の考え方

▶▶▶滞納整理の事例24

(給与の差押時の扶養親族について)

**Q** 国税徴収法第76条第1項の第1号から第3号までを控除した後の滞納者の給与支給額は25万円で、同居する子が3人いることから、同条同項の第4号を滞納者分10万円と扶養親族分として4万5,000円×3＝13万5,000円を合わせて23万5,000円と計上し、給与支給額との差額1万5,000円から同条同項第5号の対面維持費で2割の3,000円を控除した1万2,000円を給与差押金額としました。

ところが、子3名を妻が所得税法上で扶養していることを把握したので、担当者Aは扶養親族分の13万5,000円の控除を取り消し、滞納者分の10万円だけを計上し、給与支給額25万円との差額15万円から2割の3万円を控除した12万円を給与差押金額に変更しました。

妻の給与支給額は15万円ですが、このような差押えに問題はないでしょうか？

**A** 国税徴収法施行令第34条に、給与等の差押禁止の基礎となる金額が規定されていますが、納税者有利の解釈からは扶養親族に限定することはないと判断できます。一方、国税徴収法基本通達逐条解説第76条関係では「配偶者・扶養親族分4万5,000円」と記載されているので、このことからは親族は扶養親族に限定しているといえます。国税徴収法施行令第34条は、次のとおりです。

＜国税徴収法施行令第34条＞
(給与等の差押禁止の基礎となる金額)
第34条　法第76条第1項第4号(給与等の差押禁止の基礎となる金額)に規定する政令で定める金額は、滞納者の給料、賃金、俸給、歳費、退職年金及びこれらの性質を有する給与に係る債権の支給の基礎となつた期間1月ごとに10万円(滞納者と生計を一にする配偶者(婚姻の届

出をしていないが、事実上婚姻関係と同様の事情にある者を含む。）その他の親族があるときは、これらの者一人につき４万５千円を加算した金額）とする。

　事例の最初の差押金額１万2,000円は給与収入がある妻分を差押禁止の基礎となる金額に含まないで計算されていますが、ここからすでに物議を醸すことになります。

　納税者有利の解釈からは滞納者分10万円と妻と子３名の４万5,000円×４＝18万円が給与等の差押禁止の基礎となる金額に含まれることになるので、滞納者の給与支給額が25万円の場合は、国税徴収法第76条第１項の第１号から第３号までを控除した後の金額は、25万円－10万円－18万円＝－３万円となり、差押えはできません。

　この事例では、世帯では滞納者25万円、妻15万円の合計40万円の給与収入がありますが、仮に妻が専業主婦で滞納者だけで40万円の給与支給額があったとした場合の差押可能額は、滞納者分10万円＋４万5,000円×４人で控除される金額は28万円、対面維持費は（40万円－28万円）×0.2＝２万4,000円となって、９万6,000円となります。事例では、９万6,000円さえ上回る12万円を差押金額としていますが、滞納者と妻を「生計を一にする」と否認しているばかりか、扶養親族を全て妻の扶養と判断し、あたかも滞納者を単身世帯のような取扱いをして差押可能額を増やしているので、違法性が強いと言わざるを得ません。

　国税徴収法施行令第34条では、配偶者を「婚姻の届出をしていないが、事実上婚姻関係と同様の事情にある者を含む」と規定しているので、事例のような差押えができる場合は既に離婚して別世帯となっている場合であるといえます。

　いずれにせよ、給与の差押えが滞納者及びその者と生計を一にする親族の最低生活に支障を及ぼすと認められる場合には、国税徴収法第76条の規定によるもののほか、民事執行法第152条第１項に規定する差押禁止額の限度においても、その差押えを行わないものとするという主旨

に反することのないように取り扱うことが重要です。

　参考までに付言しますと、「生計を一にする」の意義とは、所得税法基本通達2―47において、必ずしも同一の家屋に起居していることをいうものではなく、勤務、修学、療養等の都合上他の親族と日常の起居を共にしていない親族がいる場合であっても、勤務、修学等の余暇には当該他の親族のもとで起居を共にすることを常例としている場合や、これらの親族間において、常に生活費、学資金、療養費等の送金が行われている場合は生計を一にするとみなすことになります。また、親族が同一の家屋に起居している場合には、明らかに互いに独立した生活を営んでいると認められる場合を除き、これらの親族は生計を一にするものとします。

## 第6節　捜索の活用と推進

### 1　無益な差押状態の滞納整理と差押解除について

▶▶▶滞納整理の事例25

**Q**　滞納者Cは平成24年度から自宅に係る固定資産税を滞納しており、平成27年6月に当該不動産を差し押さえ、平成29年8月に参加差押えをしました。これまでの納税交渉において、滞納者Cは分割納付を認めたものの不履行を繰り返し、結果として滞納額の累積化を防ぐことができていません。

　滞納者Cは平成23年に勤務先をリストラされてからはタクシードライバーやトラック運転手などの職を転々としており、担税力は極めて低く、月額1万円程度であると判断しています。

　1年間の固定資産税は、概ね10万円が課税されます。また、差押えしている不動産を換価手続きに移行させた場合の価額は1,200万円程

度ですが、債権現在額調査をしたところ、自宅購入時に融資を受けたD銀行の抵当権の残額が1,600万円を超えているため、換価に踏み込めない状態です。このような事案の累積を止めるためには、どのような滞納整理を進めることが適切でしょうか？

**A** 　地方税法上は、換価の猶予期間は最長で2年間であることから、そもそも4年間も差押えをしたままであるというのがおかしなことです。固定資産税の年税額が10万円で、滞納者Cの担税力が月1万円程度と判断されていますが、平成24年当時からきちんと分納を管理していれば、完納に導ける事例であったといえます。きちんとした事案の管理がされていないために、滞納が長期化してしまったといわざるを得ないと思います。

　また、これだけ長期にわたって滞納していながら、抵当権者からの競売の申立てがないということは、ローンの支払いは続けて、税金を後回しにしたことが窺えます。しかしながら、法第15条の「誠実な意思を有すること」とは、過去にとらわれず現在において誠実な納税の意思を有していると認められるかが問われますので、まずは強い納税交渉によって滞納者Cに毎月の納税の履行を求め、徴税吏員がその分納を管理していくことが重要となります。

　ところが、今から換価の猶予を認めても毎月1万円の分納では最長2年間の猶予期限までに完納を見込むことはできませんし、換価を猶予するには差押客体そのものに換価価値がなければなりません。執行機関に優先する債権があるため、換価しても処分庁に配当の見込みがなければ、差押えそのものが無益な状態であると認めざるを得ません。すなわち、差押えを解除することが適切な処理ということになります。

　滞納者Cに、その他に換価できる財産がなければ滞納処分の執行を停止して、毎月可能である1万円の分納額を現年度に納税させることが妥当であると判断します。今後は、停止の期間満了まで分納の履行管理を強化していくことになります。

　所有する不動産が自宅だけの場合には、このような滞納整理を行わな

ければ滞納整理の進捗は期待できません。このような事案は徴収サイドにも問題があったわけで、同じような事案を作らないためにも早期着手、早期の滞納処分が重要です。

事例では、滞納の初期の段階（滞納2～3期程度まで）に預貯金の差押えや給与の差押えで対応していれば、1万円程度の分納額を確保できて、このような長期滞納事案にはならなかったと考えられます。

無益な差押えの状態の場合は、速やかに他の財産への差押換えや滞納処分の停止方向（この場合は現年度の納税は確保すること）を見極めていくことになり、当該差押えは解除をしなければなりません。

## 2　動産の差押えとインターネット公売の活用

滞納が長期にわたる事案、特に差押えから2年以上経過している事案は、換価の猶予の規定からも、速やかに滞納の解決に努めなければなりません。

このような事案には、徴収サイドに問題があった事案も見受けられます。具体的には、差押えまでは執行したが差押以後の交渉経過が弱い。次のステップに進めず「追いつかない、とりあえずの分納」や「整理方針を決定できない」でズルズルと滞納者のペースにはまってしまう。そのような事案が多いものです。

抵当権者から競売の申立てがないということは、ローンの支払いを優先させて税金を後回しにする滞納者の心理や姿勢が透けて見えます。徴税吏員は、このことを意識しながら、滞納者の担税力から見直しをかけて納税意識を改善させていかなければ、滞納の解決にはつながりません。

▶▶▶滞納整理の事例26

**Q** 滞納者Eは平成24年に自宅を購入しましたが、平成26年3月に勤務先が倒産したため、失業しました。これが滞納の第一の原因です。

当時、納税交渉にあたった徴税吏員は、失業期間中に5,000円の分

納を認めて、3ヶ月ごとに生活状況や就業状況を把握するために面談をすることを約束していましたが、滞納の累積化が止まらなかったため、平成27年8月に不動産の差押えを執行しました。

その後、滞納者Eは転職を繰り返し、現在は鉄工所の工員として勤務しています。妻もパートに出て、住宅ローンだけは遅れながらも支払いを続けています。

当市がこの差押中の不動産を換価する場合を想定すると、公売代金は850万円程度ですが、物件にはF銀行の残債1,700万円の当市に優先する抵当権が設定されているため、換価は不可能な状態です。

このことから、無益な差押えに相当すると判断して、差押えの解除を検討しています。このまま、滞納処分の執行を停止して、新しく発生する固定資産税については分納履行を徹底管理して滞納の累積化をさせない方針ですが、一般の納税者との間の納税の公平性の見地からは、疑問を持つ徴税吏員もいるのが現状です。

また、この不動産の差押えを解除するにあたっては、「無益な差押え」で解除しなければならないのでしょうか？

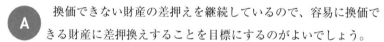

換価できない財産の差押えを継続しているので、容易に換価できる財産に差押換えすることを目標にするのがよいでしょう。

滞納者Fには、数年前までは自宅を購入できるだけの所得と一定以上の生活水準にあったことから、何らかの換価ができる財産を自宅内に保持している可能性があるものと考えられます。

このような事案では、新たな固定資産税の滞納を累積させないことが第一ですから、現年度分と滞納繰越分の2つに分けて、滞納者に納税指導をすることが望ましいといえます。

一つの基準として考えられることは、滞納処分の執行を停止する際に、差押中の自宅等の捜索を行うことはどうでしょうか。その結果、明らかに財産がないことが判明すれば、法第15条の7第1項第1号で滞納処分の執行を停止することができます。換価できる動産等を発見した場合は、差押換えとして換価不能の不動産の差押えを解除します。そして、

差し押さえた動産をインターネットで公売し、配当した後で執行停止にすれば、一般の納税者との不公平感が軽減されると思います。

## 3　差押えから解除の期間を考える

　住宅ローンの返済を続けていながら固定資産税の納税義務を守らず滞納となっている事例は多いものですが、このような事例について滞納処分の執行を停止させることは、納税の公平性の観点から見れば、なんとも道理に合わないと感ずる徴税吏員が多数を占めると思います。

　固定資産税の年税額は、住宅ローンの年間返済額に比べれば5分の1から10分の1程度か、それにも達しない少額であることが一般的ですから、住宅ローンの返済を続けることができるのであれば、固定資産税についても十分に納税することは可能であったと考えられます。

　では、なぜ「住宅ローンは返済を続けるのに、固定資産税は滞納となってしまうのか？」

　私は、その理由は2つあると考えています。1つは、滞納者心理の問題です。住宅ローンの場合は、支払いを続けなければ金融機関に大切な不動産を取り上げられる（抵当権者によって、裁判所に競売を申し立てられる）という意識が働く、あるいは「借りた金は返す」という心理が大きく働きます。これに対して、固定資産税に限らず最近の納税義務者の納税に対する意識は希薄化しており、一、二期遅れたくらいでは罪悪感を持ち合わせない滞納者が増えているのではないでしょうか。

　また、一期当たりの税額は住宅ローンに比較すれば小さな金額であるため、いつでも納められるという心理が反作用して、知らず知らずに累積させてしまう傾向があるのではないでしょうか。さらに、滞納総額が10万円前後までは、「まさか10万円程度の滞納で、不動産の差押等の滞納処分を受けることはないだろう」と安易に考えている滞納者が増えているからだと思います。

　もう1つは、住宅ローンの支払日に返済が遅れると、数日以内に金融機関からの電話催告が本人の携帯電話や自宅に対して行われ、2ヶ月も遅れるものな

ら勤務先への電話や連帯保証人に対しての厳しい催告が行われます。これに対して、税金の徴収サイドの実情をみると、ほとんどの地方公共団体で共通だと考えられますが、10月頃までは滞納繰越者に対する滞納整理に重点が置かれ、固定資産税を半年程度滞納しても督促状や催告書等の文書催告しか行われず、滞納者に対してプレッシャーをあまり掛けていない、あるいは滞納から1年近く経過しても、なんら差押等の滞納処分がなされていない事案が多数を占めているのが現状だと思います。

　これらの事案は滞納整理をする徴税サイドに問題があるわけで、滞納が比較的浅い一期、二期の初期の段階から差押等を含めた積極的な滞納整理を進捗させることで、滞納の累積化を未然に防止することができますし、十分に完納に導くこともできると考えます。

　具体的には、預貯金の差押えや給与照会など債権系の差押えを重視して、滞納初期の段階から実践することを心掛ければ、滞納事案の長期化や膠着化を防ぐことが可能となります。

## 4　生活保護法から見る固定資産税

　生活保護法の規定では、不動産を所有しているとしても一定の評価以下の居宅だけであれば、生活が困窮している場合は生活保護費を受給することができます（この場合は生活扶助だけを受給）。

　さらに、生活保護法の適用によって、固定資産税が減免の対象となります。他方で、法第15条の7第1項第2号では「滞納処分をすることによってその生活を著しく窮迫させるおそれがあるとき」は、滞納処分の執行を停止することができると規定されています。そして、この「生活を著しく窮迫させるおそれがあるとき」とは、滞納者が生活保護法の適用を受けなければ生活を維持できない程度の状態になるおそれのある場合と解釈されているので、生活保護法の適用を受けるか、徴税吏員が、それと同等の生活水準であると判断できる場合は、不動産を所有していても、滞納処分の執行を停止することを妨げるものではないと考えることができます。

　住宅ローンの支払いが滞ると、抵当権者から競売を申し立てられ、将来的に

は不動産を失うことになります（担保権の実行）。競売が開始された場合は交付要求をすることで配当を受けることになりますが、競売終結時に完納できるだけの十分な配当がなく固定資産税の滞納が残る場合は、滞納者の他の財産調査を行って、その他の換価できる財産を見つけることができなければ、滞納処分の停止を検討することになります。

固定資産税の停止で徴税吏員の頭を一番悩ませるのは、滞納が累積化している事案です。滞納税に対して優先する私債権の抵当権が設定されていて、換価権を行使しようとしても配当の見込みがまったくない場合は、どのように滞納整理の進捗を図ればよいのか？　このあたりで、頭を悩ますことになるわけです。

1つの方法としては、現年度以降の固定資産税の累積化を防ぐことを目標として、滞納者の自主的な納税を指導しながら（どちらかといえば職権による換価の猶予による分割納付に近い形での対応）、滞納繰越分については徴収することが困難であると判断されることから、滞納処分の執行を停止する方向で対応することが考えられます。

ここで捜索をすることによって、換価できる財産がないことを明らかにする、あるいは、換価できる財産を発見できれば、速やかに差押え⇒換価手続きに着手して（インターネット公売の活用）滞納税に配当を行い、滞納者を「換価できる財産がない」状態として滞納処分の執行を停止するという流れを作ります。

換価の猶予の要件でもある「納税についての誠実な意思」の考え方は、過去の滞納の事実ではなく、現在において誠実な納税の意思を有していると認められるかどうかで判定することになります。これに準じて考えると、滞納処分の執行を停止する場合においても、現在における担税力等を中心に据えた判定をしていくことが、適切であると考えます。

また、滞納者の高齢化が進んでいることが、徴収現場の直面している問題です。年金等の公費で生活しており、固定資産税の負担まではできないという高齢者が増えています。生活保護法では、一定額以上の不動産を所有している要保護高齢者世帯について、死亡時に本来の扶養義務者が不動産を相続することは社会的公平の観点から問題があることから、所有不動産を担保とした貸付制

度（要保護世帯向け長期生活支援資金）を創設して、この制度を利用させるようにしています。

　これを参考に滞納整理について考えると、生前に不動産を差し押さえる、または担保として不動産を徴取しておいて死亡後に換価手続きに着手するというのも、1つの方法です。あるいは、将来の相続予定者と納税交渉を進めるなど、滞納整理の手法を整備していく必要がありそうです。

　高齢者の滞納整理にあたっては、同居している家族や相続権のある子息などと納税交渉を行える環境を作っておくことが、重要となってきます。

## 5　不動産差押後の解除までの期間について

　私は、不動産等を差し押さえてから2年以上経過している事案が多数あることが、どうしても納得できません。本来、滞納処分の差押えをした場合は、換価手続きに入り、公売代金を滞納税に配当することによって、滞納整理を終結させることになります。

　差押後に、滞納者から「納税についての誠実な意思」が示され、徴税吏員の裁量で職権による換価の猶予を認めた場合でも、最長で2年間しか認められていません。差押後2年を経過しても滞納整理の進捗が見られない事案には、何らかの滞納整理上の問題があると考えられます。

〔3つの「期間」から考察する〕
3つの「期間」とは、次のとおりです。
(1)　税金の消滅時効⇒督促状を発した日から起算して10日を経過した日から5年後に納税義務が消滅
(2)　停止期間の満了⇒執行停止を行った日から3年間、執行停止が継続したときに納税義務が消滅
(3)　換価の猶予期間⇒通常1年間、やむを得ない場合は1年間延長ができることから最長で2年間

(1)の消滅時効については、徴税吏員にとって、5年間も何ら滞納処分を行

わないまま時効を完成させることがあってはならないというのは常識です。時効が完成する日まで待っても徴収できないことが明らかであると判断できるのであれば、滞納処分の執行を停止させることになります。

(2)の執行停止中の事案において、3年の期間が満了する日よりも時効の完成日が早い場合は、時効が完成した日に納税義務が消滅します。例えば、平成25年度第一期の市県民税普通徴収の督促状の納期限が平成25年7月31日であり、平成29年6月19日に滞納処分の執行を停止した場合は、

　　時効完成　⇒　平成30年7月31日

　　期間満了　⇒　平成32年6月19日

となって、時効完成日が先に訪れることになります。この時効が完成した日に、納税義務が消滅することになります（これを「時効の優先」という）。

(3)の換価の猶予期間は最長で2年間であるのに、例えば不動産を差押後5年も経過している事例が存在する場合の税法的な説明は可能でしょうか？　矛盾することになりませんか？

債権の差押えの場合は即時取立の原則がありますが、不動産や自動車等を差し押さえた場合は、いつまでに換価しなければならないという規定はありません。しかし、差押後2年以上も経過しているのに換価手続きに着手せず、あるいは解除をしていない事例は、滞納繰越額を増加させる原因となります。

「不動産を差し押さえると滞納整理が膠着し長期化するので、債権の差押えを重視するようにする」という考え方を耳にすることがよくあります。私も一理あると考えますが、「不動産等を差押執行してから2年以上経過する事案は国税徴収法や地方税法に基づかず、安易に換価手続きを先延ばしして換価の猶予の状態を継続していることを意味する。」「換価手続きをシミュレーションして公売をしても配当がないと判断されるのであれば、速やかに差押えを解除することにする。そして、その他の換価できる財産の差押えに着手する。また、その他に換価できる財産がない場合は滞納処分の執行を停止することとする。」というような事務手続き上の共通意識やルール作りを徹底することができれば、滞納繰越額の圧縮に成果が出てきます。

▶▶▶滞納整理の事例 27

**Q** 滞納者Aは大工を家業に営んでいますが、平成25〜26年度までの市県民税を滞納しています。担当者Bは郵便貯金6,500円を発見したので、これを差し押さえましたが、平成25年度市県民税の第一期の一部にしか配当できませんでした。

その後、この郵便貯金の差押えに反応した滞納者Aが来庁して納税交渉の機会を持つことができました。滞納の原因は同業者との競合が激化して受注件数が大幅に減っていることだいう申し出があり、現在は月々の生活にも支障をきたすようになり、材料代等の支払いもノンバンクからの借入れに頼るような状況に追い込まれているという事情を聴取しました。

このような状況から、担当者Bは滞納者Aと、平成29年度の市県民税については銀行納付による分割納付によって完納を目指すことにして、現年度が完納になり次第、滞納繰越分を納めていく分納計画を取り交わしました。併せて、滞納繰越分については滞納処分の執行を停止する方針を固めました。

この場合、滞納者Aの平成25〜26年度までの市県民税については担当者Bによる執行停止によって一定の進捗を見せることになりますが、納税義務が消滅するのはいつになるのでしょうか？ また、差押金は6,500円なので、平成25年度の市県民税第一期にしか配当できませんが、平成25年度二期〜26年度四期までの市県民税普通徴収が、この6,500円の郵便貯金の差押えによって、配当がなされないにも係わらず時効が中断して、執行停止の期間満了まで納税義務が消滅しないことは、時効を先延ばしにしただけに過ぎず、滞納繰越額の増加につながる逆作用であるようにみえますが、本来の時効完成日よりも長い期間、調定に滞納税額を存在させておく必要があるのでしょうか？ 解説をお願いします。

平成25〜26年度の市県民税については、郵便貯金の差押えによって時効はすべて中断し、執行停止の期間が満了する平成32

年度まで納税義務は消滅しないことになります。平成25年度分の市県民税については郵便貯金の差押えを執行したために時効の完成まで2年間延長して7年間、平成26年度分の市県民税については時効の完成まで1年間延長されて6年間、調定に存在することになります。

　本来、差押金は6,500円だったわけですから、その金額に見合う平成25年度市県民税第一期分のみの差押えであるとして、二期以降については差押えをしなかったという考え方であれば、調定上は早く消滅させることができます。しかし、差押金に見合った期別だけを差押えするという方法は税法になじむものではありません。

　この問題を解決するためには、早期差押えの着手の原則に基づいて、遅くとも滞納開始から2年以内に滞納処分を行うことが重要です。この点を心掛ければ、事例の場合のように滞納処分の執行停止を行った場合でも、本来の時効完成日までに、あるいは時効完成日の属する年度内に納税義務を消滅させることができます。

### ▶▶▶滞納整理の事例28

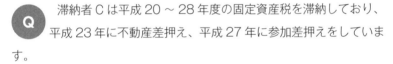

　滞納者Cは平成20～28年度の固定資産税を滞納しており、平成23年に不動産差押え、平成27年に参加差押えをしています。

　今回、郵便貯金を見つけて差押えを執行しましたが、差押金額は2,500円でした。差押金額は少額でしたが、滞納者Cが郵便貯金の差押えに反応したことで、納税交渉の機会を持つことができました。

　滞納の原因は、養豚業を営んでいたものの、新豚舎建設資金を銀行から借りることができず、高利のノンバンクからの融資に頼ったために、金利負担が重く、経営状態を悪化させたことです。現在の担税力は、1年間で現年度の固定資産税を納めていくのが限界であるということがわかりました。

　滞納者Cの自宅及び豚舎等には評価額3,500万円に対してノンバ

ンクの7,000万円の抵当権が設定されており、債権現在額（残債）は6,000万円です。差押中の不動産の換価ができないことは明らかです。仮に換価できる金額での公売が可能であるとしても、滞納者Cの事業の継続に支障をきたすことになるのは明白です。

このような場合、どのように滞納整理を進めればよいのでしょうか？

(1)「差押後2年以上放置状態で、方向性が定まらない事案をなくす努力」
(2)「2年以内に完納させることができるか否かの見極め」
(3)「国税徴収法の解釈の仕方……明らかに徴収できないと認められる滞納金とは？」


(1) 差押えによって滞納整理を一段落させようという傾向が、どの地方公共団体にも見られます。このことには徴税吏員の意識改革が必要です。差押えは滞納整理のスタートぐらいに位置付け、差押後の納税交渉にウェートを置くことが重要です。

納税交渉では滞納の原因と担税する能力を把握することに努め、完納させることができるのか、執行停止の方向で滞納整理を進めるのか、いずれかに見極めていくことが徴税吏員の「仕事」であるといえます。

差押執行後2年以上も方向性が定まらず放置することにならないように、滞納者が差押後も誠実な意思を見せない場合は第二の差押え、第三の差押えを執行していくことが重要です。また、換価の猶予の最長期間である2年よりも長い間、換価手続きに移行できない状態となることを避けて、換価するか解除するかのどちらかを見極めていかなければなりません。

「差押えを解除することが徴税吏員の仕事」と意識していくことが、大切になります。

(2) 担税力を把握した後、分納を認める場合に、滞納者を次の3つのタイプに分類します。
（ア） 滞納税全額を1年以内に完納することができる（あるいは、2年以内に完納することができる）。
（イ） 滞納の累積化だけは止めることができる（年間納税額が現年度課税分以上である）。
（ウ） 分納させても現年度税額の年税にも及ばない（滞納の累積化を止めることができない）。

　（ア）の場合は、職権による換価の猶予によって、古い納期限から充当します。
　（イ）の場合は、滞納処分の執行を停止し、滞納者を指導して、現年度からの納税を申し出させる。
　（ウ）の場合は、滞納者の生活（経営）の基礎から見直すことによって、納めることができない原因を深く掘り下げて改善させることが重要であり、現年度課税額分の納税をできる状態を作らなければなりません。滞納処分の執行の停止を躊躇する必要はありませんが、滞納を累積化させたままで滞納処分の執行を停止することはありえません。少なくとも停止後の年税額は納税させることによって滞納額の累積化を防止する、強い納税指導が必要となります。

(3) 執行停止中の事案であって、滞納処分を停止したまま3年を経過する日まで待って納税義務を消滅させることにおよそ実益がないことが明らかである場合は、即欠損に切り替えることも必要になってきます。
　不良債権化を未然に防ぐためにも、単年度整理を推進させて期別滞納整理を取り入れることによって、差押えの早期着手を実践することが重要です。

　徴税吏員は、差押えによって滞納整理のスタート地点に立つという共

通認識を持ち、差押えを解除することが仕事であるという強い気持ちを持って、滞納整理に取り組んでもらいたいと思います。

## 6 競売申立ての増加と任意売却

　平成20年秋のリーマンショックによる金融危機後の不良債権処理が進む中で、競売申立て件数が増加し、それに伴って任意売却の件数も増加しています。住宅金融支援機構は、任意売却については、優先する公租公課については全額配当、優先しない場合は10万円又は固定資産税の1年分のいずれか低い金額の配当という、差押えの解除に係る配当金額の基準を設定しています。

> ▶▶▶滞納整理の事例29
> （任意売却について）
> 
> **Q**　任意売却を進めるための条件と、そのメリットについて説明してください。
> 
> **A**　任意売却を進めるための条件としては、①所有者（債務者）の売却意思と協力、②権利関係者全員の同意、③処分価格の妥当性が重要になります。
> 　不動産を差押えしていて、任意売却が進められる場合は、競売となって1円の配当もないのか、解除料によって少しでも滞納税を徴収した方がよいのかを判断することになります。
> 　当該年度の固定資産税の納付義務は元所有者（滞納者）にありますが、一般の売買契約においては元所有者（滞納者）と新所有者（買受人）との間で、日割計算にて各々の固定資産税額が算定されますから、買受人分については確実に徴収することができます。
> 　法定納期限等で優先する金額については、全額徴収することになります。
> 　任意売却によって徴収機関が得られるメリットとしては、所有権が新所有者に移転すれば、次年度以降の固定資産税の納税義務は新所有者に

生じるため、滞納の累積を止めることができます。また、その他に換価できる財産もなく執行停止が適当であると判断される場合は、次年度からは固定資産税が賦課されないため、不良債権処理を終えることができます。

　任意売却の場合は、基本的に実勢価格と競売の最低売却価額の中間的な価額で売却されるので、売買契約が成立しやすくなります。

### ▶▶▶滞納整理の事例30
（任意売却時の一部納付による不動産の差押解除について）

**Q** 　不動産の差押えをした場合において、滞納者から、不動産を売却して一定額の納付をするので、差押えを解除してほしい旨の申出がありました。一部納付で不動産の差押えを解除する場合、法的な解除要件に合致させることは可能でしょうか。

**A** 　この場合の差押解除要件は、次のようになります。
(1)　一部納付の後の滞納残額について滞納処分の執行を停止する場合は、差押えを解除しなければならない。
(2)　一部納付の後の滞納残額について、職権による換価の猶予または差押換えをする場合は、解除をすることができる。
(3)　(1)または(2)のいずれかの要件を充たす場合は、差押えを解除して差し支えないと考えられる。

　また、解除に至るパターンとしては、次の3つのパターンがあります。
(1)　先行解除の場合
　手付金（予約金）がある場合は、これを利用して不動産売買日の一週間程度前に納税させて解除する方法。
(2)　同日解除の場合
　買受人側の融資先の金融機関等に出向いて売却手続きに立ち会い、一部納付確認後に差押解除登記嘱託書を司法書士に預ける。司法書士が連件で登記することによって、買受人を保護することができる。

### (3) 複合型の場合

　納付日と契約日が近い場合などは、売却後に徴収課窓口等で差押解除登記嘱託書を司法書士に預ける。この場合は、司法書士の預かり証を受理する。その後は(2)と同じように、司法書士が連件で登記して完了する。

　差押解除後の滞納残高については、滞納処分の執行を停止するのか、あるいは職権による換価の猶予による分割納付を認めるのかを、あらかじめ決定しておくことが重要です。滞納者から滞納の原因と担税力等を聴取して、反面調査をしたうえで決定することになります。

　滞納者から委任された不動産業者が来庁した場合は、委任状の原本を提出させることが必要です。守秘義務の観点から、納税交渉に至るまでの委任を受けた内容の委任状であることが望ましいといえます。

　一部納付する金額については、優先債権の場合（法定納期限等が私債権の抵当権設定日に優先している場合、または私債権の全額が弁済されても剰余金が出る場合）はその全額、劣後債権の場合は滞納者の実情を考慮しながら判断していくことになります。なお、現年度の固定資産税については、契約書のとおり日割計算で精算することになります（不動産売買契約書に公租公課条項がある場合に限る）。

## 7　捜索の活用と推進

### (1)　市町村の徴収強化策

　高額滞納者や納付資力がありながらも納付に応じない滞納者への徴収強化策として、住居や事務所の捜索や財産の差押え、公売などの滞納処分を行うと宣言する市町村が増えています。

　県と市町村が連携した滞納整理機構の設置、高額滞納整理を専門に従事するプロジェクトチームの設置、あるいは税と国民健康保険料等を共同徴収する組織の設置など、さまざまな徴収強化策が講じられています。

　しかし、これまでは市町村単独での捜索はほとんど行われてこなかったこと

も事実です。税務行政が信頼されるためには、納期内に納めている納税者との公平性を保つことが不可欠であることから、滞納処分の強化策として捜索がクローズアップされてきたことは、当然のことであると思います。

捜索は、国税徴収法第142条に基づく強制調査として規定されています。具体的には、捜索とは差押可能な財産を発見するために自宅や関係先に強制的に立ち入り実施する財産調査のことです。捜索は徴収上の自力執行権の一環として認められていることから、令状の必要はありません。また、徴税吏員、徴収職員が必要であると判断すれば、一部の例外規定はありますが、いつでも行うことができると解されています。

▶▶▶滞納整理の事例31
（捜索ができるときについて）

**Q** 国税徴収法第142条には、滞納処分のため必要があるときは滞納者の物又は住居等を捜索できるとありますが、実務における捜索の実施時期について、解説してください。

**A** 徴収職員、徴税吏員は、滞納者の財産調査の一環として、滞納処分のため必要があるときは、特定の物又は場所につき捜索をすることができると、国税徴収法第142条に規定されています。徴収職員、徴税吏員は質問及び検査を行うことができますが、これらは任意調査です。捜索は、滞納者や関係者の協力が得られない場合に行うことが適当です。

財産がないことを確認するためにも、捜索が行われます。滞納処分の執行を停止することを前提に捜索を行い、財産がないことを明らかにすることが目的です。

(2) 捜索の基礎知識

捜索は、滞納者の同意や令状が要らない強制的な調査です。滞納処分を行うことには、公平な納税の実現と税収の確保という大義があります。徴税吏員、徴収職員は滞納処分できる財産を見つけるための調査権を保持し、この一環と

して質問及び検査を行うことができます。

　しかし、質問及び検査は任意による調査であることから、滞納者や関係者の協力が得られず、十分な調査を行うことができない場合があります。このような場合に、滞納者や関係者の同意なしに強制的に調査することができる捜索を行うことになります。

---

▶▶▶滞納整理の事例32

（質問及び検査と捜索の比較について）

**Q** 質問及び検査と捜索を比較した場合の相違点を説明してください。

**A** 次のように、違いをまとめることができます。

(1) 戸や金庫の開扉について、質問・検査は任意であって強制力はありませんが、捜索の場合は強制力があります。

(2) 質問及び検査の場合は立会人は必要ありませんが、捜索の場合は必要となります。

(3) 質問及び検査の場合は、聴取書を作成する場合があります。捜索の場合は捜索調書を作成します。ただし、差押調書を作成した場合は捜索調書は必要ありません。

(4) 質問及び検査では時効は中断しませんが、捜索については捜索に着手した時点で時効が中断します。関係者の住居等を捜索した場合は、捜索調書の謄本を滞納者に交付した時点で時効の中断の効力が生じます。

(5) 質問及び検査では、出入禁止の措置に強制力がありません。捜索については、捜索に支障がある場合はその場所への出入禁止を命じることができます。

(6) 質問及び検査で正当な理由がなく答弁せず、または偽りの答弁をし、あるいは検査を拒み妨げた場合は、法第333条の規定で罰則があります。捜索については、暴行や脅迫を加えた場合に刑法第95条の規定で公務執行妨害罪が適用されます。

▶▶▶滞納整理の事例33

（捜索の基本解説について）

Q 次の（1）～（7）は、捜索についての基本事項です。解説をお願いします。

(1) 検査は捜索と異なって時間の制限はないが、特に必要がある場合を除き、捜索の場合の時間制限に準ずること。

(2) 徴税吏員が質問検査の権限を行使してもなお差押えできる財産が発見できない場合、または差押財産の搬出、差押財産の見積価額評定等の滞納処分のため、滞納者の住所、第三者の物または住宅その他の場所等について行う強制処分であること。

(3) 滞納となっている徴収金に相当する財産を任意に提供した場合は捜索を行うことはできないが、差押財産の任意提供を拒否したときに捜索できること。

(4) 徴税吏員が自ら戸や金庫を開く場合は、施錠の除去等のこれに伴う必要な処分にあたって、器物の破損等を必要最小限度にとどめること。

(5) 相手方が夜間だけ在宅又は営業していること、財産が夜間だけ蔵置されていること等の事情が明らかである場合等、滞納処分の執行のためやむを得ない必要があると認めるに足る相当の理由があるときは、日没後においても捜索できること。

(6) 徴税吏員の許可を得ないで、捜索、差押処分又は搬出引揚げを行う場所へ出入りすることは禁止され、その場所にいる者を退去させることができること。

(7) 捜索した場合は、その事跡を明確にしておくため捜索調書を作成し、捜索を受けた滞納者又は第三者及び立会人にその謄本を交付すること。

A (1) 国税徴収法第141条の検査には、同法第142条の捜索の場合とは異なって、時間の制限はありません。しかし、特

に必要があると認められる場合を除き、捜索の場合の時間の制限に準ずることになっています。

(2) 同法第142条で、差押財産の引揚げ、見積価額の評定等のため必要があるときも捜索をすることができると規定されています。また、滞納者の親族その他特殊関係者以外の第三者が引渡しを拒絶した場合の当該第三者に対する捜索は、当該引渡命令にかかる期限までに財産が引き渡されなかった場合にすることができます。

(3) 提供とは、同法第78条第2項で徴収職員が直ちに差押えができる状態におくことをいいます。滞納になっている徴収金に相当する財産の提供を受けた場合は、条件付差押禁止となります。任意提供を拒否した場合は、捜索を行うことになります。

(4) 同法第142条第3項で、閉鎖している戸、扉、金庫等を開かせなければ捜索の目的を達することができない場合には、徴税吏員、徴収職員が自ら開くことができます。ただし、自ら開くときは、滞納者等が開扉の求めに応じないときや不在のとき等やむを得ないときに限るものとされています。そして、不必要な損害を与えることのないように、器物の破損等は必要最小限度に留めるように配慮しなければなりません。

(5) 同法第143条第2項の規定で、捜索には時間制限があって、原則として日没から日出まではできません。民事執行の場合は、午後7時から翌日の午前7時までの間に人の住居に立ち入って職務を執行するには、執行裁判所の許可を受けなければならないものと規定されています。

　夜間でも公衆が出入りすることができる場所については、滞納処分のためやむを得ない必要があると認めるに足る相当の理由があるときは、日没後でも捜索することができます。さらに、捜索の相手方が夜間だけ在宅又は営業している、あるいは財産が夜だけ蔵置されている等の事情が明らかである場合は、捜索することができます。

(6) 同法第145条の規定で、捜索、差押え又は差押財産の搬出をする

場合において、これらの処分の執行のため支障があると認められるときは、自らの判断によって、これらの処分をする間、その場所に一定の者を除いて立入りを禁止し、退去させることができます。

(7) 同法第146条第1項の規定で、捜索した場合は捜索調書を作成しなければなりません。ただし、滞納処分による捜索の結果、財産を差し押さえた場合は、同法第54条の規定で差押調書を作成するので、差押調書に立会人の署名押印を求め、その謄本を立会人にも交付すれば捜索の事績が明らかにされることから、捜索調書は必要なくなります。

第1編　収納率の向上

# 第3章　住民税と固定資産税の滞納整理

## 第1節　滞納繰越額を縮減させる

### 1　固定資産税が絡む滞納累積事案

　固定資産税を滞納している事案を滞納整理する場合は、所有する不動産の収益性の有無によって、滞納整理の進め方が違ってきます。さらに、所有する不動産に設定されている抵当権や根抵当権の残額と所有している不動産を売却した場合の金額との比較からも違ってきます。

▶▶▶滞納整理の事例34

**Q**　滞納者Aは平成25年に勤務先からリストラされて、それ以後はアルバイトや契約社員を続けていますが、職業を転々としている状況で、生計を維持することが困難な状況となっていました。そのため職権による換価の猶予を認めて分割納付で完納を目指しましたが、51歳という年齢もあって、所得状況の改善がなかなか見られません。

　滞納は自宅の土地、建物に係る固定資産税であり、平成28年から滞納となっています。年税額は8万円ですが、この年税額さえ納付できない状況が続いています。

　このような滞納累積事案をどのように解決すればよいのでしょうか。

**A**　滞納者Aが所有する不動産に設定されている抵当権の残額と公売した場合の換価代金の関係にもよりますが、所有する不動産には収益性がまったくなく、居宅としてのみ使用しているのであれば、基本的な考え方としては、現年度以降の納税指導を徹底して、滞納繰越分については滞納処分の執行を停止する方向で滞納の解決を目指すこと

に問題はありません。

　不動産を所有している場合は滞納処分の執行停止ができないとお考えの自治体もあるように見受けられますが、不動産を所有していても生活保護法が適用されるのと同様に、滞納処分を停止すること自体は問題ありません。

　もっとも、滞納の初期段階から、このような累積をさせずに完納に導くことが重要であって、累積させてしまってから停止するのでは、徴税吏員としてはやりきれない気持ちになります。徴収側にも累積化を未然に防ぐことが可能ではなかったかと悔やまれることになります。

　この事例でもそうですが、住宅ローンを優先して固定資産税を後回しにするという滞納のパターンがありますから、そのようなことをできるだけ少なくしなければなりません。

　この事例では、すでに丸3年分が滞納累積していますから、滞納者への納税指導は現年度分の固定資産税を優先的に確実に納税させることに努め、停止期間中に新たな滞納を発生させないように履行を管理していくことが重要となります。停止期間中の担税力の回復状況については、半年単位で見直していくことが必要です。

　固定資産税を停止する場合の留意点は、住宅ローンの残額が換価する場合の売却価格よりも大きいことが証明されれば、あとは滞納の原因と担税力から進めることができます。滞納する固定資産税の課税客体に換価価値がないことが条件であるといえます。

　換価価値があると判断できても、生活保護水準まで生活を著しく窮迫させているのであれば、生活保護法が適用される場合は固定資産税は非課税になりますから、それと同等程度に窮迫していると判断できるのであれば、滞納処分の停止をして差し支えありません。

▶▶▶滞納整理の事例35

**Q** 滞納者Ｂは、固定資産税を５年以上滞納しています。平成28年に不動産の差押えを執行しましたが、その後に何回か納付があったものの累積傾向は止まりません。

また、Ｂが所有する不動産は、自宅の土地、建物の他に運送会社Ｃの社屋と駐車場として賃貸している不動産があります。不動産登記簿によれば、滞納者Ｂは平成22年にＤ農協から6,000万円の融資を受ける際に、自宅の土地、建物と賃貸している不動産の両方に共同担保として抵当権が設定されています。

公売しても配当の見込みがない状況ですが、今後どのように滞納整理を進めることが滞納の解決につながりますか？

**A** 金融機関から競売の申立てが出ていないわけですから、農協のローンを重視して固定資産税の納税を後回しにしている可能性が高いことになります。滞納者Ｂの農協のローンが滞って競売が起きていれば、交付要求をして配当を待ち、競売事件の終結後において滞納者Ｂにその他に換価財産が何もなければ、滞納処分の停止をすることになるでしょう。

事例では競売は発生していませんから、納税指導によって固定資産税を農協のローンよりも先に納めさせる指導が必要となります。農協のローンの支払期間を延ばし、毎月の支払額を下げることによって、固定資産税の滞納分に廻させることを、滞納者に指導していくことになります。

また、運送会社に賃貸している不動産を手放させる（任意売却）ことも、１つの方法となります。滞納者Ｂは固定資産税の納税に対する誠実な意思が希薄であると判断する場合は、賃貸料を差し押さえすることが適当です。

差押えにおける留意点は、抵当権者のＤ農協は滞納者Ｂからの返済が滞った時点で物上代位ができるということです。物上代位とは、担保物権の効力が目的物の売却や賃貸によって生じた利益の上にまで及ぶこ

とをいいます。すなわち、徴収機関に賃貸料を差し押さえられたことによってローンの支払が遅れるのであれば抵当権者としての権利を侵害されたことになりますから、物上代位による差押えを裁判所に申し立てることができます。

　物上代位をされると執行機関としての差押えによる賃貸料の取立てはできませんが、物上代位されるまでの期間は取立てすることが可能です。

　この事例では、平成28年に不動産を差し押さえておきながら換価手続きには入りませんでしたから、事実上換価を猶予していた形になっています。滞納整理は差押えがスタートであって、解除することが「仕事」であると位置づければ、押さえっぱなしの事案は減少すると思います。

▶▶▶滞納整理の事例36

**Q** 滞納者Eはアパートを経営しており、家賃を差し押さえようとしましたが、すでに国税が先行して差押手続きを完了していました。
　この場合は、参加差押えをして差し支えないでしょうか？

**A** 他の執行機関がすでに債権の差押えに着手している場合は、二重差押えをすることになります。参加差押えとは言わずに、二重差押えと言います。

　二重差押えだけでは交付要求の効力は生じませんから、二重差押えをする場合には併せて交付要求を行うことになります。

　事例では、先行する国税の差押えが完納となった時点で、二重差押えだけでは債権の残余金が発生した場合に交付を受けることができません。翌月からの差押権限に伴う取立てをする権利しか生じないことから、残預金の発生に備えて、同時に交付要求をすることになるのです。実務的には、交付要求書に二重差押えをした旨を付記して、差押権者に対して通知することになります。

## 2　現年度収納率の低下を抑える

▶▶▶滞納整理の事例37

**Q**　自治体Ａでは、住民税普通徴収の現年度収入率が前年度よりも1.5ポイント低下しました。低下した数値を短期間に回復させる方法としては、現年限りの滞納者に対する単年度整理の推進と滞納処分の早期着手を行う予定です。また、大幅に増加した滞納繰越額を中期的に圧縮させる方法としては、「取れる、取れない」を早期に見極めることに取り組み、「取れない」と判断される事案は滞納処分の停止を積極的に行う予定です。特に、所得が低いため（あるいは所得がないため）住民税が非課税となっている滞納者については、現在の就業状況と担税力を調査し、併せて財産調査を行った上で、滞納処分の停止方向での整理を促進させることを計画しています。

このような滞納整理の進め方に対する意見と、さらに効率的、合理的に推進させるための取組方法はないか、ご教示ください。

**A**　新規に発生した滞納事案と繰越となっている滞納事案にどのくらいのウェートで事務量を充てていけばよいかが問われることになります。

6月以降の滞納整理については、新規繰越滞納者（前年度からの滞納者）と繰越滞納者（前々年度からの滞納者）に分けて、それぞれ財産調査→差押強化→担税力の見極めを徹底することにします。

新規繰越滞納者については、現年度分を含めた金額を出納閉鎖までに完納に結びつけることを目標とします。繰越滞納者については、現年度の累積防止を最優先に考え、納期末到来分を納期内納付させることが現年度収入率を向上させるためには必要です。

長くても2年以内に完納が見込める事案については、職権による換価の猶予に伴う分納を認めます。2年以上の期間を要する場合や、一定の納付額はあるものの累積傾向にある事案で主だった財産が見つからない場合は、滞納処分の執行を停止した上で、分納の履行を監視します。自

主的な納税がまったく期待できない場合で、特に若年層で納税に対する意識が低いと判断される場合には、預貯金や給与等の債権調査を徹底して、強徴処分で滞納額を圧縮していくことになります。

　新規に発生した滞納事案については、住民税普通徴収の第一期の納期は6月30日であることから、7月20日までに督促状、8月中に量的滞納整理における催告書、9月からは電話催告、10月には差押執行予告書、11月中には実態調査、12月中には財産調査を経て、年が明けた1月中には差押決定書をぶつけて、2月中には財産の差押えを行う流れが最低限必要です。

　このように、現年度収入率を回復させるためには、新規滞納者については確実に完納を見込むことができる状態になることを目標とします。滞納繰越者については、単年度整理の理念から現年度分を最初に納めさせる（現年度分は納期内納付として、滞納繰越分については分割納付とする）等の対応が重要になります。

　比較的滞納年度の新しい事案については現年度を含めて完納を目指す。滞納年度の古い事案については現年度を最優先に納付させることを基本にして、いずれにしても現年度分の滞納の累積化を防止させるスタンスが重要となります。

　「取れる、取れない」の見極めで「取れない」と判断される事案については、滞納処分の停止をすることになります。この場合は、滞納額の一部について滞納者が担税力を保有しているとしても、滞納額全額を停止とすることが適切な処理であるといえます。国税徴収法の通達においても（第153条関係8）、「滞納処分の停止は滞納者の財産及び資力により判定すべきものであるから、原則として滞納者のすべての税額について行うものとする」と解されているからです。

　大幅に増加した滞納繰越額を中期的に圧縮する方法としては、過年度の出納閉鎖までに先の「取れる、取れない」の判断を早急に行い、滞納処分の停止と判断することができれば、仮に停止の状態が3年間継続した場合でも、時効が完成するよりも1年早く期間満了を迎えることがで

きます。不良債権を1年早く処理できることになるのです。

　もちろん、安易に執行停止を推奨しているわけではありません。法第15条の7第1項の第1、2、3号のいずれかに該当している事案を後回しにせず、適切かつ迅速に処理していくことを心掛けることになります。

## 3　滞納処分の停止に至るまでの経過等の整理

　滞納処分の停止は、①財産がない場合、②生活の窮迫、③住居及び財産不明の場合のいずれかのときにできますが、3年間の経過で納税義務の消滅にも重大な影響を与える「処分」として理解する必要があります（国税徴収法基本通達第153条関係1）。したがって、停止を決議する場合は、どの条項に該当したのか、停止に至るまでの経過等を整理票等に明記しておくことが重要になります。以下に、停止記事の例文を紹介します。

（1）　非課税者の場合①

　滞納者Aは、平成27年11月に株式会社Zを退職した後はアルバイト程度でしか収入を得ておらず、平成28年中はわずかな所得しかなく、平成29年度の市県民税は非課税です。Aは現在も定職に就いておらず、担税力は極めて弱い状況です。財産調査においても預貯金等の残高は月末には三桁の状況が続いており、その他に換価できる財産は存在しません。法第15条の7第1項第1号の規定により、滞納処分の執行を停止して、今後の担税力の回復を待つことにします。

（2）　非課税者の場合②

　（1）と同じような状況でしたが、財産調査において滞納者A名義の郵便貯金が15万円あることが判明しました。しかし、現在定職を持たないAにとっては今後の生活費として必要な金銭です。郵便貯金の差押えはAの生活を窮迫させるおそれがあると判断できることから、法第15条の7第1項第2号の規定により滞納処分の執行を停止して、今後の担税力の回復を待つことになります。

　この他にも、本人や家族の疾病が原因で就業できない、あるいは費用がかか

った、勤務先が倒産した、収入に対して扶養すべき家族が多い、住宅ローンの支払いを滞らせて競売事件で自宅を失った、破産法の適用を受けて免責を受けた等、必ずしも非課税者でなくとも停止の要件として認めることができる「事情」は数多く存在します。これらの「事情」を停止記事として明記しておくことが、停止事案を見直す場合に重要となります。

(3) 低所得者であるが現年度課税が発生している場合①

滞納者Bは転職を繰り返したことから収入が不安定ではあるものの、平成28年中の給与所得によって平成29年度市県民税が6万円発生しています。Bは、離婚後2人の子供を扶養しながら、生計を維持しています。現在の給与金額は給与の差押えの禁止額に相当しており、毎月の担税力は5,000円が限度であると認められるので、法第15条の7第1項第1号の規定によって滞納処分の執行を停止し、現年度分の分納を監視することとしました。

このような事案では、預貯金等の換価できる財産がなければ、第1号の規定による停止を執行することになります。

(4) 低所得者であるが現年度課税が発生している場合②

滞納者Cは、平成28年中の所得によって平成29年度市県民税が8万円発生しました。平成28年9月に株式会社Yを退職した後は無職となり、雇用保険によって生活しています。現在も求職中ですが、55歳という年齢からなかなか再就職できないでいます。

預貯金等の換価できる財産も存在しないことから、法第15条の7第1項第1号の規定に基づいて、停止相当と判断しました。なお、Cに対しては、再就職が決定して賃金が確定した後に、分納額を決定することにしています。

住民税は前年中の所得に応じて課税されますから、課税時点で無職である場合や所得が大きく減少している場合があります。私見としては、所得があった時点で課税されるのであれば滞納になる可能性を抑えられるので、翌年に課税する制度そのものを見直すことが必要であると考えています。また、所得税、住民税、国民健康保険税（料）などは同じベースのものを何度も計算式を使いわけて課税していることになりますから、課税制度を大幅に見直しして一回で課税する方式、すなわち課税の一元化が将来的には必要ではないかと考えるこ

とがしばしばあります。ただし、これは公務員が大幅にリストラされる可能性が高くなると考えられます。

　国から地方への税源移譲は所得税の課税額を減少させて住民税の課税額を増加させるという形で実行されました。所得が発生した段階で源泉徴収していた国税を所得が発生した翌年に課税する住民税に移行したわけですから、取りやすい状態のものを取りにくい状態にしたといえます。

　移譲された割合どおりの収入額を期待することは非常に難しいですが、それを実現できるだけの徴収力を確保するためには、地方公共団体の徴税吏員の質的向上、増加する滞納者数と滞納金額に対する労働力の確保が最重要になります。労働力を増やすことは容易なことではありませんから、必然的に、効率よい滞納整理に向けた徴収体制の構築が求められることになります。

## 4　住民税の滞納金額別滞納整理

　滞納金額が高額な事案に事務量を多く充てるのは必然的なことです。

　例えば、滞納額20万円以上の事案については担当者を配置して、完納、換価の猶予に基づく分納、滞納処分の停止の合計件数が全体の80％になるような目標を設定して、より細やかな滞納整理で対応することが求められます。

　10万円〜20万円は職員のプール制、10万円未満は非常勤職員が対応するという方法も考えられます。

## 5　住民税の滞納年次別滞納整理

　滞納の開始年度ごとに平成28年度からの滞納、平成27年度からの滞納、平成26年度からの滞納……というように、年度別に分類します。

　この場合、5年度前の滞納分については当該年度中に時効が完成する事案が多く存在するため、時効を完成させないように早期に対応しなければなりません。5年度前より以前の滞納分については何らかの滞納処分が継続していると考えられますから（時効が完成しない理由の存在）、速やかに換価手続きに着手する、その他の容易に換価できる財産へ差押換えをする等の対応策を考えなければなりません。

他方で、比較的新しい滞納については、完納あるいは一定の収納に結びつきやすい事案が多く含まれるので、財産調査を徹底して整理を促進させます。

## 6　現年度の課税状況別滞納整理

(ア)　現年度の課税状況が特別徴収である場合

この場合は滞納者の現在の就業先で毎月の給与から天引きされますから、滞納の累積はストップしています。担税力が回復傾向にある場合が多く含まれますから、滞納分についても職権による換価の猶予による分納等を中心に整理を進捗させます。

(イ)　非課税の場合

この場合は前年中の所得が少なく担税力が弱くなっている事案が多く含まれますから、滞納処分の執行停止を中心に整理進捗させます。

(ウ)　申告がない場合

この場合は、2つの類型が想定されます。1つは就業しているのに申告していない場合であり、もう1つは就業していないため申告していない場合です。

前年度以前の課税資料を調査して、勤務先からの給与支払報告書の提出によって課税されていた場合は前年度中に失業して無職となっている可能性が高いといえます。

営業や他事業等で課税されていた場合は単に申告義務を怠っている可能性が高いので、申告を指導する必要があります。

(エ)　普通徴収である場合

(ウ)と同様に、給与所得者か営業所得者かで分類してみます。

給与所得者で前年度は特別徴収であった場合は、退職や転職の可能性が高くなります。給与支払報告書には就退日が記載されていますので、これを参考にします。

さらに、給与支払報告書が複数提出されて所得の合算によって課税されている場合は、転職している、あるいは昼間と夜間の仕事を掛け持ちしているなどの情報が得られます。

複数の給与支払報告書の就退日を調査した場合に、1年間のすべての給与情報が揃わない場合があります。この場合は一時的に失業（休職）している可能性がありますから、滞納者との交渉時に確認することになります。

　このように個人住民税普通徴収の滞納者を分類して滞納整理を進めることは、効率性や合理性を追求した方策ですが、同じタイプについて同等の事務処理を行うことになりますから、職員の「取れる、取れない」の判断基準の平準化や滞納整理そのものの公平性を保つことができるというメリットも得られます。

　最近の徴収現場をみて、2つほど考えさせられることがあります。1つは年齢階層によって収入率にひらきがあり、特に若年層の収入率の低下が目立つということです。

　もう1つは同じ給与所得（例えば手取額で15万円）であっても、家族の持ち家に同居している滞納者と自身でアパート等の家賃を負担している滞納者とでは、生活の厳しさが違うということです。

　やはり、課税制度を見直すべき時代になったのではないでしょうか。

## 第2節　住民税滞納整理の重視

### 1　住民税普通徴収の滞納整理のポイント

　低所得者層はパート、アルバイト、契約社員、派遣社員などの非正規雇用の割合が高く、特別徴収よりも普通徴収で課税される場合が多くなっています。

　バブル経済崩壊後の企業の人件費削減策による正規雇用の抑制が追い討ちをかけて、結果的に若年層の正規雇用率を押し下げ、30歳未満の若年層においては住民税が普通徴収で課税されている割合が40％を越えようとしています。

　非正規雇用では勤務の期間が限られている、賞与や有給休暇等の福利厚生も整っていないなど、生計を維持することに不安を抱えざるを得ない納税者が多くなっています。また、住民税は実際に所得があった翌年に課税される制度ですから、課税された時点では転職したり失業したりして、担税力が衰えたり失

ったりしている場合があります。

　滞納整理の基本は滞納者との直接的な納税交渉であることを忘れずに、滞納の原因と担税力の調査を交渉の中心に据えて、効率的に行っていくことが徴税吏員に求められています。

## 2　住民税滞納の累積化防止

▶▶▶滞納整理の事例38

**Q**　現年度の滞納事案を執行停止する場合の留意点とメリットを説明してください。

**A**　平成29年度分の収納金の出納閉鎖は平成30年5月31日ですが、滞納処分の停止をする場合は平成30年3月30日までに行います。3月30日までに執行停止ができれば、3年後の2021年3月31日までに執行停止期間が満了となって納税義務を消滅させることができ、2021年度に繰越しすることはありません。

　平成30年4月2日以降に滞納処分の停止を行った場合は期間満了が2021年4月1日以降となるため、2021年度に繰り越してしまうことになります。

　平成29年度の住民税が時効完成で納税義務が消滅となるのは2022年度ですが、平成30年3月30日までに滞納処分の執行を停止できれば、平成32年度に納税義務が消滅するので、単純な時効完成より2年も早く滞納繰越額の調定額から除くことが可能となるわけです。

　滞納処分の執行を停止する場合は、滞納の原因、担税する力、財産調査、生活の状況等をきちんと把握して停止の要件を満たした事案について取り組むわけですし、停止後も一定の見直しを行う条件で停止の要件を満たす期間が3年続いた状態ですから、明らかに取れない事案だけが納税義務が消滅し、住民税の無用な滞納額の累積を防ぐことができます。

　滞納繰越と現年度の両方の滞納がある事案については、現年度課税分

の金額が高い順番に滞納整理を進めていくことになります。分割納付を認める場合は、2年以内に完納が見込むことができる事案であれば、職権による換価の猶予による分割納付で対応します。それ以上長期を要する場合は、滞納処分の執行停止の要件に該当するかどうかを積極的に調査した上で、分割納付を認めることが適切であると考えます。

　分割納付を認めた場合の分納金の充当先は滞納者の了解のもとで、現年度から先に納付させるようにします。この考え方は現年度優先主義に基づくものであり、滞納金額の全額を納めることができない場合は、「今後は滞納させない」という観点から、新しく発生する税金を優先的に納めさせることになります。

　滞納繰越分だけが滞納で現年度については課税すらない事案については、課税されない理由によって、滞納整理の方向性が変わってきます。

　非課税による場合は、前年中の所得が低いことが明らかですから、滞納処分の執行を停止する事案が多く含まれることになります。

　未申告が原因である場合は、滞納者に申告を促すことが必要です。滞納繰越分の課税の原因を調べて、給与所得であった場合は、前職を退職した後に新たな就業をしていない場合が多く、滞納処分の停止となる事案が多くなります。

　滞納繰越分の課税の原因が営業所得である場合は、廃業や休業をした場合もありますが、単に未申告である事案が多く含まれるので、納税交渉の際に申告をさせるところからスタートします。

　次に課税権がない場合は、課税権を有する市町村に対して照会をして、前年度の所得状況と勤務先、現年度の課税状況等を調べて、その結果で取れるか取れないかの判断をしていくことになります。

　最後に現年度が特別徴収で特別徴収義務者（勤務先）から給与天引きとなっている場合は、給与照会によって過去3ヶ月程度の収入状況を確認した上で、前年度までの滞納分の普通徴収分に対する担税力の有無を判断していくことになります。ただし、この場合は新しく就職して1年足らずの場合が多く、給与照会をする場合には一定の配慮が必要であり、

文書催告の段階で「納付または納められない事情についての納税相談等を指定日までに行わない場合は勤務先に給与の照会をする、あるいは給与の差押えを執行する」旨の予告をしておく方がスムーズです。また、現年度が特別徴収になっている滞納者の場合は、現年度については強制的に（給与天引き）納めているわけで、現年度の滞納累積の心配がありませんから、そのような配慮を考えるべきでしょう。

　住民税の現年度の課税状況で分類することによって、滞納整理の効率性が向上します。ただし、滞納者すべての財産調査をすることは、調査件数が多い割に人員が足りない等の理由で物理的に不可能な自治体が多いことから、例えば督促済未納額の金額を三段階程度に分けて、督促済20万円以上は優先的に財産調査に着手して完全実施、督促済10万円～20万円については20万円以上の財産調査の完全実施後に順次実施していく、督促済10万円未満については文書催告、電話催告中心の滞納整理で取り組むなど、各々の徴収現場の状況に応じた対策を講じるとよいでしょう。もちろん、滞納者全件を財産調査できるのであれば、すばらしいことです。

　基本的な財産調査は、預貯金調査や自動車所有の調査などが中心になりますが、財産調査において差押えが可能である財産を見つけた場合は、差押等の滞納処分を速やかに行うことにします。反対に差押可能な財産がなければ、法第15条の7第1項第1号の規定により、滞納処分の停止を検討していくことになります。

▶▶▶滞納整理の事例39

**Q**　現年度住民税が非課税の滞納者について執行停止をする際の基準と、この滞納者が不動産を所有する場合の停止について説明してください。

**A**　滞納処分の停止を行う場合は、原則として、滞納者自身または家族から滞納の原因、担税する力、財産の有無等を聴取するこ

とが重要です。現年度住民税が非課税の場合は、前年中の所得が低いことは証明されているので、現在の就業情報の入手を確実に行うこととします。

現在において無職、定職がない、あるいは病気等により就業できないなどの理由がある場合は、滞納処分の執行を積極的に停止すべきです。重要なことは、停止となっている期間に最低年1回は担税力等を調査することです。停止中にきちんと見直す機会が準備されていれば、滞納繰越の累積の防止という観点からも、法第15条第1項の各号の規定に基づいて、停止の検討を進めるべきです。

不動産を所有している場合でも、課税客体が自宅等で、課税客体である不動産が収益を上げておらず、登記簿謄本で把握した債権者に対して被担保債権の調査を行い、無益な差押えにあたると判断される場合は、滞納処分を停止することが可能です。ただし、競売が発生した場合は、停止中事案でも交付要求することを忘れないようにします。

## 3　国民健康保険税（料）と住民税普通徴収との関係

固定資産税10万円、市県民税10万円、国民健康保険税10万円を滞納しているBが窓口に15万円を持参した場合、徴税吏員である貴方はどのように収納するでしょうか？

私はこのことを、読者の方々へ問いかけたい。窓口で15万円を受領し、滞納額の残りについて月々15,000円の10カ月の納税誓約とした場合、15万円でどの税金を納めてもらいますか？

正しい答えは、納期の古いものから順次収納するということになります。

しかし、徴収の現場では固定資産税の10万円を完納させて、残りの5万円を国民健康保険税に収納しないでしょうか？　その理由としては、市県民税の約4割（政令市は約2割）は県の収入で市の収入ではないから、確実に市100％のものから完納に導きたいというのが正直な気持ちではないでしょうか。

また、市県民税の徴収と国民健康保険税（料）の徴収が別な部門で行われて

いる場合に起こりうるのですが、滞納した市県民税について春に２万円の分納を誓約した滞納者が夏に不履行を起こして、その理由は国民健康保険税（料）の分納を優先させたためという事例があります。このようなケースは、その逆のパターンも含めて結構多く発生しているものと考えられます。

　私の経験上も、競輪選手との納税交渉で国保を優先して納付したいと懇願されたことがあります。その理由は、落車など常にケガと向かい合わせであるため、保険証がないと不安だというものでした。

　住民税普通徴収も国民健康保険税（料）も前年度の所得に応じて賦課されますが、国民健康保険税（料）は住民税普通徴収の２倍以上の負担になるため、高過ぎて納められないという声を、多数耳にします。担当者からも、赤字が出るためさらに料率を上げることになって、なおさら納められない状況を招くという悪循環が起きているという話を、よく聞きます。

　滞納者の担税する力には限界があるのに、２つの部門が納付可能額を奪い合うところに疑問を感じざるを得ません。もう１つの問題は、２年時効である国民健康保険料の時効による欠損金が多く、予算の確保につながらないことが赤字を招く原因の１つとなっており、結果として翌年の料率を上げることにつながっている点です。

　最近の市町村においては、税金の徴収と国民健康保険税（料）の徴収を一元化する動きや、国税徴収法を例にする公金徴収を一元化する動きなど、徴収体制の再構築の研究が盛んに行われています。

　優先的に取り組むべきことは、現年度優先主義を定着させて、翌年度への繰越額を減少させることです。そして、税金徴収側のノウハウを活用することが、滞納額の圧縮と赤字解消につながります。

　また、税金として確保した一般財源から赤字補填をするという行為は納税の公平性に遺脱するものであるともいえることから、徴税吏員は予算の確保に全力で取り組まなければなりません。

## 4　滞納累積額を圧縮するための対策

　滞納処分の早期着手に努めること、すなわち現年度中に差押えを執行するこ

とによって、「取れる事案」と「取れない事案」を早期に見極めることが重要です。

取れないと判断される事案については、滞納処分の執行を停止することになります。いろいろと研究しながら、滞納処分の執行停止に関する要綱等を策定して、「雇用保険、ハローワークまたは社会福祉協議会から給付、貸付を受けている」、「準要保護世帯を参考に、世帯所得の合計が生活保護法が適用される所得の1.3倍以内の世帯である」、「世帯所得がOECDの規定する相対的貧困に該当する」、「市県民税が非課税である」等の基準に、過去3年間に1年でも該当する事案については、執行停止を積極的に検討することが望ましいと考えます。

現在の雇用状勢では、生活保護基準以上に所得を上げる職場を見つけることは困難であるためか、所得が生活保護基準以下でありながら、国民健康保険税（料）が課税される事例も多く発生しています。法第15条の7第1項第2号「滞納処分をすることによってその生活を著しく窮迫させるおそれがあるとき」をもう一度熟読、研究して、自治体ごとの法解釈や基準があってもよいのではないでしょうか？

さらに、生活扶助基準や社会保障制度の基準、あるいは最低賃金の水準、自己負担した医療費や介護費用等を考慮した上で、処分停止を検討していくことが大切なことではないかと私は考えています。

# 第4章 低所得者へのきめ細やかな対応

## 第1節 生活保護受給額と給与の差押禁止額

### 1 はじめに

本章では、生活保護受給額と給与の差押禁止額における矛盾点を考察します。

夫婦と子ども2人の世帯で、夫が妻と子ども2人を扶養しているとき、給与収入が生活保護受給額相当の25万円に過ぎない場合でも、給与の差押えが可能であるということが問題となります。

生活する上で最低の保障金額を生活保護費として受給している市民がいる一方で、その受給額相当額を自力で給与として得た市民については住民税が課されるばかりか給与が差押えの対象となるということは、大きな矛盾であると考えます。

そこで、「生活の窮迫」について再考してみましょう。

国税徴収法基本通達で、国税徴収法第153条第1項第2号の「生活を著しく窮迫させるおそれがあるとき」とは、滞納者の財産について滞納処分を執行することにより、滞納者が生活保護法の適用を受けなければ生活を維持できない程度の状態（国税徴収法第76条第1項第4号に規定する金額で営まれる生活の程度）になるおそれのある場合であると規定されています。

この事例では、国税徴収法第76条第1項第4号の最低生活費相当額は、夫本人の最低生活費相当額10万円と妻と子ども2人の13万5,000円（＝4万5,000円×3名分）の合計金額23万5,000円です。給与金額が、この23万5,000円と生活保護費25万円までの間の金額である場合は、十分に滞納者の実情に合わせ、生活に支障がないことを見極めた上で、給与の差押えをすることが重要です。

117

さらに、失業保険、生活支援給付、就学援助制度等を受けている場合や滞納している期間内に失業、疾病等によって住民税が非課税の年度があった場合などは、たとえ現在の給与が差押禁止額以上の金額であったとしても、経済的に立ち直る途上にあるのではないか等について、差押えを執行する前に十分に考慮する必要があると思います。

▶▶▶滞納整理の事例40

**Q** 夫婦と子ども2人の世帯で生活保護受給額相当の給与の差押えを検討する場合、生活に支障がないことを見極めて差し押さえすることが重要だということですが、具体的にどのような措置が必要でしょうか。

**A** 生活保護法第6条第2項に規定する要保護者に準ずる程度に困窮していると認められる世帯、すなわち準要保護世帯は生活保護法の生活扶助基準＋住宅扶助＋医療扶助等の給付金額の1.3倍にあたる350万円以下を対象にしていますから、国税徴収法上は給与の差押えが可能な給与であっても、給与差押以後の生活の継続に支障がないとみなせる場合以外は、他の差押可能な財産の差押えを選択することが適当であると判断します。

市町村の立場からは、2人の子どもの教育等に差押後の影響が出ないか、そのあたりも考慮する必要があります。

妻の住民税が非課税であっても、パート等で月に一定額の収入がある場合は、夫の給与と合算した世帯合計収入から考えて、給与の差押えに踏み込むことが、実務上、適切な判断であるといえます。徴税吏員としては、給与差押対象者の収入だけではなく、家計を一にする親族等の合計収入で考える習慣を身につけることが必要不可欠です。

さらに、生活保護受給者の場合は預貯金がないことが前提ですから、差押財産を選択する場合は国税徴収法基本通達第47条の17のとおり、滞納者の生活の維持又は事業の継続に与える支障が少ない財産から差押えをすることが好ましく、預貯金調査を行った上で、差押可能な預貯金

がある場合は、給与の差押前にそちらを差し押さえるべきであると考えます。

## 2 給与差押えの解除について

▶▶▶滞納整理の事例41

**Q** 滞納者Aは平成27～29年の市県民税30万円を滞納していたことから、勤務先Bの給与を差し押さえました。滞納者Aは単身者であり、給与の総支給額は21万円、所得税と社会保険料の合計は3万5,000円で、市県民税は普通徴収で賦課されています。

差押可能額は6万円（＝21万円－3万5,000円－10万円（最低生活費相当額）－1万5,000円（対面維持費））となりました。

差押後に当人から、給与の差押えは勤務先への心証が悪く、滞納について深く反省し分割で納めるので差押えを解除してほしいという申し出がありました。

このような場合、どのような条件で差押えを解除するべきでしょうか。

**A** 法第15条の5の職権による換価の猶予が認められる場合に、差押えを解除することができます。

法第15条の5第1項第1号の「その財産の換価を直ちにすることによりその事業の継続又はその生活の維持を困難にするおそれがあるとき」、第2号の「その財産の換価を猶予することが、直ちにその換価をすることに比して、滞納に係る地方団体の徴収金及び最近において納付し、又は納入すべきこととなる他の地方団体の徴収金の徴収上有利であるとき」、このいずれかに該当する場合で、滞納者が「地方団体の徴収金の納付又は納入について誠実な意思を有すると認められるときは、その納付し、又は納入すべき地方団体の徴収金につき滞納処分による財産の換価を猶予することができる。ただし、その猶予の期間は、1年を超えることができない」と規定されています。

さらに、法第15条の5の3第1項で「職権による換価の猶予をする場合において、必要があると認めるときは、差押えにより滞納者の事業の継続又は生活の維持を困難にするおそれがある財産の差押えを猶予し、又は解除することができる」と規定されています。

　法第15条の5第1項第1号を適用する場合は、最低生活費相当額と対面維持費を合わせた金額では1カ月の生活ができない滞納者Aの実情を聴き取ることになります。例えば過去に離婚歴があって、2人の子どもの養育費が毎月3万円かかるので、6万円の差押えは生活の維持が困難になるなどの理由で認めることができます。

　法第15条の5第1項第2号を適用する場合は、差押えに係わらない現年度の市県民税を含めて毎月6万円以上を自主納付する場合などです。この事例では、1年間で完納に導くことを可能にするために、平成30年度は納期内納付で滞納繰越分の30万円を1年で完納できる金額2万5,000円以上の分納で、差押えを解除して差し支えないことになります。

### ▶▶▶滞納整理の事例42

**Q**　事例41の滞納者Aの場合は、1年間で完納に導くことが可能であれば、職権による換価の猶予に基づいて差押えを解除できることがわかりました。また、職権による換価の猶予は1年延長することができ、最長2年まで認められますから、やむを得ない場合は現年度の納期内納付が守られることを前提にすれば、滞納分については1万2,500円以上の分納額で職権による換価の猶予が認められると思います。このような考え方でよろしいでしょうか。

　さらに、滞納者Bは平成27～29年の市県民税30万円を滞納している単身者ですが、給与の総支給額が13万円、所得税と社会保険料の合計は1万円で、市県民税は普通徴収で賦課されています。

　差押可能額は1万6,000円（＝13万円－1万円－10万円（最低生活費相当額）－4,000円（対面維持費））＝となりました。

> 滞納者Aと同様に差押えの解除の申し出がありましたが、これから納期が訪れる現年度分については納期内納付をさせても、滞納分については最低1万2,500円以上の分納額が必要で、この金額での分納はローンその他の支払いで不可能であることが、聴き取りで判明しました。
> このような場合は、どのような条件で差押解除することが適当でしょうか。
>
> **A** 過去の市県民税の滞納の状況から考えると、所得が減少していることは明らかであると判定できます。滞納者Bにはボーナス等もないことがわかれば、生活保護受給額の1.3倍相当額程度の収入しかないと判断することができます。
> このような場合は、その生活を著しく窮迫させるおそれがあると判断して、法第15条の7第1項第2号の滞納処分の停止をすることによって、差押えを解除することにします。これは滞納処分の停止に基づく解除であり、差押えは解除しなければならないと規定されています。
> 単身者の場合で給与の差押えによってアパートなどの賃料の支払いが滞るという申出を受けることがあります。賃料が高額でない限りは、住宅費を優先させることは適切な処置であると考えます。また、賃料が高額な場合でも、賃料が安いアパートへの引越費用を捻出できない等、滞納者個々の事情もありますから、納税交渉時の聴き取り調査が極めて重要になります。

滞納者Bについては、差押えの執行前の納税交渉等で現在の担税力や滞納の原因を把握できていれば、差押えには至らなかったと思われます。徴収実務においては、差押後に事例のような事実が判明する場合が多数を占めます。

ただし、差押えそのものを滞納者との納税交渉の機会を持つためのものであると考えれば、積極的に差押えをすることは税法的にも適切であると、私は考えています。

差押えの解除については、換価の猶予で「できる」、執行停止で「しなければならない」ことを再確認しましょう。

## 3　滞納処分による給与の差押えと民事執行の競合

　民事執行法第152条第1項で、給与については、その支払期に受けるべき給付の4分の3に相当する部分は差し押さえてはならないと規定されています。さらに、4分の3に相当する金額が、標準的な世帯の必要生計費を勘案して政令で定める額を超えるときは、政令で定める額に相当する部分について差押えを禁じています。

　民事執行法施行令第2条第1項第1号で、支払期が毎月と定められている債権については33万円とされています。33万円が4分の3となるのは44万円ですから、給与が44万円以下の場合には4分の3に相当する金額を差し押さえしてはならず、給与が44万円を超えるときは33万円が差押えの禁止額となります。

　徴収実務においては、この民事執行法上の給与の差押えと滞納処分の差押えが重複する（競合する）ことがあります。例えば、ローンやクレジット債務の未払い等によって金融機関やノンバンクから給与の差押えを申し立てられている滞納者に対して、給与の差押えをする場合です。

　単身の滞納者Cは給与20万円（所得税、住民税、社会保険料の控除後）で、すでに民事執行によって5万円の差押えがなされているとします。この滞納者Cに対して滞納処分の差押えを執行する場合、滞納処分による差押金額は20万円－10万円（最低生活費相当額）－2万円（対面維持費）で8万円となります。民事執行と滞納処分の差押可能額が異なることから、差押えを受けた第三債務者である滞納者Cの勤務先はその取扱いに戸惑うことになります。この場合は滞調法第36条の4で「債権の一部について強制執行による差押えがされている場合において、その残余の部分を超えて滞納処分による差押えがされたときは、強制執行による差押えの効力は、その債権の全部に及ぶ」と規定されています。

　裁判所の執行実務においては、給与の場合は競合しているのは5万円の部分だけであって、5万円を超えた3万円については滞納処分による差押えのみがされているものとみなしており、この3万円については第三債務者から徴収機関が直接取り立てることができることになります。

他方で、第三債務者は5万円を法務局に義務供託することになりますので、供託された5万円については裁判所から配当を受けることになります。

給与債権に強制執行と滞納処分の双方の差押えが競合した場合は、租税である滞納処分の差押えが優先されて配当を受けることになります。

滞納処分による差押えに係る金額が高額で、全額の配当までに長期間を要する場合は、強制執行の差押えが取り下げられる場合があります。この場合は滞納処分の差押えだけが残りますから、通常の第三債務者からの取立てによって対応することができます。

強制執行に配当がなくても裁判所の取消決定は出ませんので、滞納処分による差押えに係る金額が完納となるまで、事例では3万円を第三債務者から、5万円を裁判所からの配当によって受け続けることになります。

ただし、滞納者から、3万円の部分まで差押えをされると生活の継続ができない旨の申出があった場合は、注意が必要です。換価の猶予を認めて差押えを解除すると、強制執行の私債権に5万円の配当の権利が生じますので、差押えは解除せずに配当の段階で本人へ還付するのがよいでしょう。

## 4　給与の差押えと預貯金の差押え

民事執行法の強制執行による差押えがされている給与を差し押さえした場合に、滞納者からこれ以上の差押えは生活を困難にする又は窮迫させる旨の申出があった場合は、滞納者の実情を調査した上で、滞納者の申出が認められる場合は、換価の猶予を認めるか滞納処分の停止を検討しなければなりません。

滞納者が普通徴収である場合は、契約社員、派遣社員、アルバイトなど非正規雇用者が多く含まれていることになります。給与の差押えにあたっては、生計を一にする親族等の収入状況も踏まえて、国税徴収法基本通達第47条の17を十分に意識しながら取り組むことが重要です。

預貯金の差押えをしたところ、数日前に給与が振り込まれたばかりで、家賃を支払うことができない、あるいは生活が困難であるなどの申し出がなされる場合が実務上は多数あります。

給与が金融機関の口座に振り込まれた時点で、その金銭は滞納者の勤務先へ

の給与債権から滞納者の金融機関に対する預貯金債権に転化しています。すなわち、預貯金を全額差し押さえて、その中に給与の振込分が存在しているとしても、給与の差押えの禁止額の規定に触れるものではありません。

ただし、実務上においては、預貯金の差押えによって滞納者の生活を困難にするおそれが明白である場合は、滞納者に対して還付する必要があると思います。

所得税から住民税への税源移譲によって低所得層の住民税が2倍になったこと、および企業の人件費抑制に伴い若年層を中心に非正規雇用化が進んだことで、住民税の滞納者が増加しました。個人住民税の収入率の低下、収入未済額の増加は著しいものです。このような時代にこそ、給与の差押えを含めた債権の差押えが重要ですし、差押執行件数の増加に伴い、差押後の適切な緩和的措置を講ずることができる徴収体制づくりを心掛けなければなりません。

## 5　生活保護世帯に対する準要保護世帯とは

生活保護法の制度は、生活に困窮する住民に対して、その困窮の程度に応じて必要な保護を行い、健康で文化的な最低限度の生活を保障するとともに、自立を助長することを目的としています。

生活保護を受けるための要件としては、「生活保護は世帯単位で世帯員全員が、その利用し得る資産や能力等を、その最低限度の生活の維持のために活用すること」が前提となります。

ここでいう資産の活用とは、預貯金、生活に利用されていない土地・家屋、生命保険の解約返戻金等がある場合は売却あるいは解約をして生活費に充てさせることをいい、働くことが可能な場合は働いた収入、年金や手当など他の制度で給付を受けることができる場合は、その給付額を優先して生活費に充てさせることになります。

また、親族等から援助を受けることができる場合は、その援助を受けさせて、そのうえで、世帯の収入と厚生労働大臣の定める基準で計算される最低生活費を比較して、世帯の収入が最低生活費に満たない場合に保護が開始されることになります。

準要保護世帯とは、生活保護の受給対象相当に準ずる世帯のことをいい、市町村教育委員会が生活保護法第6条第2項に規定する要保護者に準ずる程度に困窮していると認められる世帯をいいます。これに該当すると認められれば、文部科学省の就学援助制度を受けることができます。

対象となるのは、次のいずれかに該当する世帯です。
(1)　前年度または当該年度において、生活保護を受けている世帯
(2)　生活保護が廃止又は停止になった世帯
(3)　市民税の非課税又は減免、固定資産税の減免を受けた世帯
(4)　国民年金の掛金の減免、国民健康保険料の減免又は徴収の猶予を受けた世帯
(5)　児童扶養手当の支給を受けている世帯
(6)　生活福祉資金の貸付けを受けている世帯

生活保護基準のモデルを使って考えてみると、4人家族（父45歳、母39歳、15歳と12歳の子ども2人）の場合、生活扶助基準約250万円＋住宅扶助、医療扶助等が給付されますが、この給付額の1.3倍にあたる年収350万円以下の世帯を準要保護の対象としています。

この収入階層までを低所得世帯とみなして、子どもたちの教育の機会の均等が守られること、全ての子どもたちが安心して教育を受けることが可能な「教育安心社会」を実現させること、さらに経済的・社会的な事情にかかわらず誰もが等しく教育の権利が与えられることを目的として、就学援助制度はつくられました。

## 6　生活保護受給額と給与の差押禁止額

級地区分が1級地の2の市町村の場合において、生活保護基準のモデルで4人家族

（父45歳、母39歳、17歳と15歳の子ども2人）の生活保護費を計算してみると、生活扶助基準で父45歳3万7,520円、母39歳3万9,580円、子17歳（高校生）4万2,950円＋5,150円（教育扶助基準）、子15歳（中学生）4万

1,790円＋4,450円（教育扶助基準）、世帯単位として4人世帯であるので5万8,970円、住宅扶助は4万8,000円が支給されます。これらを合計した27万8,410円（冬季加算を除く）が1ヶ月の支給総額となって、1年間で334万920円が支給されることになります。

この27万8,410円を「夫」が働いて給与として受け取っている世帯では、給与の差押可能額が出るという矛盾が生じてしまいます。すなわち、「夫」本人の最低生活費相当額10万円、妻と子ども2人の（4万5,000円×3名分）13万5,000円が控除、さらに体面維持費の（27万8,000円－10万円－13万5,000円）×0.2＝8,600（9,000）円が控除された残りの3万4,000円が給与の差押可能額となってしまいます。

生活保護費相当分を給与として受け取ると差押えの対象金額が出てくるということは、生活保護費が高いのか、あるいは給与の差押金額の控除額をもっと大きくするべきではないかという疑問が生じてきます。

精いっぱい働いても生活保護水準の所得を超えられない納税者が多数存在している現状においては、第一のセーフティーネットである失業保険、第二のセーフティーネットである生活福祉資金貸付制度や訓練・生活支援給付制度、そして最後のセーフティーネットである生活保護のいずれかの受給や貸付けを受けている滞納者については、滞納処分の執行を停止することに相当するという考え方が必要であると思います。

停止を検討していく上では、生活保護世帯、準要保護世帯の基準を考慮しながら、世帯全体の所得を把握しながら進めていくことが重要となります。

## 第2節　納税交渉力の重要性

### 1　世帯における所得の状況

厚生労働省の国民生活基礎調査の概要によれば、世帯形態の変化を見ただけでも、確実に高齢化と少子化が同時並行で急激に進んでいることがわかります。また、世帯所得が減少傾向にあり、ますます厳しい状況が懸念されます。

## ▶▶▶滞納整理の事例43

**Q** 児童のいる世帯では、平均世帯人員は4人強で、平均家計支出額は約30万円です。

夫婦と子ども2人の世帯で、夫には所得税、住民税、社会保険料等を控除した後の手取り27万円の給与収入があった場合を考えてみますと、国税徴収法第76条第1項第4号の最低生活費相当額が23万5,000円（本人10万円＋同居する親族4万5,000円×3人分）、同条項第5号の対面維持費7,000円を合計した24万2,000円が給与差押えの禁止額として算定されます。したがって、給与差押可能額は2万8,000円となりますが、平均家計支出額以下の金額であることから、差押えには慎重に取り組む必要があると考えますが、いかがでしょうか。

**A** 児童のいる世帯の平均家計支出額は約30万円ですが、世帯内で就業する人員の平均は1.8人ですので、妻がパート等で就業している場合は、事例のように27万円の給与収入があれば、給与の差押えは適当であると判断できます。

留意点としては、世帯内に他に就業している家族がいない場合は十分に家計状況を調査することが重要であり、常に世帯内の合計収入額を考えながら滞納整理に取り組むことにします。

## ▶▶▶滞納整理の事例44

**Q** 厚生労働省の生活意識調査で、6割近い世帯が「苦しい」生活状況であると回答しています。換価の猶予規定の「事業の継続または生活の維持を困難にするおそれがあるとき」、あるいは執行停止規定の「その生活を著しく窮迫させるおそれがあるとき」に該当する場合が増えていると想定されますが、実際に滞納処分による給与の差押えを執行する場合に留意点がありましたら、ご教示ください。

**A** 納税の督促や慫慂行為が行われているにもかかわらず滞納者には納税に対する誠実な意思がないと判断される場合は、滞納の

原因が不明であったとしても、差押えを執行することにします。

　差押後に滞納者からの聴取によって滞納の原因を把握することができますし、納税への誠実な意思があると認めることができる場合は、給与の差押えを解除して、分割納付を伴う職権による換価の猶予として取り扱うことが可能だからです。

　年収いくら以下を低所得者とするのかが検討課題となりますが、私は、滞納処分の執行を停止する基準としては、「世帯所得がOECDの規定する相対的貧困に該当する」、「生活保護法が適用される所得の1.3倍以内の準要保護世帯を参考にする」、あるいは生活扶助基準や社会保障制度の基準、最低賃金の水準等を考慮して検討すべきであると考えます。

▶▶▶滞納整理の事例45

**Q** 　非正規社員が滞納している場合の整理方法について、ご教示ください。

**A** 　預貯金調査で一定金額以上の蓄えがある場合は差押えが適当ですが、ほとんどの滞納者はアパート代の支払いや食費等でギリギリの生活をしていると想定されます。

　このように、非正規社員の滞納整理を行う場合は、同一世帯内の他の所得者の所得状況を把握しながら、世帯内の合計所得で担税力を見極めるようにしましょう。

　滞納繰越がある場合は、現在の就業状況を把握した上で、現年度を優先させた納付を指導しましょう。

▶▶▶滞納整理の事例46

**Q** 　滞納者との面談交渉等の聴取から、過去３年以内に「雇用保険、ハローワークまたは社会福祉協議会からの給付や貸付を受けたことがある」、「準要保護世帯を参考にした世帯所得が生活保護法適用の

所得の1.3倍以内の年があった」、「世帯所得がOECDの規定する相対性貧困に該当する年があった」、「住民税が非課税の年度がある」、このような事案に対しては、現年度分の確保に努め、滞納繰越分については執行停止を視野に入れながら滞納整理を行う方針ですが、このような状態の滞納者について財産調査はどのくらい必要となるでしょうか。

**A** 滞納している金額にもよりますが、例えば雇用保険等の給付や貸付があるのならば、それを証明できる書類の写しを提出させるなど、効率的な滞納整理を追求する見地から考えれば、預貯金調査等についても滞納者からの聴取で判断してかまわないと思います。

過去3年間に上記の例の状態にはなく、例えば4人世帯で世帯所得が400万円を超える滞納事案であれば、納税できなかった理由の確認が取れませんから、預貯金等の財産調査に取り組むことになります。

「取れる事案」と「取らなくてはならない事案」の財産調査は積極的に行うことになります。

## 2　納税交渉力の重要性

　地方公共団体で滞納整理事務を行うにあたっては、滞納者は滞納者である前にそれぞれの自治体の住民であることから、滞納整理だけを行っていればよいということではないことを認識する必要があります。

　滞納者が生活困窮者である場合や多重債務等で絶望的な状況にある場合は、単に滞納処分の停止とするだけではなく、生活保護法の適用、任意整理、破産法や個人民事再生法等の法的措置のために弁護士等への相談を勧めるなど、きめ細やかな対応が必要となります。

　このようなことからも、滞納者との応接、特に納税交渉は極めて重要なものであって、納税の慫慂（しょうよう）や質問・検査を行う場合、あるいは滞納の原因や担税する力、生活・事業の状況等を把握する場合は、滞納者又は関係者からの聴き取り調査が必要不可欠となります。相手方の年齢、職業、経歴あるいは性格なども異なるわけですから、いろいろなタイプの人達と応接による

交渉を進めていかなければなりません。

　これらの納税交渉は、徴税吏員として租税の徴収に関する事務の範囲内で行われることになります。徴税吏員としての納税交渉の良し悪しが、その後の滞納処分につながる一連の滞納整理業務に大きな影響を与えることになるばかりか、税務行政への信頼感や滞納者の納税意欲にまで影響を与えることになります。したがって、十分な事前準備をすることが必要です。

　また、滞納者等との交渉で知り得た情報の守秘義務などの配慮を忘れてはなりません。

　滞納の原因を分析すると、次のように分けることができます。

（ア）　納税についての誠意があって、滞納していることへの自責の念も持ち合わせているが、所得の減少や思いがけない出費等によって納税が困難になっている者

（イ）　営業資金や経営資金を優先することで、納税が後回しになっている者

（ウ）　滞納処分等の強制処分に対して一定の不安はあるものの、まさか市町村がそこまで追及してくるはずはないと期待感を持っている者

（エ）　過去に地方公共団体の他の部署等とのトラブルや政策等に対する不満から納税を拒否するなど感情的になっている者

（オ）　納税に対してまったく感心のない者（これは若年層に非常に多い）

（カ）　生活が困窮している場合や消費者金融等の借入返済を優先させて、担税力が極めて低く絶望的な状況に追い込まれている者

（キ）　（ア）～（カ）の項目のいくつかが複合的に重なっている者

　また、これら（ア）～（キ）を滞納者側から見た納税に対する価値判断を基準にして分析すると、次のような3つの型に分けることができます。

（ク）　利害得失で判断する者

（ケ）　人情や道徳で判断する者

（コ）　理論的に（理屈で）判断する者

　滞納者との納税交渉によって滞納者心理に良好な刺激を与えて、納税に対する価値観を変えさせなければ、滞納整理の進捗はありえません。そのためには滞納者の気持ちや感情を広く理解した上で、誠実、公平な納税交渉をしていく

ことを心掛けなければなりません。

　徴税吏員の納税交渉時の心得としては、次のようなものを挙げることができます。
- (1) 滞納者の気持ちをほぐすこと
- (2) 具体的に理解しやすい話し方をすること
- (3) 議論は絶対に避けること
- (4) 感情的にはならない、させないようにすること
- (5) 滞納者であっても、地位、職業、年齢等に応じて交渉すること
- (6) 言葉を補助的な手段として活用すること
- (7) 徴税吏員である以前に地方公共団体の職員であることを忘れないこと

## 3　納税交渉のポイント

　納税交渉では滞納の原因や担税する力を把握することが重要ですが、滞納の原因ごとに交渉のポイントが変化するものです。

　納税交渉で知り得た滞納原因から、その後の滞納整理の方向性が決定されますが、この点について、事例を挙げながら説明してみましょう。

---

▶▶▶滞納整理の事例47

**Q**　滞納者Aは、祖父が創業した豆腐店を経営しています。平成26年に店舗から数百m離れたところにショッピングセンターがオープンし、それに伴って進出した大手大型スーパーの出店によって、大幅に売上げを減少させました。

　平成27、28年度の固定資産税、償却資産税を中心に、現年度分を含めて約50万円の滞納があります。滞納者Aは、納税に対して誠実で、前向きな明るい性格をしています。

　このような事案における納税交渉のポイントを解説してください。

**A**　納税に対して一定の誠実な意思があると認められますが、売上げの減少で担税力を失っているという事例です。
　(ア)　大手大型スーパー進出後の落ち込んだ売上金はどれくらいか。

(イ)　今後、売上げの回復を見込むことができるのか。

　(ウ)　売上げを回復させる手立てを持っているのか。

　この事例では職権による換価の猶予の方向で滞納整理を進めていくことになりますが、新たに発生する現年度の滞納を増やさないことが最大の目標となります。

　大手大型スーパーの進出という滞納の原因が明確であり、経営の継続を窮迫させるおそれが強いことから、差押等の滞納処分ではなく、換価の猶予又は滞納処分の停止を見極めていくことになります。

　交渉の中で、「経営を継続できるのか」、「廃業を余儀なくされるのか」、近い将来の状況を推測できるように、滞納者Aから聴取することが重要です。

　実際の事例では、当初の売上げの減少は20%でしたが、義兄の知人の計らいでビジネスホテルと大学の食堂などに1日あたりの合計40丁ずつの注文を受けるなど、売上げの回復が少しずつ進んでいます。このことから、換価の猶予を認めて、当初の分納額は2万5,000円としました。

### ▶▶▶滞納整理の事例48

**Q**　滞納者Bは市内中心部で陶器店を経営しています。代々続く老舗であって、平成18年に店舗兼住宅を4階建てのビルに建て直し、1階部分を陶器店、2階～3階部分をテナント、最上階の4階を居宅として使用しています。

　平成26年頃からテナントが退去して、その後に入居するテナントが定着せずに空室になる期間が長くなりました。ビルの建設費の返済のために固定資産税の滞納が始まりました。土地の評価額が高いため、現在までに滞納額は300万円を超えています。

　滞納者Bは気が弱い反面、投げやりな性格をしています。

**A**　納税を慫慂することと、滞納者Bの滞納者心理に良好な刺激を与えることを心掛けなければなりません。

（ア）　ビルの建設費等の金融機関への返済額と賃料収入の関係
　（イ）　テナントが埋まらない原因と今後埋まる可能性
　（ウ）　陶器店の売上げだけで生計の維持は可能なのか
　（エ）　不動産を担保徴取又は先日付小切手等の受託は可能か

　賃料収入のほとんどが返済額に廻されている場合は、金融機関の返済期限の延長や金利の引き下げ等の交渉をするように説得することが必要となります。

　実際の事例では、陶器店は生計の維持に必要な金額を生み出しておらず、むしろ赤字経営が数年続いており、店番の従業員１名の給与分も不動産収益からの持ち出しであることがわかりました。

　滞納者Ｂに跡継ぎのことを尋ねると、「娘が２人いるが嫁いでおり、跡継ぎはいない」ということでした。ただし、滞納者Ｂは何代か続いた陶器店を自分の代で廃業することに若干の抵抗があるようでした。

　その後、滞納者Ｂは１階部分についてもテナント化することによって賃貸収益を上げることができたほか、１階のテナント化によって空室であった２階部分も同時に貸すことができました。

　このような高額な滞納の事例では、完納まで不動産を担保徴取する交渉が必要となります。

▶▶▶滞納整理の事例49

**Q**　滞納者Ｃは貸しビル業と駐車場を複合的に経営しています。貸しビルは飲食店が入居して賃料の延滞もなく、収益の大半を占める駐車場経営についても順調な経営であることがうかがえます。

　滞納の原因は、数年前に経営拡大のために行った立体駐車場建設費用の返済を最優先して、税金を後回しにしていることです。

　滞納額は固定資産税を中心に1,000万円に迫る状況で、１年に２、３回100万円程度の納税がありますが、これは文書催告の際に納税されるもので、滞納の累積化が懸念されています。

**A** 営業資金や経営資金を優先させて納税が後回しになっていることが明らかな事案です。このような事案については、納税交渉に応じなければ、早急に滞納処分を行う必要があります。

（ア）　貸しビル業、駐車場経営の状態について
（イ）　納税の公平性や納期限と延滞金の説明など
（ウ）　納税できない原因がないと判断されるならば差押等の処分に移行する旨の説明
（エ）　納税意欲がわいたが一括納付ができない場合は、担保を徴した上での対応。担保は不動産や有価証券を差し出すように説得

不定期に一部納付がされている事案では、差押えの時期を逸しているケースが多々あるものです。一部納付があると、なかなか滞納処分に踏み込めない徴税吏員が多いものですが、徴税吏員と正式に交わした職権による換価の猶予に基づく分割納付でなければ、滞納処分を妨げるものではありません。定期にきちんと納めるように、厳しく納税指導していくことが重要です。

### ▶▶▶滞納整理の事例50

**Q** 滞納者Dは、道路用地買収に絡み代替地を希望していました。2年以上に及ぶ用地交渉を経ても希望する代替地が見つかりませんでしたが、公共事業である道路建設の計画にしぶしぶ協力して買収に応じたという経緯があります。

滞納者Dはクリーニング店を経営しており、なじみの地域から離れたくなかったのですが、移転先が以前の店舗から数百m離れ、さらに4車線道路を挟んで対面側に移転したことから、それまでの顧客が離れて売上げを落としました。

一連の経緯をめぐる市役所への不満から、固定資産税と住民税を滞納しています。平成27年度からの累積滞納額は、約150万円となっています。

> **A** 滞納の原因が他の部署とのトラブルに起因する事例では、税の滞納と他の部署とのトラブルはまったく別のものであることを毅然と示すことが大切です。
> 　（ア）　売上げが減少したために、用地買収に対する不満があるのではないか。
> 　（イ）　行政に対する不満から「納税ボイコット」という行動を取ったとしても、納税の公平の原則から差押等の滞納処分に着手することを説明しながら、納税を説得する。
> 　（ウ）　不満な気持ちはきちんと聞いてあげて、必要があれば担当課等への連絡の窓口となるが、トラブルの内容については担当課と滞納者の話し合いに任せ、中立を保持して第二のトラブルを避ける。
> 　このような事例において、移転の前後でクリーニング店の売上げに変化がないか増加した場合は、用地買収に対する不満はなかったと考えられます。用地買収に対する不満については担当課との話合いの場で解決していただくことにして、あくまで納税義務と用地買収は無関係であることを強調して、このままでは滞納処分へ移行させていくことを説明しながら納税することを説得していきます。

### ▶▶▶滞納整理の事例51

**Q**　滞納者Eは3年前に転入していますが、転入後一度も住民税の納付がなく、丸2年分を滞納しています。納税する意識はまったくなく、電話催告による応接での滞納者Eの言い分は「図書館等の公共施設もまったく利用していないし、自分はどうせあと1、2年したら転出するので納税する気はない。」というものです。

**A**　このような納税に関して無関心な滞納者は、近年特に増加傾向にあります。滞納となる税目にもはっきりと傾向が出ており、住民税や軽自動車税（原動付自転車）に顕著に見受けられます。
　財産を保有している者よりはしていない者、高所得者よりは低所得者、

年齢的には高齢者よりは圧倒的に若年層に偏っています。国民健康保険や国民年金についても同じような傾向が見られます

 （ア）　税金、税法等についてのわかりやすい説明、強い納税指導と納税を拒む場合の滞納処分についての説明、納税することへの説得をしていく。

 （イ）　一括での納税ができない場合は、分割納付を認めて毎月の履行確認を徹底させ、不履行時の速やかな滞納処分をできる体制をつくる。

　若年層でも特に転入者に多い、どちらかといえば都市部に多く発生している滞納パターンです。

　転出者については、住民税は所得が発生した翌年の1月1日に住所を置く地方公共団体で課税される仕組みであることから、課税した自治体から転出後に納税通知が送達される場合、昔住んでいた自治体の税金負担まで手がまわらないという心理が働き、放置する場合が多いものです。

　転入から間もない滞納者については、納税の公平性についての強い指導が必要です。滞納者Eの場合は、施設の利用だけではなく、「ゴミ」や「道路」にも税金が使われることなどを説明していきます。

　住民税普通徴収の少額滞納者については、滞納件数が非常に多いため滞納原因の把握に手間がかかりますが、徴税吏員は納税交渉時に「取る」「落とす」の見極める力を養わなければなりません。

　市外転出者については、前年12月までに転出している場合は転出先の自治体に対して照会文書で新しい勤務先や前年の収入状況を把握することになります。担税力が低下していると認められる場合は、積極的な滞納処分の停止で対応します。

▶▶▶滞納整理の事例52

　　滞納者Fは独身で両親と同居しています。長年勤めた勤務先をリストラによって退職してからは5年近くアルバイトだけで定

職を持っておらず、収入も不安定な状態でした。カーローンの返済のほか、生活費の不足分や遊行費をカードローンや消費者金融からの借金で補ってきましたが、生活は行き詰まっています。

　融資の残額は、現在8社から総額約400万円で、毎月の返済額は約12万円となっています。明らかに多重債務の状態であり、平成26～29年までの住民税合計約30万円の滞納があります。

　また、母親からは、最近滞納者Fは塞ぎがちで、部屋に閉じこもることが多くなっていると聴取しています。

 他の家族が生計を維持している場合、滞納者Fのような事案が多数発生します。

（ア）　税を負担していくためには、債務を金利の低い金融機関等からの新たな借入れでまとめることができないのか。

（イ）　同居する両親や親類、知人等に相談ができないのか。

（ウ）　破産や個人民事再生法等の法的手段の他に、滞納者を健全な納税者に戻す方法はないのか。

　滞納者Fの場合は引き篭もり等が見受けられるので、担税する力はほとんどなく絶望的な状態であると言えます。

　単に換価できる財産がないことなどを理由に滞納処分の執行を停止したとしても、停止以後の住民税が発生すれば滞納を繰り返すことになりますから、無料弁護士相談による任意整理や破産の申立て、個人民事再生法等の法的手段に委ねることを、本人や両親に働きかけて説得することも、徴税吏員の重要な仕事です。

　また、両親等が換価価値のある財産、例えば不動産を所有している場合は、これを担保に金利の低い金融機関からの融資に切り替えて月々の返済額を減らすなど、担税する力を回復させる手立ても考えていきます。

　滞納者Fの気持ちをほぐしながら説得していくことが、納税交渉のポイントです。

　納税交渉においては、滞納者の気持ちをほぐしながら、具体的に理解しやす

い話し方で、議論等は避け、感情的にならないことを心掛けます。

さらに、滞納者の地位、職業、年齢等を考慮しながら、できるだけ柔らかい言葉使いを選択して、徴税吏員である以前に地方公共団体の職員であることを常に忘れないことが、納税交渉における大切な心得です。

## 4　国民健康保険と子どもの貧困対策

子どもの貧困率が高い原因は、景気の悪化で子どもを扶養する親の経済状態が悪化したことや、離婚率が高くなって、ひとり親世帯が増加していることが挙げられます。

日本の場合は、税金や社会保険料として集めたものを、年金や生活保護費、児童手当、ひとり親の場合は児童扶養手当や遺族年金などの給付によって所得の再分配が行われます。しかし、残念なことに、所得を再分配した後でも、子どもの貧困率は改善されていないのが現状です。

低所得層への所得の再分配について深く考える必要がありまが、特に国民健康保険の加入者の場合は、保険料の高騰で生活を窮迫させているケースが多くなっています。

国民健康保険の制度上の問題から、所得のない方にも保険料は算出されるため、軽減に該当しない世帯での滞納が増加する傾向が強く出ています。

また、2割軽減を受けても保険料の完納ができるまで納付資力の改善ができていないのが現状であり、低所得者への軽減策だけでは物足りないものになっています。

そして、ひとり親世帯の国保加入者の経済状況は総じて低所得であるため、保険料負担が生活を圧迫している場合が多く見受けられます。

地方自治体としては、国民健康保険法第77条の規定に則り、独自の減免策などを講ずる必要があるといえます。

▶▶▶滞納整理の事例53

（国民健康保険法第77条について）

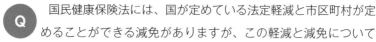
国民健康保険法には、国が定めている法定軽減と市区町村が定めることができる減免がありますが、この軽減と減免について

解説してください。

**A** 　保険料の均等割額と平等割額について、所得に応じて7割・5割・2割を減額するのが軽減制度です。所得税または市民税の申告をしていないと正しい保険料を算定することができないため、申告していることが条件となります。

　他方で、減免制度は市町村が独自に条例や規約で減額できる制度です。納付が困難な状況になったとき、申請に基づいて減額されます。減額の範囲等は市区町村が条例等に基づいて独自に決めることが可能ですが、原則として、被保険者からの申請に基づいて個別に認定することになります。

＜国民健康保険法第77条（保険料の減免等）＞
　保険者は、条例又は規約の定めるところにより、特別の理由がある者に対し、保険料を減額し、又はその徴収を猶予することができる。

### ▶▶▶滞納整理の事例54
（国民健康保険税の減免について）

**Q** 　国民健康保険税の減免は条例の定めるところによりできるとされていますが、条例を定めるにあたってどのようなことに留意すべきでしょうか？

**A** 　国民健康保険税の減免は、納税義務者の担税力が著しく低下したと認められるときに行われるものです。条例で定める場合は、このことを明示すべきです。

　次のような例示をあげることができます。

　なお、国民健康保険税の減免は地方税法第717条、国民健康保険料の減免は国民健康保険法第77条と、それぞれの規定によって定められています。

(保険料の減免)

第○○条　市長は、災害等により生活が著しく困難となった者、又はこれに準ずると認められる者で、市長が必要と認められる者に対し、保険料を減免する。

　2　市長は、次の各号の一に該当する者に対し保険税を減免する。

　　一　貧困により生活のため公私の扶助を受ける者

　　二　その他特別の事情があると認める者

<地方税法第717条（水利地益税等の減免）>

　地方団体の長は、天災その他特別の事情がある場合において水利地益税等の減免を必要とすると認める者、貧困に因り生活のため公私の扶助を受ける者その他特別の事情がある者に限り、当該地方団体の条例の定めるところにより、当該水利地益税等を減免することができる。但し、特別徴収義務者については、この限りでない。

　徴収猶予や納期限の延長によっても納付が困難であると認められる場合の救済措置として、行政処分によって納税義務を消滅させるものが減免であると考えれば、理解しやすいと思います。

　「貧困により生活のため公私の扶助を受ける者」とは、社会事業団による扶助を受けている者など、生活保護法に規定する扶助に準じた扶助を受けている者をいいますが、生活保護法の規定による保護を受けている世帯に属する者は、国保の被保険者ではなくなるので、この減免はあり得ません。

　滞納者が生活保護法の適用を受けた場合は、その滞納分については滞納処分の停止が適当であるということになります。

　家庭環境に恵まれず医療機関にかかれない子どもが増え続けているのは事実であって、国民健康保険料（税）を滞納することで、ますます受診抑制が起こりうる状況ですから、滞納整理にあたっては十分な配慮が必要となります。

　国民健康保険法第77条には減免が規定されていますが、同じ条で徴収の猶

予についても規定されています。そして、地方税法第717条でも「貧困に因り生活のため公私の扶助を受ける者」は減免を受けることができると規定されています。

滞納処分は十分に資力があり、納められるのに納めない滞納者について執行していくものであって、納めたくても納められない滞納者については現年度分の減免と滞納分の執行停止を積極的に行うことが重要です。

一定の低所得者については国が規定する軽減によるものとし、経済的困窮層や貧困層については市区町村単位で減免規定を設けることが重要です。

経済協力開発機構（OECD）が作成した基準は、貧困をわかりやすく定義しています。それは相対的貧困率であり、年間収入から税金や社会保険料を引いた可処分所得が中央値の半分に満たない割合を指します。

例えば、9,999世帯を可処分所得の高い順番に並べた場合の5,000番目の世帯の1／2の所得より低ければ貧困と定義されます。日本では、4人世帯で244万円くらいです。滞納処分を進めていく中で、この相対的貧困に該当する可処分所得を常に頭に入れておくことが大切になると思います。

## 5　生活保護受給者と滞納整理

住民税については法第295条第1項第1号で、生活保護法の規定による生活扶助を受けている者は非課税と規定されています。固定資産税については法第367条で、貧困に因り生活のため公私の扶助を受ける者には減免できる規定となっています。生活保護法に規定する保護のうち、生活扶助、教育扶助、住宅扶助、医療扶助、介護扶助、出産扶助、葬祭扶助（一定のものを除く）のいずれかを受けている場合は、所有する不動産の固定資産税は減免されます。

▶▶▶滞納整理の事例55

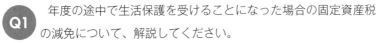

Q1　年度の途中で生活保護を受けることになった場合の固定資産税の減免について、解説してください。

A1　減免できるのは減免申請がなされた日以降に到来する納期限に係る分となります。また、減免を申請する場合の添付書類とし

て生活保護受給証明書又は保護決定通知書等及び住民票等が必要です。住民登録地と固定資産税を賦課する市町村が同じ場合は住民票を提出する必要はありません。

**Q2** 持ち家がある場合に生活保護費を受給することはできますか。

**A2** 居住用の不動産を所有していたとしても、処分価値が利用価値に比べて著しく大きくない限り、保有したまま生活保護の受給が認められます。生活保護は最終的なセーフティネットという性格から資産を活用することを要件としていますが、持ち家を所有する場合は住むことが資産の活用ということになるので、通常の居宅用の住宅であれば、それが生活保護の妨げとはなりません。居宅用以外に不動産を所有する場合は、売却して生活費に充てることになります。

**Q3** 生活保護を受ける場合で居宅用に不動産を所有している場合、その処分価値が利用価値に比べて著しく大きくない限り……とのことですが、具体的にどのくらいの価値を想定しているのでしょうか。

**A3** 一般的には2,000万円程度、首都圏で2,800万円程度が目安となります。自治体ごとの条例で規定されていますが、この金額の目安の求め方は東京都の場合、「標準三人世帯の生活扶助基準額に住宅扶助基準額を加えた値に10年を乗じた額」等から計算されます。但し、要保護者が65歳以上で評価額が500万円以上の居宅用不動産を所有している場合は、要保護世帯向け長期生活支援資金貸付制度（リバース・モーゲージ制度）を生活保護に優先させて、担保価値分の貸付が終わった段階から生活保護の適用を始めるということになります。これは第二のセーフティネットで、この制度の実施主体は都道府県の社会福祉協議会です。

**Q4** 長期生活支援資金貸付制度（リバース・モーゲージ制度）について説明してください。

**A4** 所有している不動産を担保提供させて融資金を定期的な分割で受け取り、死亡時に一括で返済する融資制度です。通常の住宅ローンは一括で融資を受けて分割で返済しますが、この制度はまったく逆に分割で融資を受けて一括で返済するところから、リバース(逆)・モーゲージ(担保)と呼ばれています。

**Q5** 住宅ローン等の債務がある場合に生活保護が適用されないのはなぜでしようか。

**A5** 生活保護制度の要件には、借金の有無の規定はありません。借金があるという理由で生活保護が受けられなくなることには問題があるようにも見えます。しかし、生活保護費は最低限度の生活を維持するためのものであるにもかかわらず、借金や住宅ローンを残したまま生活保護費を支給すると借金の返済に充てられることになりかねません。これでは生活保護制度の趣旨に反してしまいますから、住宅ローンや借金がある場合は住宅の売却、借金自体の法的な整理等を行ってから生活保護を受けることになります。

また、住宅ローン等があるから絶対に生活保護の対象にならないということではなく、生活保護を受ける期間の住宅ローン等が繰り延べされている場合や返済期間が短期間で支払額が少額である場合は生活保護の適用を妨げるものではないというのが厚生労働省の見解です。この目安としては、短期間とは5年程度、毎月の支払額が生活扶助基準の15%程度、残債の総額が300万円以下というのが東京都の例です。

さて、滞納者が生活保護の受給を開始している場合は滞納処分の停止をすることが適切な処理であるといえます。それは、国税徴収法第153条第1項第2号の規定で滞納者の財産につき滞納処分を執行することにより、滞納者が生活保護法の適用を受けなければ生活を維持できない程度の状態になるおそれのある場合に滞納処分の停止が妥当すると規定されていることが根拠になります。生活保護によって、住民税は非課税、固定資産税は申請手続きを行えば減免と

なりますが、「生活保護受給前の課税分に係る滞納については滞納処分の停止をするだけでよいのか」という素朴な疑問にぶつかるはずです。生活保護制度の趣旨から考えると、受給した金額から過去の滞納分を納付するという行為は、滞納者の自主的な意思によるものを除けば納税行為自体を猶予することが適当です。

## 6 非正規雇用と滞納整理

　非正規雇用の滞納者についても、生活保護適用者と同様に、滞納処分の停止を中心に検討していくことになります。もちろん、停止の期間中に担税力が回復したと判断される場合は滞納処分の停止を取り消すことができますから、緩和措置については弾力的な運用をして差し支えないと考えられます。非正規雇用は全労働人口の3分の1を超え、正規雇用と比べて所得が低く生活も不安定であることから滞納処分の執行停止の要件を充たす事例が多く、非正規雇用者が滞納となった場合は、滞納者の世帯全体の所得を把握しながら担税力を見極めることが重要です。「準要保護世帯を参考に世帯所得が生活保護適用所得の1.3倍以内である。」「世帯所得がOECDの規定する相対的貧困に該当する。」「現年度の住民税が非課税である。」このような事例で預貯金等の財産調査を実施する場合、「滞納者が差押禁止財産以外に多少の財産を有していても、収入が僅少であり、又はその安定性がなく、生活維持の前途が不安視され、扶養親族も含めた滞納者の生活を維持するためにその財産を生活費に充てつつある場合、又は近い将来このような状態に立ち至るおそれが多いと認められる場合も国税徴収法153条第1項第2号に該当する。」（国税徴収法基本通達逐条解説1,116頁）を参考にしながら、積極的に滞納処分の停止で滞納整理を進めていくことになります。

　もちろん、画一的な滞納整理は避けるべきであり、滞納者の個別的、具体的な実情に即応した適正妥当な徴収方法を講ずる必要があります。特に滞納者からその納付すべき税金について即時に納付することは困難である旨の申出があった場合には、その実情を十分に調査し、納税者に有利な方向で納税の猶予等の活用を図るよう配意します。このことは1976年6月、第一次オイルショッ

ク後の経済不況時に国税庁長官から通達されていることですが、平成の経済不況時にも同様に取り扱うことに問題はありません。

　むしろ問題があるとすれば、停止後の取り扱いにあると考えられます。滞納処分の停止を行うだけではなくて、個々の滞納者に応じた「停止中の納税」の金額の設定が重要になります。停止中の事案において、どれだけの担税力があるのかを把握しながら毎月の納税額を決めていくことになります。滞納処分の停止は徴収権を放棄するものではなく、「現年度は納税させる」、「現年度は納期内納付として、滞納繰越分は一定額を分納させる」などの方法をとります。徴税吏員は、滞納処分の停止は納税義務を免除させるものではないということを十分に自覚し、滞納者に納税指導を続けることが極めて重要です。

# 第5章 国民健康保険料の滞納整理

## 第1節 徴収実務は国民健康保険料の時代へ

### 1 滞納整理の変革

　1990年代のバブル経済崩壊後は固定資産税を中心とする高額で複雑な権利関係の滞納事案が多かったものが、2007年に三位一体の改革による国から地方への税源移譲が行われたことで、地方公共団体の滞納整理事業は大きな転換期を迎え、明らかに「固定資産税」の滞納整理から「住民税普通徴収」の滞納整理にシフトしました。

　税源移譲は国税である所得税の負担割合を減らし、地方税である住民税を増やす方法で行われ、さらに住民税の超過累進税率を廃止して所得割額を一律10％としたため、低所得者の住民税の負担割合がこれまでの2倍となり、負担感が大きくなりました（所得税と住民税を合計した負担額は変わりませんが、納税者の意識としては増税と感じることになってしまいました）。

　特別徴収で給与から天引きされている納税者にとっては所得税と住民税の割合が変わっただけであまり影響はありませんが、低所得者層は非正規労働者がその大半を占め、そのほとんどが普通徴収で住民税を納めていることから、滞納件数が大幅に増加し、1件あたりの滞納金額も大きくなりました。

　このように、地方公共団体は、固定資産税中心の滞納整理から住民税普通徴収中心の滞納整理にシフトしなければならない状況になったわけです。

### 2 住民税の普通徴収中心から国民健康保険料の滞納整理へ

#### （一）　国民健康保険赤字分の一般財源からの補填

　国民健康保険財政が赤字になると、法定外一般会計繰入と翌年度の収入を先

食いする繰上充用で対応せざるを得なくなります。

国民健康保険には、次のような構造的な問題があります。

①年齢構成が高く医療費水準が高い、②所得水準が低い、③保険料の負担が重い、④保険料収入率の低下、⑤小規模保険者の存在、⑥市町村間での保険料等の格差など。

小規模保険者の中には、保険料を引き上げたくても、被保険者の高齢化や低所得化で思うようにならず、財政が厳しいために繰入すらできないという悪循環に陥り、財源を繰上充用で捻出しなければならず、結果として財政的には破綻寸前という状況を招いているところもあります。

保険者である市町村には、高額所得者が多くても政策として保険料を抑えて繰入をする場合もあることから、「繰入」だけで国民健康保険財政の悪化とはいえないのも事実です。

保険料負担率と繰入の相関関係に注目し、低所得者が多い保険者に公費を投入するなど、財政調整を進める必要もあります。

税の収入率を向上させても国民健康保険赤字財政の穴埋めに使われるようでは、納税者の公平性まで壊しかねません。そのようなことがないように、国民健康保険の予算確保は重要であり、滞納整理の強化が課題となります。

（二）　歳入の確保のために

（1）　ペイジー口座振替受付サービスの導入

国民健康保険料の収納率向上に向けた取組みの強化としては、第一に滞納を未然に防ぐために口座振替の加入促進、特にペイジー口座振替受付サービスが有効な手段です。

口座振替受付サービスは、今まで印鑑を用いて行っていた口座振替の申請がキャッシュカードを使うことで電子的に行えるようになります。

▶▶▶滞納整理の事例56

（現年度優先とペイジー口座振替受付サービスについて）

Q　現年度優先を進める上で、ペイジー口座振替受付サービスの活用方法を説明してください。

**A** 　他市町村から転入したときや、社会保険等の他の保険から国民健康保険に加入したときに、ペイジー口座振替受付サービスを活用します。強制するところまでは難しいですが、国民健康保険の加入者に対しては、原則として口座振替にすると規定することは、よいことだと思います。

　もちろん、ペイジー口座振替受付サービスは、住民税の普通徴収分や固定資産税についても有効な取組みです。1回の手続きだけでその後は自動的に口座から引き落とされるので、納め忘れの心配がなく納付の手間も省けるなど、加入者や納税者にとっても便利なものだとＰＲすることが重要です。

　住民が来庁したときには、銀行届出印は持っていない場合もありますが、財布の中に必ずといってよいほどキャッシュカードは持ち合わせていますから、ペイジー口座振替受付サービスの勧奨の機会を逃さないようにします。国民健康保険で導入してから、住民税普通徴収や固定資産税、保育料、介護料等と科目を増やしていくことで費用を抑えることができます。

　滞納整理における活用例としては、滞納分について換価の猶予に基づく分割納付を認める場合、滞納者の誠実な意思とは原則として新たな滞納を発生させないことであることから、納期未到来分については口座振替による納期内納付を促します。その上で、滞納分を分割納付させることになります。

　滞納分の分納にコンビニ収納を活用することができれば、分納管理も容易になります。

### ▶▶▶滞納整理の事例57

（口座振替率の向上について）

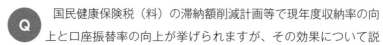
　国民健康保険税（料）の滞納額削減計画等で現年度収納率の向上と口座振替率の向上が挙げられますが、その効果について説

明してください。

 　収納率の向上や滞納額の削減は、国民健康保険事業の安定的な運営と保険料負担の公平性を確保するうえで重要です。

　新規滞納を抑制することは、滞納累積額の増加に歯止めをかけることにつながります。現年度の収納率を向上させるには、初期的な滞納に早期に着手することと口座振替率を向上させることが最善の方策です。国民健康保険の新規加入者に対して積極的に口座振替の勧奨を行い、保険料の納付は口座振替を原則とするというスタンスが重要です。

　また、滞納分について分割納付を認める際に、納期未到来分の滞納累積をさせないことを最優先にして、口座振替で納めさせることが確実な徴収方法であるといえます。一般的に、口座振替率の高い市町村の方が現年度収納率が高い傾向があり、滞納額の削減には口座振替の勧奨が極めて重要です。

　さらに、国民健康保険税（料）の滞納で換価を猶予する場合には、納税（付）に対する誠実な意思が問われます。今後訪れる納期分（納期未到来）については口座振替制度を利用して滞納の累積を未然に防止することができれば、滞納分については完納を目指す分割納付となるので、誠実な意思であると認めることができます。

## (2)　コンビニ収納の導入

　滞納者に対して合理的、効率的に滞納整理を進める上で、コンビニ収納はとても有効です。現年度の納期未到来分についてはペイジー口座振替受付サービスを活用し、滞納分にはコンビニ収納で分割納付を行うのが理想的です。

　コンビニ収納は1件あたり55～60円の手数料が発生しますから、納税通知書や納付通知書がコンビニ対応納付書となっていると、当初は大きな経費の支出となります。

　これからコンビニ収納の導入を検討しているのであれば、コンビニ専用の納付書は滞納者を中心に利用させるとメリットがあります。滞納者だけが利用できるのは納税の公平性という点で支障があるという意見が出るようであれば、

コンビニ用納付書に 1 枚 50 円程度の発行手数料を取ることで対応するなど、検討の余地はあると思います。

(3) 初期滞納者に対する民間と嘱託の活用

催告センターを導入して、文書催告の受電や電話催告を対応させ、初期滞納者を整理していきます。非常勤職員には訪問徴収や窓口業務を担当させ、資格・賦課、収納業務以外に納付相談や定型的な業務などに活用することにします。

このような役割分担で初期滞納者に対して迅速に対応することで滞納繰越を未然に防ぎ、正職員は本来やらなければならない短期被保険者証事案や資格証明書事案の滞納整理や差押等の滞納処分の強化等に努めます。

催告センターと非常勤職員の活用については、低所得者への所得の申告（簡易申告）を促し、保険料の軽減や減免の適用などに結びつける活用法もあります。また、被用者保険との重複加入者や居所不明者の調査についても、正職員の管理下で活用していきます。

(4) 徴収体制の強化

徴収業務の一部集約化も、検討することができます。

例えば、税と国民健康保険料、介護保険料、保育料等の国税徴収法を基に滞納整理を行う業務を集約したり、財産調査や催告業務を共同で行ったりすることも、徴収体制の強化につながります。また、福祉系債権として医療給付や高額療養費の不正利得を一元化することも可能でしょう。

効率的かつ合理的に徴収体制を構築することで、人員的な余力をさらなる滞納処分の強化に廻すことが可能になります。

(三) 債権の集約化

強制徴収債権については、債権の徴収方法が国税徴収法、地方税法を例とする共通性があるので、一元化の効果は大きいと考えられます。一元化そのものにも徴収ノウハウが蓄積しやすいということがいえます。

ところが、徴収を一元化すると、各所管課の徴収意識は希薄になるおそれがあります。また、徴収ノウハウを持つ職員が配置されることと、組織のモチベーションを保つことが最も重要になります。

政令指定都市20市では、①税を含めて一元化組織を持つ、②税を除く集約化をしている、③その他という3つの類型に分かれています。

一元化にせよ集約化にせよ、公金徴収業務の効率化を図りながら収納額、収納率を向上させることが最大の目的です。定型的な業務への非常勤職員の配置や民間ノウハウの導入を検討し、徴収職員の事務負担を軽減して、その時間を滞納処分等のより高度な業務に振り分けることになります。

(四) 非強制徴収債権の集約化

一元化、集約化の最初の段階では、強制徴収債権間における滞納者情報の共有や民間を活用した催告センターの共同運用等を実施します。

次の段階で非強制徴収債権を集約化することとし、強制徴収債権で得られた滞納者の情報を非強制徴収債権で利用できるように、債権管理条例等を制定して情報共有を適法化させることになります。

強制徴収債権の滞納処分まで含めた一元化については、「税」を含めるか否かが大きな問題になりますが、公租公課における公租の優先を考えるのであれば、「税を除く」集約化、すなわち、「料」の集約化がわかりやすい分類になると思います。

▶▶▶滞納整理の事例58

(福祉系債権の集約化について)

**Q** 強制徴収債権の集約化を検討することになりましたが、政令指定都市や中核市では、それぞれの債権の分類はどのような組み合わせで行っているのでしょうか？ 公債権の範囲でご教示ください。

**A** 自力執行権のある債権とない債権に分けることになります。すなわち、国税徴収法や地方税法の例により滞納処分ができる強制徴収債権と、裁判所に強制執行を申し立て、その回収手続きに委ねる非強制徴収債権とに分類することができます。

次に公租公課の配当の優先順位から、「税」と「税以外」(国民健康保険については税で取り扱う保険者と、料で取り扱う保険者があります)に分類できます。

> 　一般的には、調定額が大きい国民健康保険料を中心に介護保険料、後期高齢者医療保険料を集約する場合、これにプラスして保育料を組み合わせて福祉系債権を集約化する場合などがあります。
> 　非強制徴収債権の例としては、生活保護扶助費返還金、貸付金（奨学資金、災害援護資金貸付償還金等）などがあります。
> 　債権を集約化することによって全庁的に債権回収に向けた連携を強化し、徴収金が自治体運営の重要な財源であることを、住民にも積極的に啓発することが重要です。費用対効果を考慮に入れて、新たな未収金の発生を抑止するために、民間委託を活用した取り組みが必要となります。

## 3　国民健康保険料（税）の現年度収納率を2％向上させる

### （一）　単身世帯の収納率を向上させる

　ある政令指定都市の現年度収納率を加入世帯人員別にみると、2人世帯に比べて1人世帯の方が低くなっています。

　次に納付義務者の年齢では、65歳以上の収納率と比べて、65歳未満の収納率は低くなっています。また、50歳未満の収納率、30歳未満の収納率と、若い世代になるにつれて、収納率は急激に低下します。

　「単身者とそれ以外」、「高齢者とそれ以外」で滞納整理の手法を見直すことが重要です。特に、比較的年齢の若い単身者については、預貯金、給与等の財産調査を徹底し、滞納の初期段階から滞納処分を視野に入れた取組みを行うことが、収納率の向上に効果を発揮すると考えられます。

　どうしても単身者は「自分さえ病気にならなければ、なんとかなる」という考え方になりがちで、国民健康保険料の負担より他の債務や出費を優先する傾向が強いため、納付の公平性を守る立場からも、早期着手を心掛けなければなりません。

## （二） 資格の適正化と所得の激減による減免の周知徹底

▶▶▶滞納整理の事例59
（資格の適正化と所得激減による減免について）

**Q** 文書催告等にまったく無反応である滞納事案について生命保険の差押えを執行したところ、滞納者から連絡が入り、以前から社会保険に加入しており、国民健康保険の脱退手続きを疎かにしていただけであることがわかりました。このような事例を未然に防止する方法を教えてください。

また、別の事案で、滞納の原因を聴取している段階で、前年度に所得の激減があったことが確認できました。調査の上で、明らかに負担する力がないと判断しましたが、納期が過ぎているため減免はできなかったため、滞納処分の停止としました。このような事例が多数あることが収納率向上の妨げになっていると考えられますが、改善策を教えてください。

**A** 就職して被用者保険に加入したにもかかわらず、国民健康保険の資格喪失手続きをしない者については、手続きの勧奨や職権による喪失手続きを行うことになります。税情報の給与支払報告書の社会保険料控除額を閲覧して、被用者保険との重複加入の可能性が高い者に資格喪失手続きの勧奨を行い、資格の適正化を図ります。

また、文書催告等に無反応な滞納者にについては、給与照会を中心に財産調査を行うこととし、併せて勤務先に対して被用者保険の確認を行うようにします。

所得の激減等による減免については、各市町村における国民健康保険条例及び国民健康保険条例施行規則に定めた規定に基づくことになりますが、収入が確実に推定できない場合は前3か月間の平均収入月額を把握するなど、その世帯の生活実態を適切に把握し、その裏付けとなる調査も行うようにします。原則として減免申請後の納期分以降の保険料が減免の対象になりますが、前納などで納まっている部分については対象

外とするのが一般的です。
　さらに、低所得者層への対応としては、所得が未申告となっている世帯に簡易申告を促すことで、法定軽減を適用して保険料を軽減した後に、納付につなげます。

### （三）　滞納整理は住民税普通徴収から国民健康保険へ

　ある政令指定都市の現年度市民税普通徴収の収入率と国民健康保険料の収入率を比較したところ、国民健康保険料の方が徴収効率が高いことがわかりました。

　また、重複する滞納者については、預貯金、給与、生命保険、不動産等の財産調査情報を共有することによって、一定の事務量を削減できるはずです。さらに、滞納原因や負担する力等の交渉経過を共有できれば、滞納整理の進捗は大きく前進できると考えられます。そして、文書催告や電話による納付勧奨等も民間委託や滞納整理管理システムを共有できれば費用対効果の観点からもすばらしい成果が期待できます。

　必ずしも共同で徴収しなくとも、連絡を密にとって１つの目的のために連携できるところは連携すれば、各々の債権管理に係る徴収ノウハウが蓄積できるだけではなく、進行管理も徹底されると思います。

　後期高齢者医療保険料は75歳以上の高齢者が納付義務者ですから、年金からの特別徴収が多いことと、普通徴収であっても高齢者の収納率は高いことから、全体で99.0％を目指すことは十分に可能です。介護保険料は65歳以上が納付義務者ですから、後期高齢者医療保険料まではいかなくても、高い収納率が期待できます。

　厚生労働省によれば、国民健康保険には多額の収入未済額が存在するので、地方公共団体は国民健康保険の徴収を強化しなければなりません。制度運用の統一化や適正な人員配置、計画な人材育成など幅広い角度から取り組みながら、職員の知識の共有や円滑なスキルアップを目指し、国民健康保険を中心とする介護保険、後期高齢者医療保険等の集約化を検討して、業務の効率化を考えなければなりません。

## 第2節　短期被保険者証と資格証明書

### 1　国民健康保険被保険者の居所不明者に対する不現住認定

　短期被保険者証を交付する目的は「保険料の納付相談及び納付指導の機会を確保するとともに、国民健康保険制度の理解を求め、被保険者の負担の公平性と国民健康保険事業の健全な運営につなげる」ことです。

　地方税の滞納整理では、滞納処分そのもので交渉の機会をつくるという考え方に立つことができます。このような税の徴収の経験からすれば、国民健康保険において短期被保険者証を交付して滞納者に納付相談や納付指導の機会を与えるという方法は、いささかのんびりしているように感じられるはずです。

　しかし、国民健康保険はもともと、自営業や農業に従事する方のための医療保険であったはずが、現在の加入状況を見ると、無職と非正規雇用労働者で7割以上を占める保険者があるのが実態なのです。また、加入者1人当たりの年間所得は約84万円であり、大企業の健康保険組合の約211万円、中小企業の全国健康保険協会の約145万円を大きく下回るという状況にあります。

　このようなことから、低所得者が多く含まれる国民健康保険加入者に対して納付相談及び納付指導の機会を十分に確保していくことは、たいへん重要なことです。

　さらに、短期被保険者証の交付については、被保険者の手元に被保険者証が渡らない場合があるという問題が、社会福祉系の団体等から提起されるようになってきました。保険者が窓口交付以外に交付の手だてを持たないと、被保険者が受け取りに来ない限り、結果的には窓口に留め置きの状態をつくってしまうことになります。

　これに対して、短期被保険者証の交付の目的は滞納世帯との交渉の機会を増やすことにあるため、滞納者が窓口に納付相談に来るまでの一定期間を窓口で留保することはやむを得ないことです。しかし、滞納者が来庁しないままだと窓口での留保が長期間に及ぶことになるため、その改善が必要になります。

　改善に即効性を持たせる方法としては、保険者が交付の手段として書留、配

達証明、又は普通郵便等の郵送を活用する、滞納者宅を訪問しながら生活状況を確認しつつ直接交付するなどの方法があげられます。
　いずれにせよ、どのくらいの期間が経過した時点で、郵送や訪問の方法で届けるのが適当であるかを検討することが重要です。

（一）　居所不明者被保険者に係る資格喪失確認事務取扱について

▶▶▶滞納整理の事例60
（不現住者の滞納整理について）

Q　不現住者が増加傾向にあり、徴収業務が不経済で効率も悪化しています。どのような取り組みが必要でしょうか。

A　住民登録がある以上、国民健康保険の被保険者資格を喪失させることは難しいものと考えがちです。
　不現住者に保険料を賦課しても、納付されることもなく、結果として滞納となって、その後は滞納処分の執行を停止することになります。
　この場合の不現住者の認定については、実態調査で所在不明が明らかとなり、当該事案の市町村民税について賦課情報がなければ、住民登録が職権消除されていなくとも、滞納処分の執行を停止して、翌年度以降の賦課のあり方を検討することになります。
　納付書や被保険者証が郵便返戻された場合は、早い段階で実態調査を行い、所在不明が確定した事案については公示送達することにします。
　この実態調査には嘱託職員を活用すると、費用対効果の面からも有効です。

▶▶▶滞納整理の事例61
（居所不明者被保険者に係る資格喪失確認事務取扱について）

Q　住民票上の住所に国民健康保険料納入通知書を発送したところ、転居先不明により返戻されました。徴収職員が訪問調査したところ、アパートにはすでに別人が住んでおり、大家へ確認すると、1年

程前に退去していたことがわかりました。そこで、住民基本台帳担当課へ職権消除の依頼をしましたが、消除の手続きがなかなか取られません。

このような場合は保険料が滞納となって累積化し、時効完成まで期別保険料ごとに督促状を公示送達することになりますが、無駄な事務を省くために何かよい方法はないでしょうか？

**A** 　平成4年3月31日保険発第40号「国民健康保険の被保険者資格の喪失確認処理に係る取扱いについて」各都道府県民生主管部（局）長あて厚生省保険局国民健康保険課長通知には、「職権による資格の喪失確認にあたっては、現地調査を経て被保険者が転出若しくは転居しているか、又は届出地に居住していないこと（以下、「不現住」という）の認定に足りうる調査内容又は資料等を明確にするとともに、関係部署（住民基本台帳担当課等）と連携をとり行うものとすること」と定めているだけで、被保険者資格の認定を住民基本台帳法に定める「住所」と一致させることまで定めてはいません。

このような解釈が可能であることから、不現住と認定した者は、職権消除の結果にかかわらず被保険者資格を喪失できるように事務取扱要領等を改正すれば、無駄な事務を解消できると考えられます。

### （二）　居所不明者の執行停止と不現住認定

法第15条の7第1項第3号より、「その所在及び滞納処分をすることができる財産がともに不明であるとき」は、滞納処分の執行を停止することになります。住民基本台帳に登録があっても、滞納処分の執行を停止することができます。

この場合は預貯金調査等で差押可能な財産を見つけることができなければ、所在も財産も不明であることから、滞納処分の執行を停止することが適当であると判断できます。

滞納処分の執行を停止する場合における所在不明については、次の（ア）～（カ）に挙げる程度の調査が必要になります。

（ア）　滞納者の現況調査（訪問による調査）

(イ) 庁内調査（住民税及び固定資産税等の賦課情報等）
(ウ) 優先債権者及び第三債務者
(エ) 住民登録の状況
(オ) 市外転出の場合、転出後の住民登録の有無
(カ) 郵便局による納付通知書、督促状等の返戻の有無

他方で、不現住を認定して国民健康保険被保険者の資格を喪失させる事務においては、被保険者証の更新時に被保険者証、納入通知書、督促状、催告書等が返戻され、不現住と思われる者の所在を調査することになります。

その調査は国民健康保険被保険者台帳等から国民健康保険料の納付状況、資格の得喪及び届出の有無、被保険者証の交付及び再交付の状況並びに返戻の有無、診療報酬明細書による受診状況、現金給付の有無及びその内容等になります。

次いで公簿調査を行い、住民基本台帳から住民票の異動状況を、住民税課税台帳から課税状況を調べます。そして、現地調査を行います。現地調査では、家屋等の表札や郵便受け等による氏名確認、家屋等の使用状況、現に調査対象者の住所地に居住している者からの事情聴取、家屋等の家主又は管理人からの情報収集、近隣者からの情報収集等を行います。

このような調査から不現住であることが明らかで、その転出先等が不明な者については、住民基本台帳担当課に報告して職権消除を依頼します。一般的な実務では、住民基本台帳から職権消除が行われた場合に当該消除の日をもって国民健康保険の被保険者の資格を喪失したものとみなされますが、この部分の事務取扱要領等を「不現住と認定した者は、職権消除の結果にかかわらず被保険者資格を喪失する」と改正することができます。

▶▶▶滞納整理の事例62

（不現住者及び社会保険等加入未届者に対する資格及び賦課の適正化について）

不現住者、いわゆる居所不明者についての徴収実務はほぼ不可能な状況であると考えられ、徴収経費の膨大化につながります。

また、健康保険組合や他の保険の加入者でありながら国民健康保険の脱退手続きが未届けの者についても、早急な資格及び賦課の適正化を図りたいと検討していますが、留意点についてご教示ください。

**A** 　保険料の徴収担当から見ると、職権で資格を喪失させるのが望ましいことは言うまでもありません。国民健康保険被保険者資格を喪失できるように、事務取扱要領等を改定することを検討すべきであると思います。

資格及び賦課の適正化事業としては、次のような事項をあげることができます。

①居所不明者の実態把握と居住確認調査、②他保険への加入の発見に努め早期の資格喪失届の提出を勧奨する、③擬制世帯や所得税未申告世帯については集中的に実態調査や申告の勧奨を行う、④ホームページ等の広報を活用して国民健康保険制度の周知、啓発を行う。このように資格と賦課の適正化を進捗させることによって滞納額を減少させれば、収納率にも好影響を及ぼすことになります。資格及び賦課担当者に対する意識改革、税機関との連携による共同徴収や情報の共有化などが効果的であると考えます。検討してください。

## 2　短期被保険者証と資格証明書

　国民健康保険では、特別な事情がないのに保険料を一定期間納めなかった場合には、通常の保険証より有効期間が短い「短期被保険者証」が交付されます。さらに滞納が続き、納期限から1年を経過すると短期被保険者証が回収されて、代わりに「資格証明書」が交付されることになります。

　加入者が短期被保険者証を医療機関で提示した場合は通常の負担割合で受診できますが、資格証明書を提示して医療機関で治療を受けると、かかった医療費の全額をいったん医療機関の窓口で支払わなければなりません。

　短期被保険者証については、国民健康保険法施行規則第7条の2第2号で、「市町村は、前項の規定により期日を定めるに当たり、保険料を滞納している

世帯主に係る被保険者証につき通例定める期日より前の期日を定めることができる」と規定されています（前項の規定とは「市町村は、期日を定め、被保険者証の検認又は更新をすることができる」）。短期被保険者証を交付する目的は、①保険料の納付相談及び納付指導の機会を確保すること、②国民健康保険制度の理解を高めること、③被保険者間の負担の公平を守ることです。

納付資力がありながら滞納している世帯に対しては、短期被保険者証の交付によって納付指導しながら、国民健康保険事業の健全な運営を果たしていくことになります。

短期被保険者証の有効期間については、1ヶ月又は2ヶ月でも設定できます。しかしながら、上記のような短期被保険者証の目的を考えれば、納められる資力があるにもかかわらず滞納している者に納付指導していくことが最も重要ですが、更新手続きまでの期間が短すぎると、十分な成果が得られる前に次の更新事務に追われることになりかねません。

また、短期被保険者証の有効期間内に納付相談と納付指導の機会を持ち滞納整理を進めることになりますが、交付する条件を見直して、低所得者や少額滞納者が交付の対象に入らないような規定を設けることが重要になります。さらに、すでに短期被保険者証を交付されている世帯には解除の要件を設けることで、「入口を狭く、出口を広く」することにし、短期被保険者証から短期被保険者証への更新をできるだけ抑制し、徴収職員には短期被保険者証交付世帯については、その有効期間内に滞納を解決させるという意識を持たせることが大切になります。

さて、「保険料の滞納世帯のうち、滞納期別数が6期以上あり、かつ、滞納額が20万円以上の世帯を対象とする」と規定することによって、滞納期別数が5期以内か滞納額が20万円未満のいずれかに該当する世帯は交付対象から除外されます。

このように規定することで、短期被保険者証の「入口」をかなり狭くすることができます。このような基準とした期別数と金額には何ら法的な根拠はありませんから、各保険者においては、徴収現場の実情に合わせて滞納期間と滞納金額を設定することが望ましいと思います。

また、短期被保険者証を交付した場合に、積極的に滞納者との交渉の機会を作っていくことが重要になります。そこで、交渉の機会を3ヶ月で完了できるかという疑問が生じます。多くの事案が「短期」→「短期」で更新されている現状を考慮し、有効期間について6ヶ月を原則とすると規定しました。これは、6ヶ月あれば実務上十分な交渉機会を設けることが可能になるという考え方に基づいています。

　そして、交付解除世帯の規定を設けます。滞納額が縮減した場合や換価の猶予相当の分納を認めた場合は、解除できる規定とします。これは「出口」を広げることになりますが、短期被保険者証交付件数の累積化防止に重要な役割を果たします。

　この3点が、短期被保険者証の交付要綱の重要なポイントとなります。

　次に、資格証明書の交付要綱の重要なポイントも3点あります。被保険者証の返還及び資格証の交付で、「すでに短期被保険者証が交付されており、保険料の納期限から1年以上滞納している世帯を交付対象世帯とする」ことを明記します。そして、被保険者証返還請求の撤回ということを規定して、滞納額が20万円未満となった場合や換価の猶予に基づく分納になった場合は撤回します。さらに、資格証交付措置の解除等の要件を規定して、滞納額が10万円以上20万円未満の場合は短期被保険者証に更新し、滞納額が10万円未満の場合は通常の被保険者証へ更新できることとしました。

　徴収職員は「短期被保険者証が交付されている世帯を6ヶ月間で通常の保険証に戻すか（完納、完納を目指す分納、執行停止相当）、滞納処分の差押えをするか、差押可能な財産がない場合は資格証明書を交付する」、そのように心掛けるべきだと考えます。

## 3　困難な事案への対応

　以下では、政令指定都市国民健康保険収納対策会議における意見交換についてご紹介します。

### （一）　短期証・資格証について

　短期証の有効期間と窓口・郵送など交付の方法、資格証については保険給付

の一時差止め、控除の実施状況等の報告と意見交換をしました。

　A市からは、これまで窓口交付で対応していたが、呼び出しに応じない世帯の被保険者証が窓口に留め置きとなる実情から新要綱で郵送での交付を可としたという報告がありました。B市からは、これとは正反対に、これまでは郵送で対応していたが、滞納者への効果的な納付折衝機会を確保するために、試験的に窓口での交付を始めたという報告がなされました。

　短期証の目的は、①保険料の納付相談及び納付指導の機会を確保すること、②国民健康保険制度の理解を高めること、③被保険者間の負担の公平を守ることにあるので、短期証の交付の目的とA市、B市の報告を踏まえて総合的に判断すると「原則として窓口交付とするが、一定の留め置き期間（概ね1ヶ月～3ヶ月）経過後は郵送で交付することが可能である」と規定することが望ましいと判断できます。

（二）　困難事案の対応について

▶▶▶滞納整理の事例63

（困難事案の対応について）

**Q**　高額な滞納や困難事案への対応に苦慮しています。特別対策チームの設置、税部門での一元管理など先進的な取組みについて、ご教示ください。

**A**　税との一元化を実施済の市、将来の一元化を見据えて困難事案を税組織に移管した市、税徴収の経験者を中心に徴収対策を講じながら専門部署を構築した市等の取組事例があります。

　徴収の一元化は、市債権の未収金額の減少を目的として効率的な徴収対策を講じるための手段ではありますが、公租公課の関係による配当の順位や時効の問題等のデメリットがあるため、税を除いた国民健康保険料、介護料、保育料、後期高齢者医療保険料、下水道事業負担金等を一元化するという取組みをしている市の報告もありました。

　今後は税組織との一元化が進むでしょうが、私見としては「税」と「料」すなわち、公租公課の関係は重視しながら別組織とし、さらに国

税徴収法に係る組織とそれ以外に分離するのがよいと考えます。
〔組織図例〕
**市債権回収部（課）** → **税金徴収課（係）と債権回収課（係）**
両課（係）が重複する滞納者の情報を共有して滞納整理に従事することとし、実態調査、財産調査等については共同で行うことが理想であると考えています。連携強化型を推奨します。

（三）　差押えについて

　国税徴収法第8条で「国税は……すべての公課その他の債権に先だって徴収する」と規定されていますが、法第14条の6では国税に対しての差押先着手による地方税の優先が認められており、公課にも地方税と同様に差押先着手を認める規定を設けるように国に対して法律改正を求めるという提案が出されました。

　賛同する都市が過半数を超えましたが、国民健康保険法第76条第1項ただし書きのとおり、税方式を採用することも可能であると規定されているので法の改正までは踏み込まない、あるいは困難であると回答した市も相当数ありました。

　差押財産の対象については、債権の差押えが全体の90%近くを占めていることがわかりました。特に生命保険の差押えに力を入れる傾向が強く、差押財産で2番目、その割合は約23%となっています。国民健康保険料の滞納整理においては、保険料を滞納しながら生命保険料を毎月納めている滞納者を許さないという基準ができたと言えるでしょう。

（四）　徴収体制について

　主に徴収嘱託員（外勤）制度の見直しと徴収の体制（徴収の一元化を含む）について、さらに文書催告や窓口を民間委託できないかという内容で、意見交換がなされました。

▶▶▶滞納整理の事例64

（徴収嘱託員制度の見直しついて）

**Q** 納付環境や加入者のニーズの変化を受け、徴収嘱託員制度の見直しを検討しているところです。見直しを実施した場合に、その内容と手続き、嘱託員の処遇などについてご教示ください。

**A** 既に徴収嘱託員制度を廃止した市や、民間委託を実施した市もあります。全体としては、徴収嘱託員制度そのものを廃止しながら、新しい制度をつくる方向で進んでおり、民間への委託を検討する都市が増えています。

　事例としては、定年退職する人員分を新たに採用する場合は民間へ委託しているという市もありました。コンビニ収納を導入している市では、「いつでもどこでも保険料を納付できる環境」が整ったことから、徴収（収納）を中心とする業務から滞納整理、納付交渉を重視する方向に転化してきました。

　また、文書催告の民間委託の実施を検討する市が増えており、抽出したデータに基づく催告書及び催告用納付書の作成、封入封緘等を民間委託業者が行っている市もあります。

　窓口についても既に民間委託している市がありますが、一般的に窓口については正職員から嘱託職員（非常勤職員）に業務を移す傾向が強く、正職員は空いた時間で滞納整理業務に携わる時間を増やすというのが望ましい形態だと考えます。

▶▶▶滞納整理の事例65

（窓口業務と徴収業務について）

**Q** 高齢者や低所得者が多く加入している国民健康保険は、市町村の財政を圧迫する原因となっています。費用対効果の側面から、非常勤職員や民間活力の活用を検討していますが、窓口業務、徴収業務

双方に委託が可能なもの、困難なものを分類してお示しください。

**A** 　窓口業務においては定型的な業務が8割以上を占め、正職員でなくても可能な業務はたくさんあります。被保険者資格の得喪や変更に関する届出は、取り次ぎ業務が単に届出様式及び添付書類の受け渡しにすぎないので、現行法令上、特に禁止されていません。

　ただし、届出の形式的要件の確認、被保険者名簿への登録等関連する業務全てを委託するのか、取り次ぎ業務のあり方を明確にする必要があります。

　厚生労働省がまとめた資料によれば、民間委託が可能な業務として、次のようなものが挙げられています。
　(1)　被保険者資格の取得・喪失に関する届出の取り次ぎ
　(2)　就学中・介護保険施設等に入所中等の届出の取り次ぎ
　(3)　氏名、住所、世帯、世帯主の変更の届出の取り次ぎ
　(4)　退職被保険者等の届出の取り次ぎ
　(5)　老人保健法に基づく医療の対象となったことの届出の取り次ぎ
　(6)　汚損、紛失の際の被保険者証の再交付の申請の取り次ぎ
　(7)　現役並所得者の判定の申請の取り次ぎ
　(8)　特定疾病認定の申請の取り次ぎ
　(9)　入院時食事療養費の標準負担額の減額認定申請の取り次ぎ
　(10)　印刷、発送、受け渡し、検認・更新の際の返還された被保険者証の受け取り

　民間委託が困難なものは、次のとおりです。
　(1)　被保険者証の交付・再交付
　(2)　被保険者証の検認・更新
　(3)　高齢受給者の交付
　(4)　特定疾病受療証の交付
　(5)　入院時食事療養費に係る標準負担額の減額認定書の交付

(1)～(5)については、一部民間委託することを検討する余地は十分にあります。

(6) 被保険者資格証明書の交付
(7) 保険料滞納に関する特別の事情の届出
(8) 高額療養費の支給申請
(9) 療養費、特別療養費、移送費等の現金給付の支給申請
(10) 入院時食事療養費の支給申請

　徴収業務においては、国民健康保険法第80条の2の規定により、民間委託が可能とされており、納付指導、納付勧奨、収納等業務を委託することは、現行制度上可能です。
　民間委託が可能な業務は、次のとおりです。
(1) 滞納整理事務を中心とする事務
(2) 電話催告、納付の勧奨、納付の相談
(3) 滞納の原因の聞き取り、納付意思の確認
(4) 収納
(5) 催告書の発送

　民間委託が困難な業務は、次のとおりです。
(1) 督促状の発付（時効の中断）
(2) 財産調査、質問・検査、捜索
(3) 差押え、換価等
　民間委託が可能な業務と困難な業務をまとめると、滞納整理事務を中心とする事務は委託が可能であり、滞納処分の執行に関する事務は委託が困難であるといえます。

## 第3節　国民健康保険料の滞納と生命保険の差押え

### 1　国民健康保険料滞納者の生命保険契約の矛盾

　日本では国民皆保険の制度が採用され、すべての国民が何らかの医療保険に加入しなければなりません。国民皆保険を実現するために、国民健康保険は自営業や農業、退職で健康保険をやめた人などを加入させ、病気やけがでかかった医療費を公費と加入者の保険料で負担しながら、加入者の経済的負担を少しでも軽くするという支え合いの制度として成立しています。

　加入者が保険料を出し合い、病気にかかった加入者の医療費を賄うための制度であるわけですが、この保険料を滞納しているにもかかわらず、民間の生命保険に加入しているという事例が数多くあります。

　生命保険には、入院したときに1日5,000円とか1万円などの給付が受けられる、医療保険に近い契約のものがあります。国民健康保険は本人の意思にかかわらず、法定の要件を満たす場合は自動的に加入となる強制加入の制度であり、費用の一部は国や県からも負担されます。

　生命保険に加入するか否かは本人の任意で決定されます。

　実際に病気にかかって給付を受ける場合を想定すると、国民健康保険の保険料を滞納しているにもかかわらず給付を受け、さらに生命保険からも給付を受けることになります。生命保険に加入する場合は国民健康保険の納付証明を添えるなどの規定が必要ではないかと考えます。

▶▶▶滞納整理の事例66

（生命保険契約の種類について）

**Q**　生命保険契約の種類には、どのようなものがありますか？　また、生命保険の契約について説明してください。

**A**　保険の種類としては、第一に、死亡保険があります。一定期間内に被保険者が死亡した場合に保険金が支払われる保険であり、主なものには定期保険、終身保険、定期付終身保険があります。

第二に、生存保険があります。被保険者が一定期間後に生存していることを条件に保険金が支払われる保険であり、主なものには個人年金保険と貯蓄保険があります。
　さらに、混合保険があります。一定期間内に被保険者が死亡した場合でも生存していた場合でも同額の保険金が支払われる保険であり、主なものには養老保険と定期付養老保険があります。
　生命保険契約とは、生命保険会社が保険契約者又は第三者の生死に関して一定の金額を支払うことを約束し、保険契約者がこれに対して報酬を支払うことを約束することによって効力を生ずる契約をいい、保険契約者が支払う報酬が保険料ということになります。被保険者と保険金受取人の設定については、保険契約者でも第三者でもかまいません。

### (一)　生命保険の差押債権の種類

　保険契約の内容を個々に保険契約者と折衝して決めていたのでは、多数の保険契約を簡易迅速に締結させることは事実上困難です。生命保険契約は、専門的、技術的なものであり、保険契約者間の公平性が強く要求されることから、個別に契約内容を取り決めることには限界があります。また、生命保険に関する法令の規定は簡略なものであり、多様化した保険契約の内容を法令の規定だけで律することは困難です。
　これらの事情から、保険会社が保険契約の内容について定型的、標準的な契約条項をあらかじめ定めることが適当であるといえます。この標準的な条項を定めたものを普通保険約款といいます。約款の条項が保険契約の根幹となるため、生命保険を差し押さえる場合は、約款の調査が極めて重要となります。
　生命保険の差押債権には、次の3種類の債権があります。
(1)　保険金支払請求権
　保険契約上予定された条件が発生した場合に保険会社から支払われる保険金の請求権であり、この請求権を有するのは保険契約により指定されている保険受取人となります。
　滞納者が契約者であっても受取人が第三者の場合は、差押えをすることはで

きません。

(2) 利益配当金支払請求権

普通保険約款の定めにより保険会社が利益を配当することを約束している場合に生ずる請求権であり、この請求権を有するのは保険契約者となります。

(3) 解約返戻金支払請求権

普通保険約款の定めにより保険契約が解除された場合に生ずる請求権であり、この請求権を有するのは保険契約者となります。

解約返戻金の取立ての時期は解約条件が整ったときですが、契約者である滞納者の自主的な解約を待つのではなく、差押債権者が滞納処分の取立権を行使することによって保険契約を解除して、解約返戻金の支払いを受けることになります。

---

▶▶▶滞納整理の事例67

（生命保険差押えの留意点について）

**Q** 生命保険契約の目的は保険金受取人の老後の生活や契約者が亡くなった後の被扶養者等の生活の補填を目的としている場合が多いことから、差押えには十分な配慮が必要であると考えられますが、差押えをする場合の留意点を説明してください。

**A** 差押財産を選択する場合は、滞納者及び被扶養者の生活に支障のないことを条件とします。

生命保険の差押えは、滞納処分としてはかなり有効な手段です。差押可能な保険契約が複数ある場合は、貯蓄や資産運用性の高い保険契約を優先的に差し押さえることになります。

医療費を加入者全体で賄う制度である国民健康保険料を滞納しているにもかかわらず、保険会社と生命保険契約を結んで、その報酬（保険料）の支払いを履行しているのはおかしなことです。そして、明らかに国民健康保険料を負担する力があると判断できるので、差押えを執行することには何ら問題はありません。ただし、滞納者の生活を脅かすことのないように、差押財産の選択等を十分に考慮することが必要です。

### （二）　生命保険差押後の対応

　生命保険の差押えを執行した後に、滞納者から確実な納付の約束が取れた場合は、滞納者は誠実な納付意思を有すると認められますから、法第15条の5の規定により職権による換価の猶予の手続きを取ります。完納した場合は差押えを解除し、納付及び納付相談等がない場合は解約予告書を送付した後、生命保険の解約手続きに進みます。

　解約手続きは、滞納者が自ら生命保険契約を解約しない場合に行うことになります。

　ただし、差押えに係る滞納額と比べて解約返戻金が僅少な場合、いったん解約してしまうと年齢面等で同等の保険契約が不可能となる場合、長期入院中であるとか高齢であるため近い将来に保険事故が発生しそうな場合は、解約手続きについては慎重に検討する必要があります。

　なお、解約権は、差押債権者としての取立権に基づいて行使することになります。

---

#### ▶▶▶滞納整理の事例68

（解約権を行使する場合の留意点について）

**Q**　平成11年9月9日の最高裁判所判決で、「生命保険を解約したときに戻ってくる解約返戻金支払請求権を差し押さえた債権者が取立てのために保険契約の解約権を行使できないとすれば、差押えを認めた実質的な意味がなくなるので、生命保険契約が債務者の生活保障の手段として機能を有しているとしても、取立ての対象から除外する理由にはならない」とありますが、実務上の留意点を解説してください。

**A**　この最高裁判所判決は民事訴訟にかかるものでしたが、滞納処分にも直接的な影響を与えたため、判決後に国税徴収法第67条で「取立権に基づいて保険契約の解約権を行使できる」ものと規定されました。

　しかし、生命保険契約を締結する目的には、①資金運用や蓄財を目的としている場合と②生活保障を目的とする場合があるため、徴収の実務

上は滞納者ごとに滞納の原因、その他の財産状況、納付資力の状況を十分に把握したうえで、生命保険契約の内容や性質も検討してから、解約権を行使することにします。

〔参考〕　国税徴収法基本通達第 67 条関連 6
(生命保険契約の解約返戻金請求権の取立て)
6　生命保険契約の解約返戻金請求権を差し押さえた場合には、差押債権者は、その取立権に基づき滞納者（契約者）の有する解約権を行使することができる（平成 11.9.9 最高判参照）。ただし、その解約権の行使に当たっては、解約返戻金によって満足を得ようとする差押債権者の利益と保険契約者及び保険金受取人の不利益（保険金請求権や特約に基づく入院給付金請求権等の喪失）とを比較衡量する必要があり、例えば、次のような場合には、解約権の行使により著しい不均衡を生じさせることにならないか、慎重に判断するものとする。
(1)　近々保険事故の発生により多額の保険金請求権が発生することが予測される場合
(2)　被保険者が現実に特約に基づく入院給付金の給付を受けており、当該金員が療養生活費に充てられている場合
(3)　老齢又は既病歴を有する等の理由により、他の生命保険契約に新規に加入することが困難である場合
(4)　差押えに係る滞納税額と比較して解約返戻金の額が著しく少額である場合

### (三)　介入権制度創設による生命保険契約の差押後及び取立て

保険法が平成 22 年 4 月 1 日に改正され、差押債権者から解約権を行使された場合でも、一定の要件を満たせば保険契約を存続できる介入権制度が創設されました。

介入権制度とは、死亡保険契約又は障害疾病定額保険契約の差押債権者による保険契約の解除の効力が生ずるまでの間に、保険金受取人等が、保険契約者

（滞納者）の同意を得た上で、解約返戻金に相当する金額を差押債権者に支払うとともに、保険会社にその旨を通知することにより、その保険契約を存続させることができる制度です。

この制度が創設された後は、徴収機関の滞納処分においても、預貯金や給与の差押えと同様に、生命保険の差押えも一般的に行われるようになりました。

## 2 差押財産として選択した生命保険と年金

生命保険に限らず債権を差し押さえる場合は、滞納者及び被扶養者の生活に支障のないことが条件になります。差押財産として生命保険を選択する場合においては、生命保険契約が生活保障を主目的にすることに十分留意する必要があります。

### （一） 差押財産の選択の留意点

生命保険契約の目的は保険金受取人の老後の生活や契約者が亡くなった後の被扶養者等の生活の補填を目的としている場合が多く、差押えには十分な配慮が必要であり、差押財産を選択する場合は滞納者及び被扶養者の生活に支障のないことを条件とします（国税徴収法第47条の2）。

差押えの対象としてどのような財産を選択するかについて、法令の定めはなく、徴収職員の裁量（合理的判断）に委ねられていると解されます。ただし、執行にあたっては、第三者の権利を害することが少ない財産であること、滞納者の生活の維持又は事業の継続に与える支障が少ない財産であること、換価に便利な財産であること、保管又は引き揚げに便利な財産であることなどを考慮しなければなりません。

また、滞納者から申し出があるときは、租税徴収の確保に支障がない限り、その申し出に係る財産を差し押さえることが適当であるといえます。

▶▶▶滞納整理の事例 69

（生命保険契約を見つける方法について）

**Q** 滞納者の生命保険契約を見つける方法について説明してください。また、債権を特定した場合の債権差押通知書の差押債権欄

の記入方法の留意点についてご教示ください。

**A** 　一番見つけやすいのは、滞納者の申告書を閲覧することです。次に、金融機関に対する預貯金調査で出入金状況票から契約する生命保険会社を見つけることができます。また、実態調査で滞納者宅を訪問した際に、カレンダーや滞納者本人からの聴取によって把握することが可能です。

　差押債権欄には、(1) 契約年月日、(2) 証券番号、(3) 保険種類、(4) 保険期間、(5) 保険契約者、(6) 被保険者を記載します。履行期限については、「支払条件が成就のとき」と書くのが一般的です。

(二)　年金の差押え

　年金の差押えにあたっては、給与の差押えの場合と同様に差押禁止額を計算する必要がありますが、年金は2ヶ月に一度の支給ですので、国税徴収法第76条第1項第4号に定める差押禁止額を2倍とします（10万円×2＋4万5,000円×（生計を一にする扶養者数×2））。

　年金は第三債務者が公的機関であることから、取立てが最も確実な債権であるといえます。また、差押えにあたっての差押債権欄には、(1) 年金の種類、(2) 年金番号を記載し、履行期限については毎回の年金支給日と書きます。

[参考]

**厚生年金保険法第41条：**

（受給権の保護及び公課の禁止）

第41条　保険給付を受ける権利は、譲り渡し、担保に供し、又は差し押えることができない。ただし、年金たる保険給付を受ける権利を別に法律で定めるところにより担保に供する場合及び老齢厚生年金を受ける権利を国税滞納処分（その例による処分を含む。）により差し押える場合は、この限りでない。

2　租税その他の公課は、保険給付として支給を受けた金銭を標準として、課することができない。ただし、老齢厚生年金については、この

限りでない。

## 3　介護保険料滞納による滞納処分
（一）　介護保険制度の概要
（1）　目的（介護保険法第1条）
　介護保険法は、「加齢に伴って生ずる心身の変化に起因する疾病等により要介護状態となり、入浴、排せつ、食事等の介護、機能訓練並びに看護及び療養上の管理その他の医療を要する者等について、これらの者が尊厳を保持し、その有する能力に応じ自立した日常生活を営むことができるよう、必要な保健医療サービス及び福祉サービスに係る給付を行うため、国民の共同連帯の理念に基づき介護保険制度を設け、その行う保険給付等に関して必要な事項を定め、もって国民の保健医療の向上及び福祉の増進を図ること」を目的としています。

（2）　介護保険の被保険者（介護保険法第9条）
市町村又は特別区が保険者となる介護保険の被保険者は次のとおりです。
（ア）　第一号被保険者
市町村の区域内に住所を有する65歳以上の者
（イ）　第2号被保険者
市町村の区域内に住所を有する40歳以上65歳未満の医療保険加入者

（3）　普通徴収に係る保険料の納付義務（介護保険法第132条）
　　第1項　第1号被保険者は、市町村がその者の保険料を普通徴収の方法によって徴収しようとする場合においては、当該保険料を納付しなければならない。
　　第2項　世帯主は、市町村が当該世帯に属する第1号被保険者の保険料を普通徴収の方法によって徴収しようとする場合において、当該保険料を連帯して納付する義務を負う。
　　第3項　配偶者の一方は、市町村が第1号被保険者たる他方の保険料を普通徴収の方法によって徴収しようとする場合において、当該保険料を連帯して納付する義務を負う。

> ▶▶▶滞納整理の事例70
> （連帯納付義務者とされる配偶者について）
> 
> **Q** 連帯納付義務者とされる配偶者の範囲と調査方法について、説明してください。
> 
> **A** 婚姻の届出がある戸籍上の配偶者については明らかですが、婚姻の届出はないが、事実上婚姻関係と同様の事情にあるものも連帯納付義務者に含みます。
> 　事実上の婚姻関係の調査については、夫婦共同生活の実態とその継続性などの事実関係の調査が必要であり、配偶者として実質的に同視しうるかの判断が基準になります。

### （二）　介護保険料未納者に対する給付制限

　1年以上の滞納者の場合は介護サービスの費用を要介護被保険者等が一旦全額支払い、後日申請により給付費（9割）が支給されます。

　1年6ヶ月以上の滞納者の場合は償還払いとなった給付費（9割）の支払いを一時的に差し止めて、さらに滞納となっている保険料に充当することになります。

　2年以上の滞納者の場合は介護サービスの利用料の1割負担から3割負担への引き上げや、高額介護サービス費や特定入所者介護サービス費等の支給の停止をします。

### （三）　介護保険料の滞納と処分

　2号被保険者は国民健康保険料と同時に徴収されるため、1号被保険者の滞納に対する処分となりますが、1号被保険者は65歳以上の高齢者であることから納付資力の見極めが重要です。　高齢者であるとはいえ国民の共同連帯の理念に基づき財源確保及び国民負担の公平性の見地から、預貯金や生命保険解約返戻金の差押えを行わなければなりません。

　ただし、高齢のため生命保険契約を解約した後で再加入することは難しいため、解約返戻金の取立てに躊躇する場合が考えられます。このような場合は、

保険契約者は解約返戻金の範囲内で契約者貸付を受けることができるので、この制度を滞納者に利用させて、保険契約を解約しなくとも保険料を納付できるようにします。

また、差押着手前に解約返戻金の存在が明らかとなっている場合は、納付交渉段階で契約者貸付制度の活用を滞納者に働きかけることができます。

### (四) 介護保険の財産調査

平成19年3月27日総税企第55号「地方税の徴収対策の一層の推進に係る留意事項等について」が各都道府県税務主管部長及び東京都総務、主税局長あてに総務省自治税務局企画課長から通達されています。

この通知は、国民健康保険料については、地方税の滞納処分の例により処分することができることから（国民健康保険法第79条の2及び地方自治法第231条の3第3項）、国税徴収法第141条の規定が適用され、滞納者に対して財産に関する必要な質問及び検査への応答義務を課しています。

このため、財産調査の情報は滞納者との関係において秘密ではないと考えられるので、法第22条に定める守秘義務に関し、地方税と国民健康保険料を一元的に徴収するために滞納者の財産情報を利用することは差支えありません。

介護料や保育料についても地方税の滞納処分を例によると規定されているので、同様に考えることができます。

## 4　国民健康保険料滞納処分五事例の研究

国民健康保険料の滞納整理は福祉債権として、国税徴収法、地方税法に遵守しながら徴収実務を進行させていくなかで、なかなか滞納処分まで踏み込めない場合があるなど、徴収現場の声として聞こえてきます。次の五事例は、ある自治体の徴収部門でやむを得ない差押解除として判断されたものです。あくまで特別な事情から滞納の解決に例外的な処置をした事例として、その解除の理由とその後の滞納の解決策を解説してみました。

▶▶▶滞納整理の事例71
（国税徴収法での差押解除の意義と要件について）

**Q** 差押後の取立てによって完納ができる場合でも、差押えの解除をすることは可能でしょうか。また、差押えを継続することによって完納を見込むことができる場合でも、差押えの解除をすることはできるのでしょうか。

**A** 国税徴収法と地方税法の規定には、必ず差押えの解除をしなければならない場合と、解除をすることができる場合とがあります。

(1) 差押えを解除しなければならないとき

(ア) 納付、充当、更正の取消しやその他の理由により、差押えに係る地方団体の徴収金の全額が消滅したとき

(イ) 差押財産の価額が、その差押えに係る滞納処分費及び差押えに係る地方団体の徴収金に先だつ他の租税その他の債権の合計額を超える見込みがなくなったとき

(ウ) 滞納処分の執行を停止したとき

(2) 差押えを解除することができるとき

(ア) 差押えに係る地方団体の徴収金の一部の納付、充当、更正の一部取消し、差押財産の値上がりその他の理由により、その価額が差押えに係る地方団体の徴収金及びこれに先だつ他の債権額の合計額を著しく超過すると認められるに至ったとき

(イ) 滞納者が他に差し押さえることができる適当な財産を提供し、その財産を差し押さえたとき

(ウ) 換価猶予をする場合において必要があると認められる、生活や事業の維持や継続を困難にするおそれがある財産であるとき

　国税徴収法での差押解除の意義と要件の中で実務において悩ましいのは、差押えを解除することができるときとしてあげられている「換価猶予をする場合において必要があると認められる、生活や事業の維持や継続を困難にするおそれがある財産であるとき」の裁量判断であるといえます。

　特に、国民健康保険料等の福祉的債権の差押えにおける解除について

は尚更です。

（一）　個人口座に社員の一時金

▶▶▶滞納整理の事例72

（差押えをした口座に入っていた社員の一時金の認定について）

（1）　滞納者Aの概要

Aは株式会社B自動車販売、株式会社C損保センターの代表取締役である。父から譲り受けた2つの会社を、母と姉の力を合わせて家族で経営していた。2社は同じ事務所で営業しており、家族以外の社員は営業担当2名、自動車整備士3名、事務員1名の6名である。

（2）　滞納の原因

Aは国民健康保険に加入しているが、滞納当初は会社経営の不振等を原因として申し出て、月々2万円の分納を区役所が認めていた。また、Aから、申告している金額ほどの役員報酬が得られていないことを聴取して、区役所は役員報酬額を実際の支給されている金額に改めること、および社会保険に切り替えることを、併せて指導していた。

東日本大震災後に中古自動車販売の業績が回復して相当の利益が出ていたが、Aは当初約束した2万円の分納を強く主張して交渉は決裂していた。この結果、滞納額は約105万円に膨れ上がっていた。このため本庁で引継ぎをしている。

（3）　滞納処分等

2万円の分納は履行していたが、財産調査で本人名義の郵便貯金140万円を見つけたことから、平成29年11月30日に差押えを執行した。

当人から、差し押さえられた貯金は個人口座ではあるが、社員の冬の一時金であること、および区役所と約束した分納誓約を履行していることを理由に、差押えは不当であるという申し出があった。

（4）　事案解説

2万円の分納は会社経営が行き詰まっていた時点での誓約であること、

差し押さえできる財産を保有していないことを前提に契約されたものであること、差押時点では経営状態が回復していること、換価できる財産を保有していることから、滞納処分には何ら違法性がないことを主張してAと交渉した。

　また、Aに対して、夏の一時金もこの郵便貯金から出金されている事実を証明することができれば、労働債権と認める旨を説明した。郵便通帳により7月28日に100万円の支出の確認が取れたことから労働債権であったことを認めたが、冬の一時金の金額120万円を除算した20万円は差押えの解除と同時に自主納付して、残る滞納額85万円については月々19万円ずつ納めて5ヶ月で完納することを条件とする誓約がとれたことから、職権による換価猶予を認めた。

（二）　差し押さえた動産を滞納者が売却

▶▶▶滞納整理の事例73
（動産の差押解除について）
　（1）　滞納者Bの概要
　Bは法人化されている美容室で店長を任され、給与は約30万円である。元夫とは10年以上の別居生活を経て3年前に調停で離婚が成立した。子どもは高校2年生を筆頭に中学3年生、中学1年生の3人姉妹である。元夫は両親と同居して子どもたちを手離さなかったため、Bは養育権を持たずに離婚を選択している。

　その後、元夫は失業して収入が絶たれたことから、Bは子どもたちのために毎月7万円を元夫の口座に振り込み、子どもたちの生活を支えていた。平成26年の国民健康保険料から滞納が始まり、滞納額は約80万円、一期分の保険料は4万5,000円である。

　（2）　滞納の原因
　1ヶ月の収入は給与の30万円であり、国民健康保険料を十分に納めていける収入であるが、子どもたちへの仕送り7万円の他にも、学費や

携帯電話料、通学の定期代などを負担していたため、子どもたち3人に月平均の合計13～14万円を負担していた。

ただし、これらの負担があったとはいえ、国民健康保険料の納付義務が後回しにされていたことは事実であり、見逃すことはできない。

(3) 滞納処分等

Bの美容室から支払われる給与を差し押さえるために、給与の照会を行ったところ、Bは経営者を伴って来庁した。納付交渉の結果、離婚の原因は元夫の借金とB名義のカードローンの返済にあることが判明した。

このようなことから、給与の差押えは保留とし、自宅の捜索を平成29年11月28日に実施し、ルイヴィトンのボストンバックと18Kリングを差し押さえた。この他に、換価価値のある財産は見つからなかった。

(4) 事案解説

Bとの納付交渉から、「子どもたち3人が中学を卒業する時点で自分が引き取る。子どもたちもそれを望んでいる」という内容を聴取した。また、毎月子どもたちに13～14万円の支出があり、三人姉妹を扶養しているのは事実上はBであると認定できること、および毎月6万円の分納を履行していく分納誓約が取れたことから、差押財産の換価を猶予した。

その後分納は履行されていたが、Bからルイヴィトンのボストンバックと18Kリングは公売してかまわないという申し出があった。換価の猶予中であったことから、Bが古物取引業者2社を回り、高値を付けた方に売却して、その代金で国民健康保険料を自主納付している。不動産差押えでいう任意売却の形をとったことになる。

なお、給与の差押えについては、Bが三人姉妹を事実上扶養していると認められることから、給与禁止額が23.5万円（＝本人の10万円＋4.5万円×3人）、これを30万円から差し引いた6.5万円から対面維持費の20％を控除して5.2万円であるが、その金額以上の6万円の分納を履行していることから、職権による換価の猶予を継続することにした。

## （三）　学資保険の差押えと滞納の解決策

▶▶▶滞納整理の事例74

（学資保険の差押後の対応について）

　（1）　滞納者Cの概要

　Cは設計事務所に勤務して社会保険に加入しており、保育園に勤務する妻が国民健康保険の被保険者である。加入者は妻であるが、世帯主のCに擬制世帯主（※）として賦課されている。

　妻は一定の所得があるためCの扶養に入ることができず、国民健康保険に加入していたが、夫名義で通知される督促状等に無反応で滞納が累積した。子どもは高校3年生の長女と高校1年生の長男の2人で、4人世帯である。子どもたちは父であるCの社会保険に加入している。

　平成26年度から累積した滞納額は約60万円である。財産調査の結果、Cを受取人とする株式会社D生命の学資保険を見つけた。解約返戻金は110万円程度である。

　（2）　滞納の原因

　Cの妻は保育園に勤務を始めるまではCの被扶養者として社会保険に加入していたが、保育所に勤務を始めてからは一定の所得を超えたため、Cの扶養を外れて国民健康保険に加入することになった。

　C及び妻は国民健康保険料を一度も納付することなく、滞納の累積は止まらない状況であった。Cと妻の合計で月額45万円程度の収入があることから、国民健康保険料を負担する力は認められ、納付が困難であるとはいえない。これまでの納付交渉の記録においても滞納の原因等に関わる情報はなく、納めることは可能であると判断した。

　（3）　滞納処分等

　長女を被保険者、Cを受取人とする株式会社D生命の学資保険の解約返戻金、積立配当金及び保険金の支払請求権を平成30年1月24日に差し押さえた。差押後に、株式会社D生命から「祝金請求書」が送付され、「お祝い金」の名目で2月2日に100万円が配当されることが判明した。

### (4) 事案解説

担当者Eが学資保険の差押えについて決裁を求めたときに、決裁した上司Fは「学資保険の差押えについては、市民団体などから子どもの学ぶ権利を奪うなどと批判が出ている。少額の学資保険を積み立てている場合には差押えを留保することにしている自治体があることからも、他に資産があれば学資保険よりそちらを優先させるべきだと考えられる。今回は高額の保険商品でもあり、他に換価できる財産もないことから差押えを執行するが、被保険者の長女などの学業に出金される予定があるのならば、差押えの解除も視野に入れながら対応すること。」とEに指示した。

Eは「祝金請求書」を株式会社D生命に送付する前にCと連絡を取り、Cから長女の短大の入学金に祝金から85万円を充てる予定でいた旨を聴取したことから、15万円で4ヶ月の分納計画で交渉を成立させ、平成30年2月2日の1回目の納付を確認して差押えを解除した。

※ 擬制世帯主とは……国民健康保険では、主として世帯の生計を維持するものであって、国民健康保険料の納付義務者として社会通念上妥当と認められる者を世帯主としています。したがって、国民健康保険の加入者でなくても、国民健康保険料の世帯主になることがあり、国民健康保険料を納める義務を負うことになります。このような世帯主を擬制世帯主と呼びますが、擬制世帯主の所得や所有する不動産等が保険料の算定の対象になることはありません。

### (四) 審査請求事例

▶▶▶滞納整理の事例75

（国民健康保険料審査請求事例について）

**Q** 国民健康保険料の滞納処分として銀行預金を差し押さえて完納させた滞納者から、国民健康保険審査会に審査請求が出されました。

審査請求の趣旨は、「本件滞納処分を取り消す」という裁決を求めるもので、その理由としては国民健康保険料の差押処分より3ヶ月程前に、滞納する税金の滞納処分執行停止通知を法第15条の7第1項の規定により受けているから、行政執行の不一致であるという観点から差押処分を取り消せという内容でした。

国民健康保険審査会からは弁明書の提出を求められていますが、どのように対応すればよいでしょうか。

**A** 　審査請求書の送付は国民健康保険法第100条の規定に基づくものであり、審査請求書の副本が添えられて送付されます。弁明書の提出については、行政不服審査法第22条第1項の規定に基づき、第2項の規定から弁明書は正副2通を提出しなければなりません。

事例では、審査請求の趣旨が差押処分の取り消し、その理由が滞納処分の停止と滞納処分による差押えがほぼ同時期に行われたことに対しての行政執行の不一致ということになると思います。滞納処分の取り消しについては国民健康保険料に滞納があってそれに見合う財産を差し押さえ完納させたわけですから、取り消すものではありません。

この場合の弁明書の書き方としては「本件審査請求を却下する」という裁決を求めると記載することが正しいと考えます。すなわち、国民健康保険審査会の審査の対象の範囲は国民健康保険料に対する部分だけであると考えられるからです。

2つの執行機関である税金と国保の長が、例えば同じ市長で、税金が滞納処分の執行を停止と判断し、その後に国保が滞納処分の差押えを執行したとのことですが、どのようなことが想定されるでしょうか？

（ア）　徴税吏員は銀行預金の存在を知っていたが、滞納額に見合う残高ではなく生活に必要な金額であると判断し、法第15条の7第1項第2号の規定で、滞納処分の執行を停止した。

（イ）　徴税吏員は銀行預金の存在を知り得ず、法第15条の7第1項第1号の規定で、滞納処分の執行を停止した。

（イ）の場合は、執行停止時点ではその財産の存在を知り得なかっ

だけで、停止期間中であれば停止を取り消して差し押さえることが可能ですから何ら問題ありませんが、（ア）の場合は国保の差押後に停止を見直す必要があります。

　滞納処分の執行を停止するということは、納税あるいは納付義務を消滅させたわけではなく、資力が回復しているにも関わらず納税または納付の意思を示さない場合は執行停止を取り消して差し押さえることが可能です。徴税吏員は執行停止を継続させるか、執行停止を取り消すかを判断しなければなりません。

　　参考記事（1）「当市の国民健康保険料の滞納で滞納処分を執行したが、取立後の残額については税金の執行停止を取り消すまでの金額ではないと判断する。」

　　参考記事（2）「当市の国民健康保険料の滞納で滞納処分を執行したが、取立後の残額についても税金の滞納で滞納処分を執行しても生活に支障を及ぼさないと判断できるので、執行停止を取り消す。」

### （五）　破産の交付要求

▶▶▶滞納整理の事例76

（国民健康保険料の破産の交付要求について）

**Q**　破産の交付要求をする際に納期未到来分を繰り上げ徴収したところ、破産管財人から納期到来分のみ交付要求するようにという連絡を受けました。

　その理由は、国民健康保険料については法第231条の3の規定で督促状の納期限を経過していなければ地方税法の滞納処分の例による手続きを取ることはできないというものでした。

　また、仮に交付要求を認めると、破産財団が払えなかった場合は破産者が国民健康保険証を使えなくなるおそれがあることから、破産者本人に自分で支払うように薦めているとのことでした。

このことについてご教示ください。

**A** 国民健康保険料は国民健康保険法第79条の2の規定で、法第231条の3第3項の歳入とされています。そして、国民健康保険法第78条によって準用される法第13条の2から、繰上徴収が認められることになります。

そこで地方税法の規定に基づき繰上徴収をした場合は滞納処分ができることになりますが（法第728条第1項第2号）、他方で法第231条の3第3項においては、督促状の納期限を経過しなければ地方税法の滞納処分の例による処分ができないと規定されています。

＜地方自治法第231条の3第3項＞
普通地方公共団体の長は、分担金、加入金、過料又は法律で定める使用料その他の普通地方公共団体の歳入につき第1項の規定による督促を受けた者が同項の規定により指定された期限までにその納付すべき金額を納付しないときは、当該歳入並びに当該歳入に係る前項の手数料及び延滞金について、地方税の滞納処分の例により処分することができる。この場合におけるこれらの徴収金の先取特権の順位は、国税及び地方税に次ぐものとする。

このことから、国民健康保険料について交付要求をする場合は、繰上徴収できるのは納期が経過した期別までであって、納期が到来していない期別については交付要求できないと考えることができます。

さらに国民健康保険法第79条1項では「保険料その他この法律の規定による徴収金を滞納した者に対しては、組合は、期限を指定して、これを督促しなければならない。ただし、前条において準用する法第13条の2第1項の規定により繰上徴収をするときは、この限りでない。」とあるので、組合のみに適用されるのかという問題も生じます。

そして、国民健康保険法第79条の2で「市町村が徴収する保険料その他この法律の規定による徴収金は、地方自治法第231条の3第3項に規定する法律で定める歳入とする。」と規定されているので、組合はできるのに市町村はできないのかという疑問が生じます。

繰上徴収は納期限まで待っていては徴収金を徴収できない場合に認められるものであり、緊急性が高い場合であることは明白ですから、事例の破産管財人弁護士がいうように、本人が納めることが可能であれば交付要求に加えるなという意見について理解できる部分もあります。

## 第4節 国民健康保険料と保険税

### 1　収納率向上のための効果的な徴収

▶▶▶滞納整理の事例77
（定型的な事務の効率化について）

**Q** 電話や文書催告を集中的に行う催告センターの民間委託及び外勤徴収員や窓口相談員の嘱託職員制度の導入により、職員が徴収業務に専念できる環境づくりを進めています。徴収以外の還付業務においても定型的な事務の効率化を図ることで正職員を徴収業務にシフトしていこうと考えていますが、徴収以外の業務の一元化または民間委託や嘱託職員の活用にその他どのようなものがあるのでしょうか？

**A** 現年度滞納世帯や初期的な滞納世帯については嘱託職員に対応させ、繰越滞納世帯や納付困難な世帯については職員が対応するというのが基本となります。

現年度の納付勧奨には電話催告が有効ですが、これをコールセンターとして民間委託している市町村や、収納消し込みや過誤納金による還付充当処理、あるいは財産調査において大量かつ反復される業務の嘱託化などに取り組んでいる市町村もあります。

大まかにまとめると、窓口対応、文書・電話催告、訪問調査（居所不明世帯を含む）、口座振替勧奨などの定型的な業務を民間や嘱託で対応

する市町村が増えています。

その他では、レセプト点検や第三者行為の求償事務などにも、嘱託配置の例が見られます。

### ▶▶▶滞納整理の事例78

（口座振替加入率の向上策について）

**Q** 現年度収納率向上のために口座振替加入率を向上する取組みを実施しています。具体的には、新規加入世帯に対する勧奨、広報誌、金融機関、医療機関、市営地下鉄、市営バスに啓発ポスターを提示するなどの取組みをしています。その他に口座振替加入率向上のための取組みとしては、どのようなものが考えられますか？

**A** ペイジー口座振替受付サービスを導入すれば、窓口での手続きを簡素化することができます。、国民健康保険加入届出時に同サービスを勧奨することによって、口座振替加入率の向上に大きな成果があると思います。

併せて、普通徴収に係る保険料の納付については口座振替の原則化を実施すると、効果はより大きくなります。

口座振替勧奨キャンペーンを実施している市町村では、口座振替申込者を対象として、抽選でクオカード等の記念品を贈呈しているところもあります。ただし、このような取組みについては、すでに口座振替を利用している加入者との公平性にやや問題が生じてしまいます。

口座振替の勧奨そのものを民間へ委託してコールセンターを設置し、口座振替の案内や申請書を郵送し、送達したタイミングを見計らって電話で勧奨するという方法を取っている市町村もあります。

### ▶▶▶滞納整理の事例79

（執行停止と短期被保険者証・資格証明書との関係について）

**Q** 国民健康保険料の場合は執行停止の期間満了による消滅（3年）よりも、時効による消滅（2年）が早く訪れるため、事務上は執行停止とはせず執行停止相当と整理票に記録して、時効を待つという取り扱いをしています。

短期被保険者証・資格証明書交付事案を執行停止または執行停止相当と判断した場合、どのような証を交付すればよいのでしょうか？

**A** 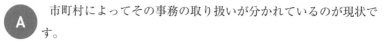市町村によってその事務の取り扱いが分かれているのが現状です。

滞納処分の執行停止を滞納の解消とは捉えず、証区分の変更を行わないという考え方もできます。

証の区分は国民健康保険法第9条第3項、第4項、第7項及び第10項に基づいて行うことになりますが、地方税法第15条の7第1項第1号による停止の場合はともかくとして、第2号は生活困窮によって通常証が発行され、第3号は行方不明ですから証の交付はありません。第5項の即時欠損では滞納が消滅していますから、通常証の取り扱いになります。

判断が必要なのは第1号停止です。あえて短期被保険者証を交付しておくことによって、その更新時を新たな滞納に対する交渉の機会と捉え、滞納者の生活状況等の変化を継続して調査していくという考え方もあります。

「短期被保険者証交付要綱」や「資格証明書の交付並びに保険給付の支払の差止めに関する取扱要綱」を制定して、区分変更を規定している市町村もあります。

［参考］
**国民健康保険法第9条（抜粋）：**
第3項　市町村は、保険料（地方税法（昭和25年法律第226号）の規定による国民健康保険税を含む。以下この項、第7項、第63条の2、

第68条の2第2項第4号、附則第7条第1項第3号並びに附則第21条第3項第3号及び第4項第3号において同じ。）を滞納している世帯主（その世帯に属するすべての被保険者が原子爆弾被爆者に対する援護に関する法律（平成6年法律第7号）による一般疾病医療費の支給その他厚生労働省令で定める医療に関する給付（第6項及び第8項において「原爆一般疾病医療費の支給等」という。）を受けることができる世帯主を除く。）が、当該保険料の納期限から厚生労働省令で定める期間が経過するまでの間に当該保険料を納付しない場合においては、当該保険料の滞納につき災害その他の政令で定める特別の事情があると認められる場合を除き、厚生労働省令で定めるところにより、当該世帯主に対し被保険者証の返還を求めるものとする。

第4項　市町村は、前項に規定する厚生労働省令で定める期間が経過しない場合においても、同項に規定する世帯主に対し被保険者証の返還を求めることができる。ただし、同項に規定する政令で定める特別の事情があると認められるときは、この限りでない。

第7項　市町村は、被保険者資格証明書の交付を受けている世帯主が滞納している保険料を完納したとき又はその者に係る滞納額の著しい減少、災害その他の政令で定める特別の事情があると認めるときは、当該世帯主に対し、その世帯に属するすべての被保険者に係る被保険者証を交付する。

第10項　市町村は、被保険者証及び被保険者資格証明書の有効期間を定めることができる。この場合において、この法律の規定による保険料（地方税法の規定による国民健康保険税を含む。）を滞納している世帯主（第3項の規定により市町村が被保険者証の返還を求めるものとされる者を除く。）及びその世帯に属する被保険者、国民年金法（昭和34年法律第41号）の規定による保険料を滞納している世帯主（同法第88条第2項の規定により保険料を納付する義務を負う者を含み、厚生労働大臣が厚生労働省令で定める要件に該当するものと認め、その旨を市町村に通知した者に限る。）及びその世帯に属する被保険

者その他厚生労働省令で定める者の被保険者証については、特別の有効期間を定めることができる。ただし、18歳に達する日以後の最初の3月31日までの間にある者が属する世帯の世帯主又はその世帯に属する被保険者の被保険者証について6月未満の特別の有効期間を定める場合においては、当該者に係る被保険者証の特別の有効期間は、6月以上としなければならない。


## 2　応能応益割合を考える

### （一）　国民健康保険法施行令第29条の7

　国民健康保険財政の健全化を果たすために、歳入の確保と歳出の抑制に努めることが各市区町村に求められています。

　歳入を確保するためには、定期的な保険料率の見直し、応能と応益の割合の見直し、ペイジー口座振替受付サービスを活用した口座振替の加入促進、コンビニ収納などの納付機会の拡充、電話催告や訪問徴収業務への民間事業者の活用、滞納処分の強化等を進めていかなければなりません。

　歳出を抑制するためには、ジェネリック医薬品の利用促進、レセプト点検の強化、特定健康診査や特定保健指導の充実、生活習慣病の重症化を防ぐ保健指導などを実施していくことになります。

　ここでは、歳出の増加に見合った財源を確保するために必要な応能と応益の割合の見直しについて、考えてみたいと思います。

　各市区町村の保険料の賦課に関する基準については国民健康保険法施行令第29条の7に規定されており、基礎賦課総額の保険料算定は応能と応益の割合を1：1としています。保険料算定に所得割、資産割、被保険者均等割、世帯別平等割の4つを使用している場合は、それぞれ40：10：35：15と規定されています。また、資産割を使用していない場合は50：35：15と規定されています。

　被保険者の経済的負担能力に応じて賦課される所得割と資産割を応能割保険料といい、保険制度による利益を受ける者に公平に賦課される均等割と平等割

を応益割保険料といいます。

> ▶▶▶滞納整理の事例80
>
> (国民健康保険料の賦課方式の組み合わせについて)
>
> **Q** 保険料を計算するための4つの要素がありますが、所得割、均等割、平等割だけを選択して、資産割を除いている市区町村があるようです。
> どのような仕組みになっているのでしょうか。
>
> **A** 4つの要素の組み合わせについては、国民健康保険法施行令第29条の7に、次のように規定されています。
> 1　四方式（所得割＋資産割＋均等割＋平等割）
> 2　三方式（所得割＋均等割＋平等割）
> 3　二方式（所得割＋均等割）
>
> 四方式、三方式、二方式のどの方式を選択するかは各市区町村に委ねられており、各要素の割合についても、国の基準はありますが、独自に定めることができます。
>
> 各要素の割合についての国の基準は、次のようになっています。
> 1　四方式（所得割40＋資産割10＋均等割35＋平等割15）
> 2　三方式（所得割50＋均等割35＋平等割15）
> 3　二方式（所得割50＋均等割50）

(二)　応能応益割合を変更することによる保険料への影響

応能割を上げると比較的所得の多い被保険者の保険料負担が大きくなりますし、応益割を上げると被保険者全員の保険料が一律で上がるので、低所得者の負担割合が大きくなりますが、所得の変動には左右されないので安定した財源確保につながることになります。

政令で定められた標準割合とかけ離れていることには問題がありますから、最近の各市区町村は応益割を増やす方向で変更が行われる傾向があります。保険制度における保険料の負担は、同じ保険事故に対して給付額が同じになるの

が当然なので、本来は応益額が保険料計算の基本となるべきものではないかという考え方に行き着きます。

しかし、国民健康保険の被保険者には比較的低所得者が多く、保険料負担が過重となる方もいます。このような現状では、応益額だけで国民健康保険財政を維持できるものではなく、所得の高い者が低い者を扶助するという理解がなければ、制度の維持は難しいものになります。

▶▶▶滞納整理の事例81

（賦課割合を見直す要因について）

**Q** 所得割の料率は、所得割として集める保険料の総額を加入者全体の所得で割ることで決定します。現状の国民健康保険加入者は無職や所得割のかからない世帯が増えていることから、平均所得が減少すれば、所得割の保険料率が上昇してきます。

他方で、応益割については、一定の所得以下の世帯に対して保険料を軽減する制度があるので、保険料の負担能力を考えると、中間所得層の負担感が強くなってしまいます。

このようなことから当市では、加入者全体が相互に支え合えるように、賦課割合を見直すことにしましたが、そのほかに見直しをする要因としてどのようなことが考えられるでしょうか。

**A** 国は国民健康保険法施行令第29条の7の規定で標準となる応益割と応能割の割合を50：50と定めていることや、各市区町村でも比較的多数が50：50を採用していることなどから、応能割の比率が大きいのであれば50に近づけることが妥当だと考えます。

国民健康保険の運営主体は平成30年度から都道府県単位とすることが決定しているので、今後は他の市区町村との格差を是正していくことも重要となります。

応益割は受益に応じて平等に国民健康保険加入者又はその世帯が負担していくことになり、応能割は所得、すなわち経済負担能力に応じて負担していくことになります。一世帯当たりの加入者数が増えれば、それ

> だけ医療費の給付が増える可能性は高まりますから、四方式又は三方式を採用している場合の平等割と均等割の割合は、国の標準割合である15：35に近づけていくことが妥当であるといえます。
> 　保険料負担の原則は応益割が基本となります。四方式又は三方式を採用している市区町村であれば、平等割と均等割を決定させた後に、医療費の不足分を応能割で補うというのが一般的な考え方です。
> 　被保険者の経済的な生活実態を十分に把握しながら、応益負担の大きい被保険者と小さい被保険者相互が理解できる賦課割合でなければなりません。

## 3　国民健康保険料の減免

### （一）　軽減と減免

　軽減と減免の違いは、軽減とは国の制度に基づいて前年所得が一定基準を下回る場合に国民健康保険料の応益割額を減額するものであり、減免とは各市区町村の独自の制度で国民健康保険料を納めることが困難であると認められる場合に応能割額を減額するのが一般的です。

　国民健康保険法第77条には、「保険者は、条例又は規約の定めるところにより、特別の理由がある者に対し、保険料を減額し、又はその徴収を猶予することができる」と規定されています。同条は、一時的に保険料負担能力を喪失した場合に適用するものであり、低所得者に対しては、所得に応じて保険料を減額賦課する軽減制度があるため、同条の減免又は徴収猶予は適用されません。

　恒常的に生活を困窮している被保険者を国民健康保険料の減免の対象にしていないことについては、最高裁まで争われた旭川市国民健康保険料訴訟があります。

### （二）　旭川市国民健康保険料訴訟

　旭川市の条例では、災害等により生活が著しく困難となった者又はこれに準ずると認められる者と当該年において所得が著しく減少し、生活が困難となった者又はこれに準ずる者の申請によって保険料を減免できると規定していまし

た。

　原告Aは、生活保護基準以下の収入で生活が窮迫していたことから、旭川市に対して保険料の減免を申請しましたが、非該当とされました。そこで、同市の条例が、恒常的に生活が困窮している者を保険料の減免の対象としていないことは、生存権を定める憲法第25条や法の下の平等を定める憲法第14条に違反すると主張して、不服申立て手続等を経て旭川地方裁判所に対し、保険料の賦課処分の取消しと減免非該当処分の取り消しを求めました。

　原告Aは保険料の賦課処分については、条例で保険料率を定めずに、これを告示に委任することが、租税法律主義を定める憲法第84条の趣旨に反するという理由で取り消しを求めました。

　最高裁は、国民健康保険料は、被保険者において保険給付を受け得ることに対する反対給付として徴収されるものであるから、憲法第84条の規定が直接に適用されることはないという判決を下しています。

　もう1つの減免非該当処分の取り消しについては、恒常的に生活が困窮している者には生活保護法による医療扶助等の保護が適用されるべきであること、低額所得者には国によって保険料負担の軽減が定められていること、応能負担としての所得割額は前年の所得を基準に算定されていることなどを総合的に判断して、国民健康保険料の減免は、一時的に負担能力を喪失した者を対象とするものであり、恒常的な生活困窮者は対象としないという判決を下しました。

▶▶▶滞納整理の事例82

（恒常的な生活困窮者の保険料減額について）

**Q** 旭川市国民健康保険料訴訟では、被保険者が生活保護基準以下の収入の場合であっても減免の対象とはしないという最高裁判決が下されていますが、実際にこのような事例があった場合にはどのように対応することが適切なのでしょうか。

**A** 恒常的な生活困窮者の場合は、国が定める軽減で減額することになります。この場合は申請の必要はなく、未申告であるならば所得がないことを申告させることになります。

算定された保険料を納付できないばかりか、生活の困窮状態が続くのであれば、生活保護法の保障の機会を与えられるように、担当課を案内することになります。

　旭川市国民健康保険料訴訟の原告Ａが生活保護基準以下の収入であっても自らの意思によって生活保護法の保障の機会を利用しないのであれば、財産がないことが証明されれば、滞納処分を停止することになります。

　軽減については、10月20日までに軽減の手続きを完了させれば、国と都道府県から軽減分が補填されます。これに対して、減免の場合は市区町村の持ち出しとなって他の被保険者が負担することになりますから、自らの意思によって生活保護法の保障の機会を利用しない者の保険料まで負担させることは適切とはいえません。

　減免は、あくまでも一時的に負担能力を喪失し生活が困難である者を対象にするものです。

　このようなことから、所得の激減で納付ができない場合は、被保険者の申請によって、徴収の猶予か減免のいずれかを決定することになります。

## 4　国民健康保険料の滞納処分の根拠

　国民健康保険法第79条の2（滞納処分）において市町村が徴収する保険料は地方自治法第231条の3第3項に規定する法律で定める歳入とすると規定されています。

　そして、地方自治法第231条の3第3項で、地方税の滞納処分の例により処分することができると規定されていることから、国民健康保険料の滞納処分は地方税の滞納処分の例によりできることになります。

　地方税の滞納処分の例により処分することができるとは、地方税の滞納処分と同一の手続きによって処分できることを意味し、滞納処分に関する限りは地方税法及び地方税法施行令の規定が包括的に適用されます。したがって、地方

税法及び同法において準用している国税徴収法等を含めて、地方税の滞納処分に関する手続規定が全て適用されることになります。

## 5　世帯主課税と擬制世帯主

国民健康保険税（料）は世帯課税主義をとっているので、住民票上の世帯主が社会保険に加入していて国民健康保険に加入していない場合でも、その世帯の中に加入者がいれば、世帯主が納税（付）義務者となり、世帯主に納税（入）通知書を送付することになります。

保険税（料）の計算では、世帯主が国民健康保険に加入していなければ、世帯主の所得や所有する不動産等は賦課の対象には含まれませんが、軽減の判定の場合は対象となります。

このように、国民健康保険の加入者ではない世帯主を、擬制世帯主といいます。

国民健康保険では、主として世帯の生計を維持する者であって、その世帯を代表する者として社会通念上妥当と認められる者を世帯主としています。したがって、国民健康保険の加入者でなくても、国民健康保険の世帯主になることがあり、国民健康保険税（料）を納める義務を負うことになります。

---

▶▶▶滞納整理の事例83

（世帯主の認定について）

**Q1**　社会保険に加入している世帯主と同程度の所得を有する国民健康保険に加入している長男がいる場合に、生計が同一であるならば世帯主を納税義務者にしてかまいませんか？

**A1**　国民健康保険税（料）は世帯課税主義を採用しているので、一般的に負担できる力があると認められる世帯主を納税義務者にします。また、世帯主とは主として世帯の生計を維持する者であって、その世帯を代表する者として社会通念上妥当と認められる者をいいます。その世帯を代表する者として最もふさわしい者を世帯主とするように、認定にあたっては十分に留意する必要があります。

**Q2** 同一世帯で生計を共にしている母と長男の場合ですが、母は飲食店を経営しており課税所得が200万円あり国民健康保険に加入しています。長男は共済保険で小学校の講師をしており、課税所得は180万円です。この場合の世帯主は、母、長男のどちらとなるでしょうか？

**A2** 事例ではほとんど所得は変わりませんが、二人世帯でかつ母が健康で当該世帯を主宰しているものと考えられるので、世帯主は母であると解するべきです。わずかでも母の所得が大きいのでこのように考えることが可能ですが、課税所得が逆転していて長男が300万円、母が200万円というような場合は、生計を維持しているのは長男であると考えるのが妥当でしょう。この場合も、世帯の生計を維持しているのはどちらであるかを検討していくことが重要です。

**Q3** 母は年金所得者ですが、課税所得が150万円あるために、長男の被扶養者に認定されません。長男は課税所得250万円で、共済保険に加入しています。この場合の長男を納税義務者にしてもかまいませんか？

**A3** 長男の課税所得が母より大きく、負担する力があると認められることから、長男を納付義務者と認定します。ただし、母が経済的に独立して生計を維持していることが認められる場合は、母を別の世帯の世帯主として認める場合もあります。

## 6 軽減措置について

### （一） 高校生世代以下の短期被保険者証の交付

世帯主が特別な事情がなく国民健康保険税（料）を1年以上にわたり滞納して被保険者資格証明書を交付された世帯では、世帯主だけではなく、その家族も医療機関にかかったときは、一旦医療機関の窓口で医療費の全額を負担しなければなりませんでしたが、平成21年4月からは中学生以下の子どもについ

て、平成22年7月からは高校生世代以下に短期被保険者証が交付される制度ができました。

制度ができる以前は、子ども自身では保険料や医療費を負担することができないため、被保険者証がないと子どもが病気やけがをしても医療機関への受診をためらってしまうことが懸念されました。実際に被保険者資格証明書と一般の被保険者証との医療機関への受診率を比較すると73倍もの格差があるのですから、こうした実情を踏まえて、世帯の状況にかかわらず、子どもの医療の安心を守るため、6ヵ月有効の短期被保険者証を交付する制度に改正されました。

世帯主が被保険者資格証明書を交付されていても、中学生以下の子どもについては平成21年4月から、高校生世代の子どもについては平成22年7月から、窓口負担は2〜3割で受診できるようになりました。

### （二）　倒産などで失業した場合の軽減措置

倒産などで職を失った失業者に対する軽減措置として、雇用保険の特定受給資格者と雇用保険の特定理由離職者については、失業時からその翌年度末までの間、前年所得の給与所得を100分の30として算定します。

雇用保険の特定受給資格者とは、倒産や解雇によって離職した者を指します。また、雇用保険の特定理由離職者とは、雇い止めなどにより離職した者を指します。

倒産などで職を失った失業者が、在職中と同程度の保険料負担で医療保険に加入することができるように、国民健康保険税（料）の負担を軽減させるものです。

▶▶▶滞納整理の事例84

（国民健康保険税（料）の軽減の適用）

**Q**　確定申告や住民税申告とは別に、国民健康保険税（料）の軽減のための簡易申告がありますが、どのような方々を対象にしているのでしょうか？

**A**　前年中の世帯の国民健康保険加入者全員の合計所得が一定基準以下の場合は、国民健康保険税（料）の平等割額と均等割額が

軽減されます。
　加入者全員が申告をしていれば自動的に軽減されるのですが、収入がない方、世帯主の申告で扶養となっている方、遺族年金あるいは障害年金受給者等は、確定申告や住民税申告の必要がなくとも、16歳以上の場合は国民健康保険税用の簡易申告をする必要があります。

## 7　特別の事情の具体的基準

　国民健康保険法第9条第3項では、「……保険料の納期限から厚生労働省令で定める期間が経過するまでの間に当該保険料を納付しない場合においては、当該保険料の滞納につき災害その他の政令で定める特別の事情があると認められる場合を除き、厚生労働省令で定めるところにより、当該世帯主に対し被保険者証の返還を求めるものとする。」と定められています。
　ここでいう「特別の事情」については、国民健康保険法施行令第1条に規定されています。

[参考]
**国民健康保険法施行令第1条：**
（法第9条第3項に規定する政令で定める特別の事情）
第1条　国民健康保険法（以下「法」という。）第9条第3項に規定する政令で定める特別の事情は、次の各号に掲げる事由により保険料（地方税法（昭和25年法律第226号）の規定による国民健康保険税を含む。次条において同じ。）を納付することができないと認められる事情とする。

一　世帯主がその財産につき災害を受け、又は盗難にかかつたこと。
二　世帯主又はその者と生計を一にする親族が病気にかかり、又は負傷したこと。
三　世帯主がその事業を廃止し、又は休止したこと。

四　世帯主がその事業につき著しい損失を受けたこと。
　五　前各号に類する事由があつたこと。

　これらの要件については、市町村が個々の事情に応じて適切に判断すべきものであり、市町村に一定の自由裁量が与えられていると解釈するべきもので、厚生労働省は国が具体的な基準を一律に定めることは適当ではないという判断をしています。
　被保険者証の返還を求める措置は、納付相談や納付指導により、市町村職員と滞納者が接触する機会を増やすためのものです。そして、個々の事情を把握しつつ、保険料の収納確保につなげていく効果を狙っています。国民健康保険制度の安定運営の確保及び被保険者間の負担の公平を図るためには、一定の基準に該当する者については、このような措置も必要であると考えます。
　国民健康保険においては、特別な事情がないのに滞納となった場合には短期被保険者証が交付され、それでも滞納が続くようであれば資格証明書が交付され、さらに滞納処分へと事務手続きは進むことになります。
　滞納の原因がなく、十分に納付できる資力があるにもかかわらず納付履行しない滞納者に対して短期被保険者証や資格証明書を活用して交渉の機会を与えたわけですから、それでも納付がなければ滞納処分を適切に進めることになります。また、短期被保険者証や資格証明書を交付する場合は、世帯所得等を参考にして、低所得の場合や高校生世代以下の加入者がいる場合には十分な配慮が必要です。

## 8　国民健康保険法第9条第3項

　短期被保険者証は保険給付を制限するものではなく、納付指導や納税交渉の機会を増やすためにあります。これに対して資格証明書は、災害その他の政令で定める特別な事情があると認められる場合を除き1年以上滞納すると、被保険者証の返還を求めて交付するものとされています（国民健康保険法第9条第3項）。
　資格証明書を交付された場合は医療機関で受診したとき保険診療費の全額

（10割）を医療機関の窓口で支払わなければならず、実質上無保険と同じ状態になってしまいます。後日、国民健康保険担当課に保険診療費の7割を請求することになりますが、請求した費用が返金されるまでには早くても2ヶ月程度はかかります。また、1年半以上滞納している場合は、滞納している国民健康保険税（料）が差し引かれることもあります。

なお、資格証明書を交付するまでに滞納者との直接的な納付交渉の機会が十分に持てたかどうかについて、注意しなければなりません。また、滞納に至った経過や国民健康保険税（料）を負担する力を把握できないままの状態は、回避していかなければなりません。

最近では、資格証明書の交付は滞納への対策としての有効性が低く、必要な医療を受けられない実態があり、受診抑制を加速させているとまで言われています。そのようなことがないように、滞納に至った経過や負担する力を把握しながら、滞納整理に資格証明書を有効に活用していかなければなりません。

## 第5節　国民健康保険料の滞納対策

### 1　短期被保険者証交付からの滞納整理

介護保険制度が導入されるまでは、国民健康保険料の滞納による被保険者証の返還・資格証明書の交付及び保険給付の支払の一時差止等は、保険者である市町村の裁量に委ねられていました。

これに対して介護保険制度の導入後は、納期限から概ね1年経過後なお滞納がある場合は被保険者証の返還・資格証明書の交付、納期限から1年半程度を経過した場合は保険給付の一時差止を行い、一時差止を行ってもなお滞納している場合は差止額で保険料額を控除する方法（相殺と同じ）が義務化されることになりました。

国民健康保険料には、軽減と減免の制度があります。

軽減は収入が一定の基準以下の世帯に対して措置される国の制度であり、減免は特別な事情があり納付が困難な場合に申請による市町村の制度です。

国民健康保険料の減免は失業や事業の休業・廃止等で収入が著しく減少し生活に困窮したとき、火災や震災等で著しい被害を受けたとき、入院等で多額の医療費を支払ったときに、申請することができます。
　他方で、国民健康保険料の支払能力があるにもかかわらず、一定期間納めなかった場合は有効期間が通常より短い（3～6ヶ月程度）「短期被保険者証」が発行されることになります。短期被保険者証を医療機関で使う場合も通常の被保険者証の負担割合で受けられますが、有効期間が短いため市町村の窓口等で交付を受ける回数が増えることになります。市町村から見れば、交付の都度、滞納者に対する納付の指導や支払能力の把握ができるので、滞納を解消する交渉機会を増やすというメリットがあります。
　このようなことから、軽減や減免を受けている場合は短期被保険者証の交付が適切であるか否かの判断を正確に行う必要があります。また、すでに短期被保険者証が交付されている場合でも、通常の被保険者証への切り替えを検討することになります。
　他方で、特別の事情がないのに納付期限から1年を経過しても滞納を続けると短期被保険者証は回収されて、代わりに被保険者資格証明書が交付されることになります。被保険者資格証明書で診療を受けると、かかった医療費の全額を窓口で支払わなければなりません。ただし、後日、市町村の国民健康保険の窓口で申請すれば、一部負担金（医療費の1～3割相当分）を除いた金額が還付されます。
　滞納が納期限から1年6ヶ月を超えると、国民健康保険の給付の全部又は一部が差し止めになり、滞納している分の保険料に充当される場合があります。
　市町村は短期被保険者証を国民健康保険料の滞納額縮減に活用することになりますが、短期被保険者証を交付している世帯で保険料を納めることが困難であると認められる場合は、通常の被保険者証への切替えを行います。
　短期被保険者証交付世帯に対して「完納させる」、又は「完納を見込むことができる納付計画を提出させる」、あるいは「納めることが困難であると認めることができる」のいずれかに見極めていく作業（滞納整理）が、全体の滞納額を圧縮させることにつながります。すなわち、通常の被保険者証世帯に切り

替える作業が重要であることがわかります。

▶▶▶滞納整理の事例85
（短期被保険者証交付中の差押え）

**Q** 滞納者Aは国民健康保険料を納付しないため、短期被保険者証を交付して納付相談及び納付指導の機会を確保しました。

その後の交渉で、Aから「月収が20万円程度しかないため、国民健康保険料滞納額30万円を月々5,000円で分納したい」旨の申出があり、負担能力が回復するまでという見地から、3ヶ月だけ分納を認めていました。

ところが、分納履行中に金融機関から預金調査の回答があり、残高300万円以上もあることが判明しました。

このような場合、分納履行中でも差押えは可能でしょうか。

**A** 短期被保険者証は、被保険者間の負担の公平と国民健康保険事業の健全な運営に資することを目的にしています。

納付交渉では国民健康保険料の負担能力が回復するまで5,000円の分納を認めていますが、300万円以上の預金を保有していたのであれば、一括での負担能力があったことは明らかであることから、差押えが妥当です。

事務運営上は5,000円の分納計画を破棄し、一括での自主納付を促して、それに応じない場合は差し押さえするという流れが適切だと思います。

預金調査の回答で生活資金程度の残高しかなく、5,000円の分納は履行できるものの増額させることが困難で完納を見込むことができないと判断される場合は、滞納処分の執行を停止して短期被保険者証から通常の被保険者証世帯に切り替えることが妥当であるといえます。

短期被保険者証の交付の対象については、「国民健康保険料を滞納する世帯であって、納付相談等の結果、継続して納付相談等を実施すれば、

滞納している国民健康保険料の全額納付が見込まれる世帯」か「保険料の一部納付があり、滞納している保険料について、納付誓約をした世帯」と要綱等で限定しておくことが重要です。

　少額の分納しかできないと認められる世帯は国民健康保険料の完納が望めないわけですから、滞納処分の執行を停止して、短期被保険者証から通常の被保険者証世帯に切り替えます。被保険者証の返還については、国民健康保険法第9条第3項及び第4項の規定に基づきます。

### ▶▶▶滞納整理の事例86

（資格証明書の交付対象）

**Q**　短期被保険者証を交付している世帯の滞納が納期から1年を経過したため資格証明書の交付を検討していますが、留意点を説明してください。

**A**　資格証明書の交付対象となる場合で、特別の事情がある場合は「特別の事情に関する届出書」の提出を滞納者に求めることになります。

　特別の事情がない、あるいは届出がない場合は「国民健康保険証の返還予告書及び弁明の機会の付与に関する通知書」を送付します。弁明書が提出されない場合や届出があっても、その内容を認めることができない場合は、「国民健康被保険者証返還請求通知書」を送付します。

　「国民健康被保険者証返還請求通知書」を送付しても滞納者が返還に応じない場合は、10万円以下の過料が科せられます。

### ▶▶▶滞納整理の事例87

（資格証明書の交付後の滞納整理）

**Q**　資格証明書を交付している世帯において納期から1年6ヶ月を経過したため、保険給付の一時差止を検討していますが、留

意点を説明してください。

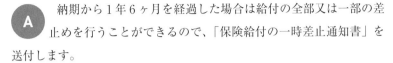　納期から1年6ヶ月を経過した場合は給付の全部又は一部の差止めを行うことができるので、「保険給付の一時差止通知書」を送付します。

　保険給付の全部又は一部の支払の差止めは、国民健康保険法第63条の2第1項の規定によるものです。差止後も国民健康保険料が納付されない場合は、一時差止給付額で滞納額を相殺することが可能です。この場合は「一時差止給付額からの滞納保険料控除通知書」を送付することになります。

　短期被保険者証や資格証明書の運用は、要綱等できちんと整理しておくことが重要です。

## 2　国民健康保険料と国民健康保険税

　国民健康保険は、保険料（税）が主たる財源です。国庫負担金及び保険基盤安定制度など法律に基づく負担を除く国民健康保険の財源は、保険料（税）で賄うことになります。

　国民健康保険事業に要する費用は、国庫負担金、国庫補助金、調整交付金等公費で賄われる部分を除いて保険料で賄われることが原則です。したがって保険者は、その財源に充てるために保険料を徴収しなければなりません。保険者が市町村の場合は区域内の世帯主が、国民健康保険組合の場合は組合員が保険料の義務を負うことになります。

　ただし、保険者が市町村の場合は、保険料に代えて目的税である国民健康保険税を課することができます。保険料として徴収するか国民健康保険税として徴収するかは、市町村が選択することができます。

［参考］
国民健康保険法第76条：
（保険料）

第76条　保険者は、国民健康保険事業に要する費用（前期高齢者納付金等及び後期高齢者支援金等並びに介護納付金の納付に要する費用を含み、健康保険法第179条に規定する組合にあつては、同法の規定による日雇拠出金の納付に要する費用を含む。）に充てるため、世帯主又は組合員から保険料を徴収しなければならない。ただし、地方税法の規定により国民健康保険税を課するときは、この限りでない。

2　前項の規定による保険料のうち、介護納付金の納付に要する費用に充てるための保険料は、介護保険法第9条第2号に規定する被保険者である被保険者について賦課するものとする。

### ▶▶▶滞納整理の事例88

（国民健康保険料と国民健康保険税との相違点について）

**Q** 　国民健康保険の財源という同じ目的のために、2種類の徴収金として、国民健康保険料と国民健康保険税がありますが、その相違点について説明してください。

**A** 　〔保険料〕の徴収根拠は国民健康保険法第76条の規定で保険料を徴収するものとされており、地方自治法及びこれらに基づく条例によります。

　〔保険税〕の徴収根拠は地方税法及びこれに基づく条例です。税の方が義務観念が向上して徴収が容易であるという、税金に対する納税義務者の心理的部分を取り入れたものです。

　また、市町村にのみ保険料か保険税かの選択が委ねられており、国民健康保険組合は保険税を選択することはできず、保険料となります。

　〔保険料〕の徴収手続きは、地方自治法、同法施行令及びこれに基づく条例によります。〔保険税〕は地方税法第706条から第730条までの規定により、一般の税と同様に徴収手続きが可能です。

　平成30年度の賦課限度額は、両者とも基礎賦課額58万円、後期高齢者支援金等賦課額19万円、介護納付金賦課額16万円と最高限度額の基

準が設けられており、合計額は93万円となります。根拠となる法令は、〔保険料〕は国民健康保険法施行令第29条の7第2項第10号、第3項第9号及び第4項第9号の規定です。〔保険税〕は地方税法第703条の4第12項及び第21項、第30項の規定によって定められています。

　賦課権の期間制限は、〔保険料〕が国民健康保険法第110条の規定で2年、〔保険税〕が地方税法第17条の5の規定で3年と定められています。一方、徴収権及び還付請求権の消滅時効は〔保険料〕が国民健康保険法第110条第1項の規定で2年、〔保険税〕は地方税法第18条及び第18条の3の規定で5年と定められています。

　徴収権の優先順位については、〔保険料〕は地方自治法第231条の3第3項の規定で国税及び地方税に次ぐことになりますが、〔保険税〕は地方税法第14条の規定で原則として国税、地方税と同順位であり、他のすべての債権又は公課に優先します。

　不服の申立てについては、〔保険料〕は都道府県国民健康保険審査会に審査請求することになります。これは国民健康保険法第91条、行政不服審査法第1条第2項に基づきます。

　〔保険税〕は直接の処分庁である市町村長に異議を申し立てます。こちらは地方税法第19条、行政不服審査法第3条第2項に基づきます。

▶▶▶滞納整理の事例89
（国民健康保険料の滞納処分の根拠について）

**Q**　国民健康保険料の滞納処分は地方税の滞納処分の例によりできるとされていますが、根拠となる法令等について説明してください。

**A**　国民健康保険税で取り扱う市町村は地方税に基づくことになりますが、「料」で取り扱う場合は次のようになります。

　国民健康保険法第79条の2（滞納処分）において、市町村が徴収する保険料は地方自治法第231条の3第3項に規定する法律で定める歳入

とするとなっています。

　そして、地方自治法第231条の3第3項で地方税の滞納処分の例により処分することができると規定されていることから、国民健康保険料の滞納処分は地方税の滞納処分の例によりできることになります。

　地方税の滞納処分の例により処分することができるとは、地方税の滞納処分と同一の手続きによって処分できることを意味し、滞納処分に関する限りは地方税法及び地方税法施行令の規定が包括的に適用されます。したがって、地方税法及び同法において準用している国税徴収法等を含めて、地方税の滞納処分に関する手続規定が全て適用されることになります。

## 3　課税主体と納税義務者

　地方税法第703条の4の規定から、国民健康保険税の課税主体は市町村であることがわかります。国民健康保険組合には課税権がないので、国民健康保険税を課することはできません。

　国民健康保険税の納税義務者は被保険者が属する世帯の世帯主です。地方税法の市町村民税が個人課税主義の原則によっているのとは異なり、世帯課税主義をとっています。

　地方税法第3条と第5条の規定を見てみましょう。

[参考]
**地方税法第3条・第5条：**
（地方税の賦課徴収に関する規定の形式）
第3条　地方団体は、その地方税の税目、課税客体、課税標準、税率その他賦課徴収について定をするには、当該地方団体の条例によらなければならない。
2　地方団体の長は、前項の条例の実施のための手続その他その施行について必要な事項を規則で定めることができる。

> （市町村が課することができる税目）
> 第5条　市町村税は、普通税及び目的税とする。
> 2～5　略
> 6　市町村は、前2項に規定するものを除くほか、目的税として、次に掲げるものを課することができる。
> 一　都市計画税
> 二　水利地益税
> 三　共同施設税
> 四　宅地開発税
> 五　国民健康保険税

　地方税法第3条には、地方税の賦課徴収に関する定めをする場合は、条例によらなければならない旨が規定されています。また、条例の実施手続等については規則で定めることができるものとされています。

　地方税法第5条では、国民健康保険税は目的税であり、課するかどうかの判断は市町村に委ねられています。

　国民健康保険の負担は本来、医療保険の保険料としての性格を持つものですが、徴収上の便宜として、市町村の選択によって保険税の形式を採ることが認められています。また、保険給付との相対的な対価関係を基本としつつ、被用者以外の国民に対する医療制度を確保する制度であって、医療保障体系の中核の1つをなす医療保険制度として、極めて重要な地域保険であるといえます。

　国民健康保険税は目的税であることから、国民健康保険事業に要する費用にのみ使用できるのであって、余剰金が生じた場合でも他の一般経費に使用することはできません。

　課税額は、基礎課税額、後期高齢者支援金等課税額及び介護納付金課税額の合算額であり、それぞれの内訳は市町村の選択によって「所得割」、「資産割」、「被保険者均等割」、「世帯別平等割」の4つで構成されます。

▶▶▶滞納整理の事例90

（課税主体と世帯主について）

**Q** 国民健康保険税は保険者である市町村が当該年度において必要とされる国民健康保険事業に要する費用に充てるため、被保険者から税を徴収しますが、課税主体について説明してください。

**A** 法第703条の4で「国民健康保険を行う市町村（一部事務組合又は広域連合を設けて国民健康保険を行う場合においては、当該一部事務組合又は広域連合に加入している市町村）は、国民健康保険に要する費用（高齢者の医療の確保に関する法律の規定による前期高齢者納付金等及び同法の規定による後期高齢支援金等並びに介護保険法の規定による納付金の納付に要する費用を含むものとし、国民健康保険を行う一部事務組合又は広域連合に加入している市町村にあっては、当該一部事務組合又は広域連合の国民健康保険に要する費用の分賦金とする。）に充てるため、国民健康保険の被保険者である世帯主に対し、国民健康保険税を課することができる」とありますから、課税主体は市町村であり、納税義務者は国民健康保険に加入する被保険者の属する世帯の世帯主となります。

## 4　国民健康保険事業の安定的な運営

　国民健康保険事業の安定的な運営を続けるためには、最も基幹的な財源である国民健康保険税（料）を適正に賦課し、収納することによって、国民健康保険財政の健全化を図ることが重要です。

　加入者の高齢化、無職または低所得者の増加、若年層世帯の滞納の増加等によって、国民健康保険制度の構造的な基盤が弱まり、国民健康保険財政の悪化を招いているといえます。

　収納率の向上を基本方針に掲げる場合は、現年度分の徴収に重点を置くことになります。また、新規滞納への早期着手、滞納繰越させない効率性と迅速な

滞納整理が求められます。ここでは、新たな滞納整理の取組みを検討しながら、国民健康保険税（料）の収納率向上策を考えていきたいと思います。

（1）　短期被保険者証の活用

短期被保険者証については、3ヶ月、6ヶ月などの有効期間が短い被保険者証を発行して、保険証の更新回数を増やすと同時に窓口での交付を原則とすることで面談できる回数を増やす、すなわち、滞納の納付相談の機会を増やして、納付指導を徹底する狙いがあります。

（2）　被保険者資格証明書の活用

被保険者資格証明書については、医療機関の窓口において、一旦医療費の全額を被保険者に負担させてから、その後に窓口で7割分の返還請求を行わせるものです。長期にわたり納付しない滞納者に対して、国民健康保険制度は相互扶助によって成り立っていることを理解させ、同時に負担の公平性の確保を狙っています。

（3）　夜間電話催告やポスティングなど

夜間電話催告は日中に連絡の取れない滞納者に納付交渉の機会を増やすものであり、ポスティングは滞納が始まって日が浅くとも、累積化を未然に防止させる目的で実施しています。

（4）　口座振替の促進

口座振替の促進は、納期内納付を促進するだけではなく、納付者の利便性を図ることも目標にしています。広報誌やホームページで積極的にＰＲを行うことによって、口座振替率を向上させます。

（5）　累積滞納者への滞納処分による差押え

累積滞納者への滞納処分による差押えは、再三の催告や納付指導にもかかわらず、滞納の原因もないのに納付意思を示さない滞納者に対して、預貯金等の差押えを執行しながら、自主納付の原則の指導を徹底していくことになります。

(1)～(5)については、これまでもほとんどの市町村で取り組んできたものと思います。これに対して、以下の(6)～(13)については、今後の取り組みとして考えられるものです。

### (6) 早期の財産調査と現年度分の差押え

早期の財産調査と現年度分の差押えは、滞納の発生から時間を経過していなくとも、特別な事情がないと判断できる場合は、短期被保険者証、被保険者資格証明書を交付する事務を省き、滞納処分による差押えを執行するという強い姿勢で滞納整理を進めるものです。

### (7) 預貯金に加えて、生命保険や動産の差押え

生命保険の差押えについては、国民健康保険料を納付せずに民間の保険契約を結んでいる場合なので、積極的に満期返戻金や配当金の差押えに取り組むことにします。

### (8) 換価の猶予の規定に基づく分納の徹底

分割納付を認める場合は、換価の猶予の規定に基づき、やむを得ない場合でも2年以内で完納に導く誓約を取ります。現年度分については、口座振替を推進していきます。

### (9) 滞納処分の停止の促進

差押えをする財産がなく、失業や病気などで担税力が失われている事案については、積極的に滞納処分の執行を停止します。

### (10) コールセンターの設置

コールセンターを設置して、督促状や催告書に対する電話での納付相談や、定型的な問合せについては一元化を目指します。また、電話による催告も行います。

### (11) コンビニエンスストアでの収納

費用対効果を十分に考慮しながら、コンビニ収納を促進して納付手段の多様化と納付者の利便性、特に若年層世帯の滞納を減少させます。

### (12) 徴収嘱託の活用

徴収嘱託を活用して、より積極的に滞納者へアプローチをかけ、滞納の原因や担税する力を把握しながら納付の指導や口座振替の勧奨を行うことにします。

### (13) 窓口の嘱託化

窓口では定型的な業務が8割以上を占め、正職員でなくとも可能な業務であることから、嘱託化することが可能です。そして、正職員を、より高度な滞納整理事務にシフトさせることが可能になります。

# 第6章 差押えの法的技術

## 第1節 差押財産の選択

### 1 差押えの対象となる財産

　差押えの対象となる財産は、差押えをするときに滞納者に帰属しているものでなければなりません。さらに、地方税法施行地内（国内ということになる）にあるものでなければならず、これらの条件の中で、差押禁止財産を除いて、金銭的に価値を有し譲渡又は取立てができるものが、その対象となります。

　差押財産の選択は徴税吏員の裁量に委ねられますが、国税徴収法第47条関係17で、次にあげる4つの事項に十分に留意して選択を行うようにと通達されています。また、差押えをする財産について滞納者の申出がある場合は、諸般の事情を十分に考慮して、滞納処分の執行に支障がない限り、その申出に係る財産を差し押さえることになります。

① 第三者の権利を害することが少ない財産であること
② 滞納者の生活の維持又は事業の継続に与える支障が少ない財産であること
③ 換価が容易な財産であること
④ 保管又は引揚げに便利な財産であること

> ［参考］
> **国税徴収法第47条関係17：**
> 財産の選択
> 17　差し押さえる財産の選択は、徴収職員の裁量によるが、次に掲げる事項に十分留意して行うものとする。この場合において、差し押さえ

るべき財産について滞納者の申出があるときは、諸般の事情を十分考慮の上、滞納処分の執行に支障がない限り、その申出に係る財産を差し押さえるものとする。
(1) 第三者の権利を害することが少ない財産であること（国税徴収法第49条関係参照）。
(2) 滞納者の生活の維持又は事業の継続に与える支障が少ない財産であること。
(3) 換価が容易な財産であること。
(4) 保管又は引揚げに便利な財産であること。

差押えの対象としてどのような財産を選択するかについて法令の定めはなく、徴税吏員に委ねられていますが、第三者の権利を尊重し、滞納者の生活の維持又は事業の継続に対する配慮をした上で、徴収上の便宜を考慮して行うことになります。

最初に、給与の差押えについて考えてみましょう。

## 2　債権の差押え

### （一）　債権とは

換価手続きが容易であることから、地方自治体の徴収機関では、債権の差押えが主流になっています。

債権とは、金銭または換価に適する財産の給付を求める権利であり、分類すると次のようになります。

（ア）　支払請求権　　家賃、売買代金、給与、報酬等
（イ）　返還請求権　　敷金、権利金、保証金等
（ウ）　払戻請求権　　預金、貯金、積立金、掛金等
（エ）　その他　　損害賠償金、還付金等

### （二）　二重差押えの事例

## ▶▶▶滞納整理の事例91

（給与の二重差押えについて）

**Q** 給与の差押えを執行して、毎月取立てを継続している事案があります。

毎月5万円の差押金を取り立ててきましたが、差押中に生じた新たな滞納分を差し押さえる場合は二重差押えになるのでしょうか？　また、「滞納額に充つるまで」と記載して差押えをしていたことから、最終月は差押可能額5万円に対して1万円で1回目の差押えは完納となります。2回目（二重差押分）の効力は当月から生じるのでしょうか、あるいは翌月からになるのでしょうか？

**A** 債権の差押中にその差押えに係らない新たな滞納が発生した場合には、自身の差押えに対して二重差押えを行うことになります。

事例では給与の差押えを「滞納額に充つるまで」で執行していることから、二重差押えの効力は、差押可能額から1万円を減算した当月の4万円から発生します。

例えば差押財産が給与でなく賃料の5万円だった場合は、債権の全額の差押えの規定によって、1回目の差押えは滞納額1万円であっても5万円に効力が発生しますので、残余金として生ずる4万円について、2回目の差押え（二重差押分）は1回目に対して交付要求することになります。

次の事例で、もう少し掘り下げてみましょう。

## ▶▶▶滞納整理の事例92

（二重差押えの留意点について）

**Q** 滞納者は、所有している土地を運送会社の駐車場として貸しています。この地代の支払請求権について第三債務者の運送会社に対して調査したところ、すでに国税の差押えが執行されていました。

当町はこの債権に対して二重差押えを執行しようと考えていますが、留意点について説明してください。

**A** 国税徴収法基本通達第62条関係7の規定で二重差押えを行う場合においては、併せて先順位の差押えに係る行政機関等に対して交付要求をするものとされています。

二重差押えだけでは交付要求の効力は生じませんので、事例では先順位の差押えに係る行政機関である国税に対しての交付要求書に二重差押えをしたことを付記して通知することになります。

交付要求の意義があるのは、国税の滞納額に毎月の地代を配当していった場合に完納となる月に必ず残余金が生ずるからです。交付要求していれば、この残余金を配当として得られることになります。また、国税が完納した時点で二重差押えをしていた町の配当順位が一位となり、取立てする権利が生じます。

二重差押中（交付要求中）または取立権の行使中に新たな滞納が生じた場合は、さらに二重差押えを執行して債権確保に努めることになります。

[参考]
**国税徴収法基本通達第62条関係7：**
差押えがされている債権
（滞納処分による差押えがされている債権）
7　滞納処分による差押えがされている債権（金銭の支払を目的とするものに限る。以下7において同じ。）に対する滞納処分による差押え（以下7において「二重差押え」という。）については、次に掲げるところによる。
(1)　既にされている差押え（以下7において「先順位の差押え」という。）が債権の全部又は一部についてされているかどうかを問わず、原則として、債権の全部について二重差押えを行うものとする（昭

和33.10.10最高判、昭和32.7.2福岡地決参照)。
(2) 先順位の差押えがある間は、二重差押えに基づいて換価（取立てを含む。）をすることができない。

なお、第三債務者が先順位の差押えに係る行政機関等に対して全額履行したときは、二重差押えは効力を失う。
(3) 二重差押えを行う場合においては、法の規定による債権の差押えの手続きによるほか、二重差押えを行った旨を先順位の差押え（その差押えが2以上あるときは、原則としてその全部。以下7において同じ。）に係る行政機関等に対して通知するものとする。この二重差押えを行った旨の通知は、(4)の交付要求書に付記することにより行う。
(4) 二重差押えを行う場合においては、併せて先順位の差押えに係る行政機関等に対して交付要求をするものとする。
(5) 先順位の差押えがある間に、二重差押えを解除したときは、その旨を先順位の差押えに係る行政機関等に対して通知するものとする。この二重差押えの解除の通知は、交付要求解除通知書に付記することにより行う。

▶▶▶滞納整理の事例93
（二重差押えの効果について）

Q 滞納しているホテル業者が資金繰りを悪化させて事業継続を断念し、弁護士に依頼して会社を整理するという情報が入りました。

国税はこのホテルの取引先である旅行会社を第三債務者とする売掛金200万円を差し押さえましたが、残余金が生ずることから当町に二重差押えと交付要求をするように連絡がきました。

国税の滞納額は100万円であり、当町の滞納額の30万円を加えても交付要求だけで十分に完納が期待できることから、二重差押えはせず

とも交付要求だけすればよいのではないでしょうか？

 事例では、交付要求書に二重差押えをしたことを付記して、交付要求だけではなく二重差押えを執行しなくてはいけません。

　このホテルは倒産すると考えられることから、この後、破産を申し立てる場合が想定されます。破産宣告が出された場合、交付要求だけでは優先することができず、配当金を得られなくなります。

　破産宣告が出る前に二重差押えをしておけば、破産法に優先することになるので、確実に徴収するためには二重差押えをするのが原則です。

　なお、二重差押えは先行する差押えの換価手続きを阻害しない程度において財産を保全しているにすぎませんから、先行する差押えが解除されなければ換価はできないことに留意してください。

## （三）　全額の差押えと一部の差押えについて

　国税徴収法第 63 条で「徴収職員は、債権を差し押えるときは、その全額を差し押えなければならない」と差し押える債権の範囲が規定されていますが、この第 63 条には「ただし書」の部分があってその存在が忘れられがちになります。

　「ただし、その金額を差し押える必要がないと認めるときは、その一部を差し押えることができる」このように規定されています。

　この一部の差押えについては、国税徴収法基本通達第 63 条 2 に規定されています。

[参考]
**国税徴収法基本通達第 63 条関係 2：**
差し押さえる債権の範囲
（一部の差押え）
2　法第 63 条ただし書の「その全額を差し押える必要がないと認めるとき」とは、次に掲げる要件を満たすときをいうものとする。
(1)　第三債務者の資力が十分で、履行が確実と認められること。

(2) 弁済期日が明確であること。
(3) 差し押さえる債権が、国税に優先する質権等の目的となっておらず、また、その支払につき抗弁事由がないこと。

[参考]
山口地判昭和 46 年 2 月 1 日（訴務 17 巻 5 号 793 頁）
　国税徴収法第 63 条は、債権差押については同法第 48 条第 1 項の原則に対する特則として、滞納国税の額にかかわらず全額差押を原則とし、徴収職員が全部差押の必要がないと認めるときには一部差押をすることができる旨を規定しているが、これは債権の実質的な価値が第三債務者の支払能力、第三債務者の滞納者に対する反対債権その他抗弁権、その他種々の事情に左右されるものであるため、名目上の債権額からこれを把握することが困難であり、どれ程の債権額を差押えれば国税徴収に支障がないかを予め知り難いという債権特有の事情から全額差押によっても国税徴収に支障がなく、全額差押の必要がないと認めた場合には、一部差押をすることができることを定めたものであるから、差押えるべき債権の範囲を一部とするか否かの認定は徴収職員の自由裁量に委ねられているというべきであり、その裁量権の範囲内の行為である限り、全額差押をしたからといって違法とすることはできない。

　実務では、一部差押えは預貯金の差押えの場合に完納に充つるまでとして利用しています。また、全額差押えの原則があるため、滞納金額を超える債権全額を差し押さえても、超過差押えの問題は生じません。
　私の職場では、給与の差押えは、第三債務者（勤務先）との交渉も差押後の滞納者との納付交渉も、新規採用職員に担当させますが、面白い事例があったのでご紹介します。

▶▶▶ 滞納整理の事例94

　滞納者には妻と子供3人がおり、給与の支給額は35万円で、差押金額は56,000円（＝（35万円－10万円－4.5万円×4人）×0.8）でした。
　滞納者は大工の親方から報酬をもらっていましたが、差押後も何ら反応がありませんでした。粛々と滞納処分を継続して毎月取り立てていたところ、給与支給額がいきなり20万円増えていました。
　その結果、差押可能額が増えて、差押金額は216,000円となりました。そこで初めて大工の妻からの聴取で、滞納者が妻と子供3人との生活費が足りず親方に相談したところ、親方から給与支給額を増やすように言われたが、親方はまさか差押金額も増えるとは理解していなかったため、今後10万程度の分納にしてほしい旨の内容でした。
　担当者は、「差押中に新しく生じた滞納分と今後の分納期間中に発生が予定される金額も含めて、15万円の4回の分納であるならば差押えを解除します」と回答したそうです。
　また、給料日に親方の妻が納付書で納めてくれる約束をしました。

　この事例は笑話になりましたが、確実に完納に導くことができる事例であり、研修に使えそうです。
　差押えの解除の要件は、徴収上有利となります。差押金額よりも分納額は減少しますが、差押えしていない滞納分と納期未到来分も含めて年度内に全て完納できることから、換価の猶予が成立します。第三債務者の協力を得ることも、滞納整理の進捗には欠かせないことだと改めて強く思いました。

## 3　給与の差押え

（一）　差押財産を選択する場合の留意点

　地方税法では、換価の猶予の要件について、「その財産の換価を直ちにすることによりその事業の継続又はその生活の維持を困難にするおそれがあるとき」と規定されています。

他方で、滞納処分の停止の要件では、「滞納処分をすることによってその生活を著しく窮迫させるおそれがあるとき」と規定されています。
　そして、差押財産を選択する場合の留意点として、「滞納者の生活の維持又は事業の継続に与える支障が少ない財産」が掲げられています。
　差押財産として給与を選択する場合は、滞納者との納税交渉や財産調査が行われず、滞納の原因や担税力が把握できていない段階では、滞納者の生活の維持に与える支障が少ない財産であるとは、必ずしも言い切れません。
　また、給与には差押禁止の範囲があることからも、滞納初期の段階や、滞納者との交渉や情報がない場合に選択する差押財産ではないというのが、私の意見です。
　それでは、どのような滞納者に対して給与の差押えを執行すべきか、考えてみましょう。
　地方公共団体の差押えで件数的に大半を占めるのは、不動産と預貯金の差押えです。債権差押えの中心が預貯金であることは、全国の自治体で共通だと思われます。
　不動産や預貯金の差押えの場合と給与の差押えの場合について、滞納者の生活の維持に対する支障の大きさを比較検証してみましょう。この比較検証は個々の事案にではなく、滞納者全体に行います。
　不動産差押えの場合は登記上の差押えであって、抵当権等の権利者に差押えが通知されますが、直ちに換価手続きに入るわけではないので、急激に生活を圧迫させる危険性は少ないといえます。この点は、登録上の差押えである自動車の場合も同様です。
　預貯金の場合は金銭の差押えですから、預貯金の残高によっては、その後の生活に支障をきたす可能性が出てくる場合もあります。給与の場合は差押禁止額で保護される部分がありますが、それでも生活に支障をきたす可能性がないとは言いきれません。
　また、債権の差押えの第三債務者について考察すると、預貯金の場合は金融機関、給与の場合は勤務先です。
　ちなみに売掛金、工事代金などの債権の場合は取引先となります。得意先等

に滞納している事実が発覚すると、その後の取引に影響を与える可能性があります。ということは、滞納者に納税に対する誠実な意思が明らかに欠如している場合や倒産等の緊急を要する場合以外は、得意先の差押えは避けるべきだというのが、私の意見です。

倒産等の緊急を要する以外は、例えば複数の取引先の中から事業の継続にできるだけ支障のない取引先を選択して差押えするなどの配慮が必要であると考えます。すなわち、債権の差押えは段階を踏むべきものです。預金を差し押さえたが、その後も滞納者には納税に対する誠意ある姿勢が見られなかった場合に、一般的な売掛金の差押えを執行して、それでも反応が好ましくなければ、得意先の売掛金を差し押さえるという具合に、差押財産を選択していくべきであるといえます。

(二)　固定資産税を滞納している事案の給与差押え

給与の差押えは、滞納者の生活に支障をきたす可能性がないとは言いきれないこと、勤務先に滞納が発覚すると滞納者に精神的負担を与える可能性が高いことから、次のような段階を踏むことが適切であると考えられます。

　　不動産の差押え　→　預金の差押え　→　給与の差押え

手間は掛かりますが、国税徴収法の通達等によって徴税吏員が差押時に考慮しなければならない事項を十分に配慮しながら、滞納者の滞納の原因等を総合的に判断していくことが大切です。

さらに、給与所得者であって勤務先で給与支払報告書を提出しているにもかかわらず、普通徴収による課税がなされている滞納者については、給与の差押以前に勤務先を指導して、特別徴収による納税を指導することが必要になります。

このようなことから、固定資産税を滞納している給与所得者で住民税が特別徴収になっている者に対する給与の差押えが、効率的、合理的な差押選択財産であると言えます。

手続きの流れとしては、最初に不動産を差し押さえ、次に預貯金、それでも納税に対して誠実な意思がなければ給与という流れが、最善の方法であると言えます。

我々徴税吏員の一番の目標は、滞納者が税金を後回しにせずに、納期内に納税するようになることにありますから、納税を指導していくという見地からは、少々の手間隙は徴収の効率性の問題とは距離を置いて取り扱うべきであると考えます。

ただし、一度完納となって二度目の滞納の場合は、滞納者から納税についての相談が何もなければ、給与の差押えから開始しても問題ありません。「不動産の差押え→預金の差押え→給与の差押え」という流れは、初めての滞納の場合の着手方法であることに留意してください。

現年度の滞納については、固定資産税の第二期の納期限（7月末）から20日以内に督促状を発し、督促状の納期限は8月末から9月上旬であることから、9月末までには差押決定書等を送付して、不動産の差押えに着手し、その後も滞納者に誠実な意思が見られなければ、預貯金調査を開始して差し押さえ、そして、給与照会、給与の差押えと移行していきます。

この間に次々と、滞納者は納税交渉の場に姿を現すようになります。一度に完納が難しい場合は、換価の猶予の分納によって履行を管理していくことになります。必要があれば、差押えを解除することができます。

滞納者の住民税の納税方法が普通徴収である場合は、「不動産の差押え→預金の差押え」までは同じですが、給与照会時に勤務先又は給与支払者に直接臨場して、特別徴収への変更を指導しながら、滞納者に対しても同時に納税指導をしていくようにします。

「不動産の差押え→預貯金調査→預金の差押え→給与照会→給与の差押え」というのが正確な流れと言えるでしょう。預貯金調査と給与照会で差押えが可能であると判断された場合は、滞納者に対して新たに差押決定書等を送付することが望ましいでしょう。差押前に納税に対する誠実な意思を回復してくれるのが、一番好ましいことです。

自宅を購入してすぐに滞納というように、不動産を所有して直ちに滞納する

ような事案は例外的であり、件数的には少ないものです。ほとんどの場合は一定程度滞納のなかった期間が存在していたはずです。これまで納税されていたのに滞納になったということは、何らかの滞納となる原因が滞納者に生じたものと考えられます。このように性善説で滞納整理を進めた方が、差押財産の選択を適切に行うことができ、滞納処分が効果的に進み、滞納の二次的な発生を抑えることにつながります。

### (三) 不動産を所有しない事案の給与差押え

個人の滞納者の場合は、基本的には、①固定資産税を滞納する場合、②住民税の普通徴収分を滞納する場合、③固定資産税と住民税の普通徴収分の両方を滞納する場合の３つのタイプしかありません。

償却資産税の滞納や軽自動車税の滞納という事例もありますが、件数的に少ないか、滞納額が少額となっているかのいずれかです。

ここでは、固定資産税を所有しないで住民税の普通徴収だけを滞納する事案の給与差押えについて考えてみます。

現年度課税分が特別徴収になっていれば、転職や再就職などで特別徴収を行っているある程度の規模を有する安定した勤務先で働き始めた場合が多いものです。滞納者が就職して間もない時期に、いきなり給与照会をすると、滞納者が勤務先からの信用をなくすことにもなりかねません。したがって、預貯金の差押えによって滞納処分を開始する方法が適切であると考えられます。

現年度も普通徴収の場合は、不動産を所有しているときと同様に、勤務先の特別徴収への指導を併せて行うことが大切です。

地方税法第321条の４第１項の特別徴収義務者の指定等において、「特別徴収の方法によって個人の市町村民税を徴収しようとする場合においては、当該年度の初日において同条の納税義務者に対して給与の支払をする者（他の市町村内において給与の支払をする者を含む。）のうち所得税法第183条〈源泉徴収義務〉の規定によって給与の支払をする際所得税を徴収して納付する義務がある者を当該市町村の条例によって特別徴収義務者として指定し、これに徴収させなければならない」と規定されていることから、勤務先に対するこのような指導は当然のことと言えます。課税課、納税課と担当が分かれているのであ

れば、課税課職員が積極的に取り組まなければならない業務であると言えます。

▶▶▶滞納整理の事例95

**Q** 財産調査における給与の照会と給与の差押禁止額について、説明してください。

**A** 給与支払報告書等で滞納者の勤務先を把握して勤務先へ給与を照会する場合は、過去3ヶ月分の給与支払額、所得税、住民税、社会保険料、扶養家族数、給与の支払方法、給与の支給日、口座振込の場合の銀行名と本・支店、口座番号などを調べます。住民登録外の課税の場合は、勤務先で住民登録地や本籍地を把握している場合もあります。

給与の差押禁止額については国税徴収法第76条第1項に規定されており、第1号で所得税の金額、第2号で住民税の金額、第3号で社会保険料、第4号で最低生活費相当額、第5号で対面維持費が禁止金額とされています。

最低生活費相当額は、本人については10万円、生計を一にする配偶者その他扶養親族については1人につき4万5,000円となります。例えば、滞納者本人と妻、子供2人の場合は、10万円＋4万5,000円×3＝23万5,000円が差押禁止額となります。

対面維持費とは、収入に相応する地位または対面の維持に必要不可欠な費用を付加的に保障する趣旨で規定されたものです。総支給額から第1号から第4号までを控除した金額の2割相当分と規定されています。ただし、2割相当分が最低生活費相当額の2倍を超える場合は、その2倍までと制限されています。

## 4　家賃や売掛金等の差押え

▶▶▶滞納整理の事例96

**Q** アパート経営を営むＡは、建設費用を借りたＢ信用金庫のローンの支払いを重視して、固定資産税は滞納するという典型的な

税金後回しの状態でした。当該不動産を差し押さえましたが、一度来庁したただけで、納税計画の約束も履行されません。

このような場合に、どのように滞納整理を進捗させていけばよいでしょうか。

**A** まずは預貯金調査から開始しますが、返済口座には反対債権が存在して相殺の対象となることから、差押えには適しません。融資を受けていない郵便貯金や他の金融機関の口座を探すことになります。

差押可能な預貯金を発見した場合は、速やかに差押えを執行して、それでも誠実な意思が見られない場合は、家賃の差押えを執行します。金融機関の抵当権の設定日の方が滞納税の法定納期限等より早い場合は、家賃債権に対して差押えが執行されたとき、金融機関は物上代位を主張することができます。家賃債権は金融機関の融資回収の源であることから、物上代位が認められないと、抵当権者としての権利に支障が生ずるからです。

しかし、物上代位されるまでは家賃の差押えは有効ですから、臆せずに積極的に行うべきであると考えます。ここまで滞納整理が進んだ段階になると、滞納者は金融機関からの指導も受けて（一括弁済などを要求される場合もある）、税金滞納を解決せざるを得ない状態になります。

不動産を差し押さえると滞納案件が長期化すると考えている方がいますが、それは勘違いです。不動産を差し押さえてから2、3ヶ月経過しても完納に近づく気配がない場合は、預貯金の差押え、家賃の差押えと積極的に切れ目なく滞納処分を執行していくことで、滞納者との納税交渉の場は必ず生まれるものです。我々の任務は、最終的に滞納者を完納に導き、納期内納付を指導していくことにあるということを、常に忘れてはなりません。

売掛金を差押えする場合も同様であって、複数の売掛金がある場合は、滞納者の事業の継続に与える支障が少ない売掛金から差押えをすることになります。また、給与、家賃、売掛金などは、差押えから第三債務者

の履行期限までに一定の時間がありますから、この間に滞納者と納税交渉を行い、滞納者に納税に対する誠実な意思が認められた場合は、差押えを解除することができます。

　月末に支給される給与を差し押さえる場合は、給与支払日が過ぎてすぐに翌月の給与を差押執行するような方法をとることによって、滞納者に解除できる時間を十分に与えることが重要です。このように配慮することは、性善説的な滞納整理であると言えます。

## 5　滞納者の申出がある場合

　差押えをした財産が第三者の権利に影響を与える場合や、滞納者の生活の維持又は事業の継続に支障がある場合などに、滞納者から他の財産を差し出す申出があった場合は、滞納処分の執行に支障がない限り、その申出に係る財産を差し押さえることが適当です。

　例えば滞納者が所有するアパートの底地と建物を差し押さえていた場合に、滞納者が金融機関からローンの一括返済を迫られたたため、代わりに自宅の土地と建物を差し出すことを申し出た場合、滞納処分上に問題がなければ、差押換えをすることが適切です。

　動産等の差押えにおいて、差し押さえようとした動産が滞納者にとって記念の品であるため、滞納者から他の動産を差し出す申出があった場合も、他の動産に差押換えすることが適切な判断であるといえます。

▶▶▶滞納整理の事例97

**Q**　Cが住民税普通徴収を15万円滞納している事案において、差押財産を選択するにあたって徴税吏員間で次のように意見が分かれました。

　（1）　普通預金6万円を差押えする。
　（2）　工事代金25万円を差押えする。
　どちらが適切な差押財産でしょうか？

**A** 　工事代金の第三債務者が滞納者の得意先である場合は、滞納処分は滞納者の事業の継続に支障をきたす可能性が極めて高いことから、最初に(1)の普通預金の差押えを執行すべきであると考えます。

　ただし、工事代金が他にもあって、(2)の25万円の工事代金を差し押さえても滞納者の事業継続に支障がないと判断できる場合は、工事代金の差押えを執行すべきです。

　債権の取立てが実行される前に、滞納者から別の債権等への差押換えの申出があった場合は、徴収上の不利益がなければ、滞納者の申出に係る債権に差押換えするのが適切です。

　どちらの債権を差し押さえるかについては、あくまでも徴税吏員の裁量に委ねられています。だからこそ、慎重に取り扱う必要があるのです。

　事例の場合で、滞納者Cが過去にも滞納の履歴があり、初めての滞納ではない場合は、工事代金25万円を差し押さえて15万円の滞納を一回で完納させるべきであると考えられます。これに対して、初めての滞納である場合は、最初に普通預金6万円を差し押さえることが適当であると考えられます。いずれにしても、差押財産の選択については、滞納者の状況を総合的に判断して、細心の注意を払いながら行うことが重要です。

　滞納整理は差押えが目的ではなく、あくまで納税指導が中心であることを忘れてはなりません。ただし、差押えの執行時期については、積極的に早期から取り組んでいく方が、滞納者にとっても滞納の解決が早くなって、メリットが認められます。

　これら2つのことを、常に意識しながら滞納整理を進めてください。

## 第2節　質問及び検査と捜索

### 1　質問及び検査

　質問・検査は、相手方が知っていることを正確に聴取して、直接的または間接的に滞納者の財産を調査するために行います。いわゆる任意調査と呼ばれているものです。相手方が拒否した場合には強制的に行うことはできませんが、拒否した場合、相手方は10万円の罰金に処せられることがあります。

　質問ができるのは、滞納処分のため滞納者の財産の有無、利用状況、第三者の権利の有無等を調査する必要があるときです。

　質問をすることができる相手方は、次のとおりです。
　(1)　滞納者
　(2)　滞納者の財産を占有する第三者及び滞納者の財産を占有していると認めるに足りる相当の理由がある第三者

【滞納者の財産を占有する第三者】
　滞納処分による差押えの対象になるのは滞納者の財産であることから、滞納者の財産が第三者によって占有されているときは、その第三者に対して質問をし、又はその者の財産に対する帳簿や書類を検査することができます。
　この場合の占有とは、民法の占有の概念とは異なり、事実上の支配状態である所持を意味していると考えられます。滞納者の財産を適法に占有する質権者、留置権者、賃借権者等に限らず、正当な権限がないのに滞納者の財産を自己の支配下に移して、事実上支配している第三者に対しても、質問及び検査を行うことができます。
　(3)　滞納者に対して債権もしくは債務があり、又は滞納者から財産を取得したと認めるに足りる相当の理由がある者

【認めるに足りる相当の理由】
　滞納者等からの聴取や帳簿書類等の調査によって、滞納者の財産を占有していると認められる場合、又は滞納者と債権債務の関係を有している場合、ある

いは滞納者から財産を取得したと認められる場合が「相当の理由」に含まれます。この場合の第三者に対しても、質問及び検査を行うことができます。

(4) 滞納者が株主又は出資者である法人

質問は口頭又は文書で行いますが、口頭で聴取する場合には質問すべき事項を事前に整理して、効率よく聴取する必要があります。

検査ができる場合も質問の場合と同様に、検査の対象になるのは「質問ができる相手方」の財産に関する帳簿及び書類であって、滞納者等の財産に関する帳簿書類について、相手方の提示を得て行うことになります。不明な事項がある場合は、その相手方に質問を行い、これを明らかにしていくことになります。

このように質問と検査を繰り返しながら、滞納者の財産の有無やその財産の状況を徴税吏員は把握することによって、滞納整理を進めていくことになります。

また、口頭による質問の内容が重要な事項である場合や将来争いが生ずる可能性がある場合には、後日の証拠等として利用するために、質問と質問に対する回答を顛末する文書として記録した聴取書を作成することにします。

聴取書を作成する場合は2人の徴税吏員で対応することとします。1人は補助者として立ち会わせる形で行い、すべての聴取が終了したら、徴取した内容を回答者に読み聞かせるか又は読ませて、相違ない旨を確認させてから、署名押印を求めます。

聴取にあたっては誘導尋問ととられるような聴き方は避けて、できるだけ滞納者等が話しやすい環境になるように配慮することを、心掛けなければなりません。

検査には検査することができる時間の制限はありませんが、夜間における滞納者等の生活の安穏に配慮して、特に必要がある場合を除いて、捜索の場合の時間の制限に準ずることになります。

徴税吏員が質問又は検査を行う際に、質問・検査を受ける相手方から身分証の呈示を請求された場合は、徴税吏員証を呈示しなければなりません。呈示することによって、正当な権限を有する徴税吏員が行う財産の調査であることを知らせて、相手方の協力を求めることになります。

## 2　捜　索

　捜索は、質問・検査に応じないため財産の有無や状況等を明らかにできない場合や質問・検査はしたが財産を発見できない場合に、滞納者等の物又は住居、その他の場所において行うことができるとされ、差押えする財産の発見のために行うことになります。

　捜索は強制調査であって、徴税吏員に与えられた最も強い権限です。

　したがって、捜索に関する法の規定を遵守するとともに、必要最小限の範囲で行うことを原則とします。

　滞納処分に伴う捜索には「令状」等は必要ありませんが、捜索の時期、場所、方法、手順等については十分に検討しておくことが重要です。

### (1)　捜索ができるとき

　捜索の権限及び方法については、国税徴収法第142条第1項に「徴収職員は、滞納処分のため必要があるときは、滞納者の物又は住居その他の場所につき捜索することができる」と規定されています。

　また、同条第2項第1号及び第2号の場合にも捜索ができるものとされています。第1号は「滞納者の財産を所持する第三者がその引渡をしないとき」、第2号は「滞納者の親族その他の特殊関係者が滞納者の財産を所持すると認めるに足りる相当の理由がある場合において、その引渡をしないとき」です。

　このようなことから、滞納処分のため必要があるときには、財産の差押えだけではなく、財産の引上げ、換価の見積価額の算定等の場合も含まれることになります。

[参考]

**国税徴収法第142条：**

（捜索の権限及び方法）

　第142条　徴収職員は、滞納処分のため必要があるときは、滞納者の物又は住居その他の場所につき捜索することができる。

　2　徴収職員は、滞納処分のため必要がある場合には、次の各号の一に該当するときに限り、第三者の物又は住居その他の場所につき捜索す

ることができる。
一　滞納者の財産を所持する第三者がその引渡をしないとき。
二　滞納者の親族その他の特殊関係者が滞納者の財産を所持すると認めるに足りる相当の理由がある場合において、その引渡をしないとき。
3　徴収職員は、前二項の捜索に際し必要があるときは、滞納者若しくは第三者に戸若しくは金庫その他の容器の類を開かせ、又は自らこれらを開くため必要な処分をすることができる。

### (2) 捜索の時間制限

　捜索の時間制限については、国税徴収法第143条第1項で「捜索は、日没後から日出前まではすることができない。ただし、日没前に着手した捜索は、日没後まで継続することができる」と規定されています。
　夜間は一般的には休息の時間であって、捜索を行うことによって滞納者等の住居の平穏を妨げることは適当でないという見地から、原則として日没後から日出前までは捜索をすることはできないとされています。
　ただし書き以降は、捜索の継続について述べたものです。日没前に着手した捜索を日没によって打ち切ると、捜索によって発見した差し押えるべき財産を隠ぺいされる等の差押回避が図られて差押えができなくなる事態を防ぐ趣旨です。

[参考]

**国税徴収法第143条：**

（捜索の時間制限）

第143条　捜索は、日没後から日出前まではすることができない。ただし、日没前に着手した捜索は、日没後まで継続することができる。

2　旅館、飲食店その他夜間でも公衆が出入することができる場所については、滞納処分の執行のためやむを得ない必要があると認めるに足りる相当の理由があるときは、前項本文の規定にかかわらず、日没後でも、公開した時間内は、捜索することができる。

滞納者の住居の平穏を妨げることが適当でないという見地からは、国税徴収法基本通達第47条関係19によって、夜間及び日曜日、国民の祝日に関する法律に規定する休日その他一般の休日において個人の住居に立ち入って行う差押えについては、特に必要があると認められる場合のほかは、これらの時間又は日において行わないものとするとされています（差押えの前段階として行われる捜索についても同様の制限であることから、休日の捜索は行わないのが原則です）。

国税徴収法には特に定めはありませんが、民事執行法では第8条（休日又は夜間の執行）に債務者の生活の安寧を保護しようとする趣旨で定められていることから、これに合わせる形で行われた通達であるということができます。

国税徴収法第143条第2項では、捜索の時間制限の例外として、「旅館、飲食店その他夜間でも公衆が出入することができる場所については、滞納処分の執行のためやむを得ない必要があると認めるに足りる相当の理由があるときは、前項本文の規定にかかわらず、日没後でも、公開した時間内は、捜索することができる」と規定されています。

【夜間でも公衆が出入することができる場所】

旅館や飲食店の他に、バーやキャバレー、映画館、演劇場などの興行場が含まれます。

【滞納処分の執行のためやむを得ない必要があると認めるに足りる相当の理由があるとき】

捜索の相手方が夜間だけ在宅又は営業している場合や差し押さえようとする財産が夜間だけ蔵置されている場合などが、これに相当します。

［参考］

国税徴収法基本通達第47関係：

差押えの時期

（夜間及び休日等の差押え）

19　夜間及び休日等（日曜日、国民の祝日に関する法律に規定する休日その他一般の休日又は通則令第2条第2項に規定する日をいう。以下

同じ。）において個人の住居に立ち入って行う差押えについては、特に必要があると認められる場合のほかは、これらの時間又は日において行わないものとする（執行法第8条第1項参照）。

> ▶▶▶ 滞納整理の事例98
>
> **Q** 休日の捜索において、年末、年始の12月29日～1月3日までの取扱いはどのようになりますか。
>
> **A** 捜索の制限としては、日曜日、国民の祝日に関する法律に定める休日その他一般の休日において、個人の住居に立ち入って行う捜索については、特に必要があると認められる場合のほかは行わないものとされています。
>
> 1月1日は国民の祝日、1月2日、3日は慣行上の休日であることから、これに該当します。12月29日から31日までは平成19年5月16日付で基本通達が全面的に見直され、以前はその他一般の休日には当たらないとされていましたが、改定後はその他一般の休日に当たるとされたため、原則として捜索はできないことになります。

### (3) 捜索の立会人

捜索の立会人については、国税徴収法第144条で「徴収職員は、捜索をするときは、その捜索を受ける滞納者若しくは第三者又はその同居の親族若しくは使用人その他の従業者で相当のわきまえのあるものを立ち合わせなければならない。この場合において、これらの者が不在であるとき、又は立会に応じないときは、成年に達した者二人以上又は市町村長の補助機関である職員若しくは警察官を立ち合わせなければならない」と規定されています。

滞納者又は第三者が法人の場合は、その法人を代表する権限を有する者が立会人となります。代表権限を有していない者でも、使用人、従業者として立会いをさせることは可能です。都道府県の職員は市町村長の補助機関である職員にも警察官にも該当しないので、成人に達した者として立ち会わせることにな

ります。

また、税務署職員や徴税吏員証を有する職員を立会人にすることは、捜索の適正な執行を保証するという観点からは適当でないと考えられます。したがって、やむを得ない場合のほかは、立会人にしないようにします。

---

[参考]

国税徴収法第144条：

（捜索の立会人）

第144条　徴収職員は、捜索をするときは、その捜索を受ける滞納者若しくは第三者又はその同居の親族若しくは使用人その他の従業者で相当のわきまえのあるものを立ち会わせなければならない。この場合において、これらの者が不在であるとき、又は立会に応じないときは、成年に達した者二人以上又は市町村長の補助機関である職員若しくは警察官を立ち会わせなければならない。

---

(4) 出入禁止の処分

出入りの禁止については、国税徴収法第145条で「徴収職員は、捜索、差押又は差押財産の搬出をする場合において、これらの処分の執行のため支障があると認められるときは、これらの処分をする間は、次に掲げる者を除き、その場所に出入することを禁止することができる」と規定されています。

「次に掲げる者」は、以下のとおりです。

① 滞納者
② 差押に係る財産を保管する第三者及び第142条第2項（第三者に対する捜索）の規定により捜索を受けた第三者
③ ①・②に掲げる者の同居の親族
④ 滞納者の国税に関する申告、申請その他の事項につき滞納者を代理する権限を有する者

【これらの処分をする間】

捜索、差押処分又は搬出をする場合において、これらの行為に必要な手続きが完了するまでの間をいいます。差押財産の搬出については、差押処分後直ちに財産の搬出をする場合に限らず、差押財産を滞納者又は第三者に保管させた後においてその財産の搬出をする場合も含まれることになります。

【滞納者を代理する権限を有する者】

契約や法律によって滞納者を代理する者をいいます。滞納者から委任を受けた税理士、弁護士、納税管理人や法律の規定によって定められた親権者、後見人等が含まれます。

出入りの禁止にあたっては、提示、口頭その他の方法によって出入りを禁止した旨を明らかにする必要があります。

徴収職員（地方税では徴税吏員）の出入禁止命令に従わない者に対しては、扉を閉鎖する、縄張りをするなど必要最小限度の威力を行使して、抵抗を排除することができます。

出入禁止命令は強制力を有するため、命令に抵抗して暴力や脅迫をした者については公務執行妨害罪（刑法第95条）が適用されます。

[参考]

**国税徴収法第145条：**

（出入禁止）

第百四十五条　徴収職員は、捜索、差押又は差押財産の搬出をする場合において、これらの処分の執行のため支障があると認められるときは、これらの処分をする間は、次に掲げる者を除き、その場所に出入することを禁止することができる。

一　滞納者

二　差押に係る財産を保管する第三者及び第百四十二条第二項（第三者に対する捜索）の規定により捜索を受けた第三者

三　前二号に掲げる者の同居の親族

四　滞納者の国税に関する申告、申請その他の事項につき滞納者を代理

する権限を有する者

## (5) 捜索調書の作成

　捜索調書の作成については国税徴収法第146条第1項で「徴収職員は、捜索したときは、捜索調書を作成しなければならない」、同条第2項で「徴収職員は、捜索調書を作成した場合には、その謄本を捜索を受けた滞納者又は第三者及びこれらの者以外の立会人があるときはその立会人に交付しなければならない」と規定されています。

　捜索調書を作成する場合は立会人の署名押印を求めなければならず、立会人が署名押印をしないときは、その理由を捜索調書に付記しなければなりません。

　捜索に伴って差押えをする場合は差押調書を作成しますが、差押調書を作成した場合は捜索調書を作成する必要がなくなります。この場合の立会人の署名押印は差押調書にさせることになり、差押調書の謄本を立会人に交付することになります。

　したがって、捜索調書が必要なのは、捜索をしたが差し押さえすべき財産がなかった場合に限られることになります。これらのことは第3項に「前2項の規定は、第54条（差押調書）の規定により差押調書を作成する場合には、適用しない。この場合においては、差押調書の謄本を前項の第三者及び立会人に交付しなければならない」と規定されています。

[参考]
**国税徴収法第146条：**
（捜索調書の作成）
第146条　徴収職員は、捜索したときは、捜索調書を作成しなければならない。
2　徴収職員は、捜索調書を作成した場合には、その謄本を捜索を受けた滞納者又は第三者及びこれらの者以外の立会人があるときはその立会人に交付しなければならない。
3　前2項の規定は、第54条（差押調書）の規定により差押調書を作

> 成する場合には、適用しない。この場合においては、差押調書の謄本を前項の第三者及び立会人に交付しなければならない。

## 3　質問・検査と捜索の比較

　質問・検査は捜索の場合に準じて行うことが基本となりますが、質問・検査と捜索で大きく相違するところがあり、これらをまとめると次のようになります。

### (1)　戸・金庫の開扉
　質問・検査では、相手方に任意で求めることとなり、強制力はありません。また、立会人に関する規定は特にありません。
　捜索では、必要がある場合は相手方に開かせるか、徴税吏員が自ら開くことができます。立会人は、必ず置かなくてはなりません。

### (2)　作成書類
　質問・検査では聴取書を作成する場合がありますが、捜索では差押調書を作成した場合を除き、必ず捜索調書を作成しなければなりません。

### (3)　時効の中断
　質問・検査では時効は中断しませんが、捜索では捜索に着手した時に時効が中断します。ただし、第三者の住居等を捜索したときは、捜索調書の謄本を滞納者に通知しなければ時効の中断の効力は生じません。

### (4)　出入禁止の措置
　質問・検査では任意に求めることはできますが、強制力はありません。捜索では捜索に支障があると認められるときは、特定の者を除き、その場所に出入りすることを禁止することができます。

### (5)　罰　則
　質問・検査では、正当な理由がなく答弁をせず又は偽りの答弁をした場合や検査を拒み妨げた場合には罰則の適用があります（地方税法第333条等）。捜索では、国税徴収法や地方税法には特に規定はありませんが、捜索に際して、暴行、脅迫を加えた場合は公務執行妨害罪が適用されます（刑法第95条）。

> ▶▶▶滞納整理の事例99
> 
> **Q** 捜索において鍵のかかっている金庫があった場合は、どのように取り扱えばよいのでしょうか。
> 
> **A** 捜索の相手方が開扉することに応じない場合や不在の場合は、徴税吏員は自ら開扉することができます。
> 
> 　開扉については専門の金庫業者等に依頼することができます。開扉にあたって金庫等が破損した場合でも、徴税吏員に原状回復義務はなく、その費用については滞納処分費として徴収することになります。このようなことから、金庫等の破損についてはできる限り必要最小限にとどめるように、配慮が必要です。
> 
> 　このようなことも含めて、捜索は徴税吏員に与えられた最も強い権限であることがわかります。

## 第3節　自動車の差押え

### 1　滞納者が所有する自動車の調査方法と差押え

　先日、登録上の差押えをしている自動車のタイヤロックに行ったときのことですが、住宅密集地であったため、滞納者の駐車場に隣接する住民から「あなた方は何をしているのですか」と質問されました。スーツ姿の男たちが5人もいたために何事かと思われたわけです。捜索やタイヤロックは誰にも気づかれないうちにさっさと終わらせてしまいたいものですが、こういうケースも想定しておいた方がよいでしょう。徴税吏員証は必ず携帯していなければなりません。

▶▶▶滞納整理の事例100

**Q** 滞納者の所有する自動車の調査方法と差押え及びタイヤロックについて説明してください。

**A** 滞納者が自動車を所有しているかどうかについては、都道府県税事務所に自動車税課税台帳登録事項調査票を添付して、自動車税の課税状況を照会します。調査によって滞納者が所有する自動車の登録番号が判明した場合は、自動車の使用の本拠を所管する地方運輸局陸運支局又は検査登録事務所で、自動車登録ファイルによって所有権とその他権利関係について調査し、登録事項証明書の交付を受けます。

差押えをする場合は、自動車の使用の本拠を所管する地方運輸局陸運支局長又は検査登録事務所長に嘱託することとし、登録嘱託書と登録原因を証する書面として差押調書（謄本）を提出し、差押登録が完了した後、滞納者に差押書を送達することになります。

これで登録上の差押えは完了しますが、自動車を使用させないための措置として、国税徴収法第71条の5の規定に基づいて自動車を占有するために、タイヤロックを装着することになります（一般的には運転席側前輪に装着します）。

この場合は滞納者に対して引渡命令書を通知し、公示書を運転席側の窓やドアミラー等に取り付けます。その後、占有調書を作成して滞納者に保管を命ずることになりますが、差押えと同時に占有する場合は引渡命令書の通知は必要ありません。

▶▶▶滞納整理の事例101

**Q** 徴税吏員の規定、徴税吏員証の持つ意味、および徴税吏員の心構えについて説明してください。

**A** 徴税吏員とは地方税の徴収に関する事務に従事する職員のうちで、滞納処分に関する職務権限を与えられた者をいいます。徴

税吏員には徴税吏員証が交付され、質問、検査又は捜索を行う場合には、徴税吏員証を携帯しなければなりません。また、関係者から身分を示すように請求された場合には、これを呈示しなければなりません（国税徴収法第147条）。なお、国税では徴税吏員ではなく、徴収職員といいます。

　質問や検査に応ずるか否かは相手の意思に任されますが、捜索の場合は相手の意思に関わらず、強制調査の形で行うことができます。

　徴税吏員の職務の目的は納税交渉や滞納処分を通じて租税債権を確実に徴収することにあるため、常に納税者の公平性に主眼を置き、適正かつ的確に事務処理を行っていく心構えが重要です。

　滞納者との交渉にあたっては、相手方の年齢、職業、経歴、性格等を考慮し、滞納に至った原因や担税する能力、換価できる財産の所有状況等を総合的に見ながら交渉できる能力が必要となります。また、職務上知り得た情報については秘密を守る義務があり、守秘義務に違反すると秘密漏えいに関する罪として処罰を受けることになります（法第22条）。

## 2　電話加入権に替わる自動車の差押え

　自動車の差押えが電話加入権の差押えを補うことができるかということに主題を置いて、電話加入権と自動車を比較しながら考えてみましょう。

### （一）　差押えの登録について

　電話加入権の差押えは、ＮＴＴ加入権センターの電話加入原簿に登録して行います。「差押通知書副本」に差押えの受付年月日、受付番号及び登録済の表示がなされて、返送されます。差押中であっても、加入電話契約者の通話は通常どおり可能です。

　自動車の差押えは、地方運輸局陸運支局等の自動車登録ファイルに登録して行い、「登録事項等証明書」が無料で交付されます。差押中であっても徴税吏員が自動車の所有者に引渡しを命じて占有するまでは、自動車の使用は可能です。

### （二）　財産調査について

　電話加入権については、ＮＴＴ加入権センターに、滞納者が使用する電話番号について電話加入原簿の照会をすることによって、加入権者を把握することになります。

　自動車については、第一段階として、都道府県税事務所に、滞納者の自動車税の課税状況について、自動車課税台帳登録事項を照会します。第二段階として、自動車税の課税があると把握できた滞納者に対して、地方陸運局陸運支局等に自動車登録ファイルを照会することになります。

　このように、自動車の調査は都道府県税事務所と地方陸運局陸運支局の二段階となるため、電話加入権に比べると調査に期間を要することになりますが、調査自体は難しいものではありません。

　国税徴収法基本通達第47条関係17で通達されている事項と照らし合わせて、考えてみましょう。

　①　第三者の権利を害することが少ない財産であること。

　質権や担保が登録されている場合を除いて、自動車の差押えは電話加入権の差押えと同様に何ら問題はありません。

　②　滞納者の生活の維持又は事業の継続に与える支障が少ない財産であるこ

と。

　自動車、電話加入権とも、法人や事業を営む滞納者については、十分な考慮が必要です。

　③　換価が容易な財産であること。

　インターネット公売が普及したため、自動車、電話加入権とも、何ら問題はありません。

　④　保管又は引揚げに便利な財産であること。

　電話加入権については何ら問題ありませんが、自動車については保管場所や引揚げの際のレッカー移動などの問題が生じます。

　このように、無体財産である電話加入権と比較した場合、自動車には形があり、しかも大きくて重いため、保管場所や引揚げには対応が必要となります。その他の点については、自動車は電話加入権とほとんど変わりがなく、簡単に差押えができる財産であることがわかります。

---

[参考]
**国税徴収法基本通達第47条関係17：**
財産の選択
17　差し押さえる財産の選択は、徴収職員の裁量によるが、次に掲げる事項に十分留意して行うものとする。この場合において、差し押さえるべき財産について滞納者の申出があるときは、諸般の事情を十分考慮の上、滞納処分の執行に支障がない限り、その申出に係る財産を差し押さえるものとする。
(1)　第三者の権利を害することが少ない財産であること（第49条関係参照）。
(2)　滞納者の生活の維持又は事業の継続に与える支障が少ない財産であること。
(3)　換価が容易な財産であること。
(4)　保管又は引揚げに便利な財産であること。

▶▶▶滞納整理の事例 102

**Q** 自動車の差押えを執行したところ、滞納者から自動車を営業上使用したい旨の申し出がありました。この場合の取扱いについて、解説してください。

**A** 国税徴収法第71条第6項の規定によって、滞納者が営業上の必要があるときその他相当の理由があるときは、その使用を許可することができます。

自動車の使用によって滞納者が収益を得ることができ、徴収上特に支障がなければ、許可して差し支えありません。実務においては、例えば通勤にどうしても欠かせない自動車である場合は、使用を許可することができます。

この場合は換価手続きに進行させないことになりますから、職権による換価の猶予通知を発して、毎月分割等で納税させることが適切であるといえます。

また、短期間で完納を見込むことができる場合は、差押えを解除することも可能です。

さらに、差押えをして一定期間以上経過しても換価手続きに入らないのであれば、使用許可を出すか、職権による換価の猶予通知を出すか、滞納者の滞納に対する誠実な意思を考慮しながら判断することになります。

[参考]

**国税徴収法第71条第6項：**

（自動車、建設機械又は小型船舶の差押え）

第71条　6　徴収職員は、第三項又は前項の規定により占有し、又は保管させた自動車、建設機械又は小型船舶につき営業上の必要その他相当の理由があるときは、滞納者並びにこれらにつき交付要求をした

者及び抵当権その他の権利を有する者の申立てにより、その運行、使用又は航行を許可することができる。

## 3　不動産の差押えと自動車の差押え

　固定資産税の滞納については、不動産市場が活発化している都市部であれば、不動産の差押えが大いに有効ですが、農村地帯や郡部については不動産を差し押さえて公売してもなかなか買い手がつかず、処理が困難となる場合があります。

　これに対して自動車については、都市部、郡部にかかわらず価格の変動がほとんどありませんし、交通機関が整っていない郡部の方が都市部よりも自動車の所有率が高い傾向がありますから、自動車は差押財産として期待を持つことができます。

　換価手続きについては、インターネット公売が普及していますから、「郡部で差押え→換価手続きで他の地域へ売却」というように、買い手を県外にまで求めることができます。したがって、何ら支障なく公売実績を上げることが可能です。

　ある県の徴収サミットに講師で参加した際のグループディスカッションで「不動産の流通がほとんどない地域では、預貯金や給与の差押以外に数をこなせる差押財産はないか」という議題が出ました。

　電話加入権のように簡単に差押えができて、換価も容易なものとしては、「やはり自動車しかない」という結論になりました。自動車であれば、都市部であっても郡部であっても価格に変動がなく、差押えの段階では滞納者の生活の維持又は事業の継続に与える支障も少なく、登録上の差押えであることから件数も一定数こなしていけるからです。

▶▶▶滞納整理の事例103

**Q** 滞納者が所有する自動車を差し押さえましたが、差押後2ヶ月経過しても滞納者から何ら納税に対する交渉がないことから、換価手続きに着手することにしました。
　ところが、差押中の自動車の一部の査定額がゼロに等しく換価価値がないことが判明した場合、どのように取り扱えばよいでしょうか。

**A** 換価価値がないと判断された場合は、差押えを解除することになります。そして、新たな換価財産の調査を進めることになります。
　通常、自動車の差押えは登録上の差押えですから、まとめて数十台単位で行うことが可能ですが、そのうちの何台かは差押後2ヶ月程度経過しても滞納者から何ら連絡のない場合が想定されます。当然、換価手続きに着手することになり、タイヤロック等の処理に進むことになります。
　差押段階で中古車の価格情報誌等を眺めていれば、ある程度、換価価値のない自動車を振り分けて差押えすることも可能です。しかし、最近の滞納者は差押決定書等の文書催告の反応率が低いので、自動車の差押えは滞納者に交渉機会を与えるための手段であるという考え方に立てば、査定金額にかかわらず差押えは積極的に取り組むべきであると考えます。

## 4　自動車の差押手続きの流れ

一般的には、次のような流れになります。
① 　差押予告書等を発送。
② 　差押予告書等に対して反応のない滞納者については、県税事務所に自動車税の課税照会。
③ 　課税されている滞納者について陸運支局へ所有権の調査（県税事務所の調査の段階でナンバー等は把握できます）。
④ 　陸運支局への調査で所有権があると判明した滞納者に対して差押決定書

を発送。
⑤ 差押決定書にすら反応のない滞納者について自動車の登録上の差押えを執行。滞納者に対しては自動車の差押書を発送。
⑥ 差押後も滞納者から何の連絡もなく誠実な意思が見られなければ、タイヤロックする旨の公売予告書を発送。
⑦ 財産の引渡命令書によって自動車の引渡しを命じ、タイヤロックをして運転席側の見える場所に公示書を貼り付ける。差押財産の占有調書を送達。
⑧ 差し押さえた自動車の引揚げ（レッカー移動）と保管。
⑨ 公売手続開始（インターネット公売等）。

　一連の自動車の差押手続きの流れの中で、予告書が2回出てきます。差押予告書と公売予告書（タイヤロックの予告でもある）ですが、これらには法的な根拠はなく、送達しなくても何ら問題はありません。
　ただし、送達することには実務上のメリットがあります。我々徴税吏員の第一の目的は、滞納者の自主納税を増やすことであって、公売件数を増やすことではありません。自動車の差押件数は多数にのぼるため、何段階かの作業を活用することによって、手間の掛かるタイヤロックの件数を減らすことができるのです。
　また、実際に差押えをする前や公売手続きに着手する前に自主的に納税交渉に応ずるように促す機会を作ることが、結果として全体的な事務の軽減化につながると考えられます。

## 5　自動車の差押えにおける調書関係書類について

【調査段階】
① 自動車税課税台帳登録事項の調査等
② 自動車登録事項等証明書の交付等

【ファイルの差押段階】
③ 自動車差押調書

④　自動車登録嘱託書
⑤　差押調書（謄本）
⑥　自動車差押書
⑦　担保権設定等財産差押通知書
※　国税徴収法第55条の規定に基づいて、自動車に担保権が設定されている場合は通知しなければなりません。

【占有段階】
⑧　公売予告書
⑨　捜索調書等
⑩　捜索に伴う立会人の派遣について
※　滞納処分に必要な捜索の適正な執行のために、国税徴収法第142条、第144条の規定に基づき警察署の生活安全部等に依頼する文書です。国税徴収法第142条に捜索の権限及び方法、第144条に捜索の立会人が規定されています。
⑪　自動車の引渡命令書等
⑫　公示書
⑬　差押財産占有調書
⑭　取上調書等
※　自動車検査証やイグニッションキー（エンジンスターターキー）を滞納者から取上げるときに交付します。自動車検査証は、換価処分を行った場合の所有権の移転登記にあたって提示する必要があります。自動車検査証がなければ運行することができないため、自動車を差し押さえた場合は取上げることが必要です（国税徴収法第71条関係12で通達されています）。
⑮　自動車使用許可申請書
⑯　自動車使用許可書

[参考]

**国税徴収法：**

（質権者等に対する差押えの通知）

第55条　次の各号に掲げる財産を差し押さえたときは、税務署長は、当該各号に掲げる者のうち知れている者に対し、その旨その他必要な事項を通知しなければならない。

一　質権、抵当権、先取特権、留置権、賃借権その他の第三者の権利（担保のための仮登記に係る権利を除く。）の目的となつている財産　これらの権利を有する者

二　仮登記がある財産　仮登記の権利者

三　仮差押え又は仮処分がされている財産　仮差押え又は仮処分をした保全執行裁判所又は執行官

（捜索の権限及び方法）

第142条　徴収職員は、滞納処分のため必要があるときは、滞納者の物又は住居その他の場所につき捜索することができる。

2　徴収職員は、滞納処分のため必要がある場合には、次の各号の一に該当するときに限り、第三者の物又は住居その他の場所につき捜索することができる。

一　滞納者の財産を所持する第三者がその引渡をしないとき。

二　滞納者の親族その他の特殊関係者が滞納者の財産を所持すると認めるに足りる相当の理由がある場合において、その引渡をしないとき。

3　徴収職員は、前二項の捜索に際し必要があるときは、滞納者若しくは第三者に戸若しくは金庫その他の容器の類を開かせ、又は自らこれらを開くため必要な処分をすることができる。

（捜索の立会人）

第144条　徴収職員は、捜索をするときは、その捜索を受ける滞納者若しくは第三者又はその同居の親族若しくは使用人その他の従業者で相当のわきまえのあるものを立ち会わせなければならない。この場合に

おいて、これらの者が不在であるとき、又は立会に応じないときは、成年に達した者二人以上又は市町村長の補助機関である職員若しくは警察官を立ち会わせなければならない。

[参考]

国税徴収法基本通達第71条関係12：

自動車検査証の占有

12　自動車の換価による所有権の移転登録には、自動車検査証の呈示を必要とし（道路運送車両法第13条第3項、第12条第2項）、かつ、自動車検査証を備えなければ自動車を運行の用に供することができないから（同法第66条第1項）、自動車の差押えに当たっては、自動車検査証を債権証書の取上げに準じて占有するものとする。

## 第4節　第二次納税義務

### 1　第二次納税義務（国税徴収法第32条、地方税法第11条）

（ア）意　義

　第二次納税義務の制度については「形式的に第三者に財産が帰属している場合であっても、実質的には納税者にその財産が帰属していると認めても公平を失しないときにおいて、形式的な権利の帰属を否認して私法秩序を乱すことを避けつつ、その形式的に権利が帰属している者に対し補充的に納税義務を負担させることにより、徴収手続きの合理性を図るために認められた制度である。」（『国税徴収法精解』吉国二郎＝志場喜徳郎＝荒井勇（編）、大蔵財務協会、第3章・第二次納税義務の性格）と説明されています。

　主たる納税義務者等から租税の徴収ができない場合に、一定の関係にある者に対して納税義務を負わせることができる制度です。

第二次納税義務と主たる納税義務との関係については、次の２つの性質が認められています。
　①第二次納税義務は主たる納税義務が履行されない場合に初めて履行を求められるという補充性。
　②原則として、主たる納税義務の効力が第二次納税義務にも及ぶとする附従性。
　(イ)　主たる納税義務との関係
　(1)　納税義務の履行との関係
　第二次納税義務者が納税義務を履行したときは、履行部分について主たる納税義務も消滅します。
　(2)　納税義務の免除との関係
　主たる納税義務の免除の効力は第二次納税義務に及びます。これに対して、第二次納税義務の免除の効力は主たる納税義務には及びません。
　(3)　徴収猶予との関係
　主たる納税義務に対する徴収猶予の効力は第二次納税義務に及ぶので、第二次納税義務者に対して滞納処分等はできません。これに対して、第二次納税義務に対する徴収猶予の効力は主たる納税義務には及びません。
　(4)　換価の猶予との関係
　主たる納税義務に対する換価の猶予の効力は第二次納税義務に及ぶので、第二次納税義務者に対し差押財産の換価をすることはできません。これに対して、第二次納税義務に対する換価の猶予の効力は主たる納税義務には及びません。
　(5)　執行停止との関係
　滞納処分の執行停止後３年を経過したために主たる納税義務が消滅した場合、第二次納税義務にもその効力が及びますが、第二次納税義務について滞納処分の執行を停止し、その後、第二次納税義務が消滅しても、その効力は主たる納税義務には及びません。
　また、第二次納税義務は主たる納税義務者と関係なく執行停止ができますが、主たる納税義務を執行停止するためには、第二次納税義務者にも停止事由がある場合に限られます。

(6) 時効中断との関係

　第二次納税義務に対する時効中断の効力は主たる納税義務には及びませんが、主たる納税義務に対する時効中断の効力は第二次納税義務に及びます。

---

▶▶▶滞納整理の事例104

（第二次納税義務の補充性と附従性について）

**Q** 　第二次納税義務と主たる納税義務の関係で、「補充性」と「附従性」がありますが、どのようなことか、もう少し詳しく解説してください。

**A** 　「補充性」とは、主たる納税義務が徴収不足を生ずると認められたときに初めて具体的に第二次納税義務の責任を負うということです。第二次納税義務者の納税の義務を免除した場合、徴収・換価を猶予した場合、滞納処分の停止をした場合などでも、その効力は主たる納税義務者には及びません。

　他方で、「附従性」とは、主たる納税者の納税義務に生じた事由が第二次納税義務者に影響を及ぼすということです。主たる納税者が滞納税を納付した場合や主たる納税者の納税義務を免除した場合などは、第二次納税義務者はその義務から免れることができます。また、第二次納税義務者が完納した場合は、主たる納税者の納税義務も消滅します。

---

▶▶▶滞納整理の事例105

（主たる滞納者と第二次納税義務者の関係について）

**Q** 　主たる滞納者Aに対して不動産を差押えしている場合で、この不動産を換価しても徴収不足が生ずることが明らかであるため、第二次納税義務者Bに対して納税の告知をしました。その後、Bには誠実な意思があると判断し、Bに対して職権による換価の猶予を認めました。

　この場合のAとBの相互関係について、解説してください。

Bが職権による換価の猶予に基づく分納計画を履行すれば、その履行分だけAの滞納額は減少します。しかし、Bに対する職権による換価の猶予はAに対しては及ばないので、先に差押えしている不動産を公売して差し支えありません。換価した代金はAの滞納額に充当されることから、Bの納税義務の及ぶ金額も減額されます。

　Aが不動産を所有していない場合で、Bの所有する不動産を差し押さえ公売に着手したところ、Aから分納計画が提出され、誠実な意思があると認めて職権による換価の猶予とする場合は、Aに対して行った職権による換価の猶予はBにも及ぶため、Bに対して着手した不動産の公売手続きは中止しなければなりません。

　このように、第二次納税義務の制度は、主たる滞納者に対する効力は第二次納税義務者にも及びますが、第二次納税義務者に対する効力は主たる滞納者には及ばないことに十分に留意する必要があります。

　A、Bいずれも不動産を所有しており、A、Bの不動産をそれぞれ差し押さえた場合は、原則的としてAの不動産を公売してからでなければ、Bの不動産の公売手続きに着手することはできません。ただし、Aに対しては不動産を差し押さえ、Bに対しては普通預金を差し押さえた場合において、Bの普通預金の取立てを先行させることは問題ありません。

## 2　共同的事業者の第二次納税義務

### （一）　第二次納税義務の成立要件

　納税者と生計を一にする親族又は同族株主が事業の遂行に欠くことができない重要な財産を所有し、かつ、その財産に関して生ずる所得が納税者の所得となっている場合に負う第二次納税義務を、共同的な事業者の第二次納税義務といいます。

　納税者が滞納して、納税者の所有財産に対して滞納処分をしてもなお徴収すべき金額に不足すると認められる場合に、その財産を限度として第二次納税義務を負うことになります。

経営者個人が土地を所有し、その土地を同族会社が無償で借り受けて事業を行っているような場合は、その土地の価額を限度として、経営者個人が納税義務を負うことになります。

対象になるのは、その財産に関して生ずる所得ですから、例えば親族から無償で土地を借りている場合の地代相当額の利益や、経営者個人から同族会社が低額な地代で土地を借りている場合は、その差額分が利益の発生とみなされます。正常な条件で賃借されている場合には、第二次納税義務は発生しません。

▶▶▶滞納整理の事例106

（重要な財産について）

**Q** 納税者と生計を一にする親族又は同族株主が事業の遂行に欠くことができない重要な財産であるかどうかについては、どのように判断すればよいのでしょうか？

**A** 重要な財産については、国税徴収法基本通達逐条解説第37条関係で、次のように説明されています。

「法第37条の『事業の遂行に欠くことができない重要な財産』（以下第37条関係において「重要財産」という。）であるかどうかは、納税者の事業の種類、規模等に応じて判断すべきであるが、一般には、判断の対象とする財産がないものと仮定した場合に、その事業の遂行が不可能になるか又は不可能になるおそれがある状態になると認められる程度に、その事業の遂行に関係を有する財産をいう。

なお、法第37条第1号又は第2号に掲げる者が二人以上ある場合には、納税者の事業に供しているこれらの者が有する財産を一体として考え、それが重要財産であるかどうかを判定する。また、重要な財産には、滞納処分ができる財産だけでなく、滞納処分ができない財産も含まれるが、重要財産が滞納処分ができる財産と滞納処分ができない財産とで構成されている場合には、原則として滞納処分ができる財産を限度として第二次納税義務を負わせるものとする。」

## ▶▶▶滞納整理の事例 107

（財産に関して生ずる所得が納税者等の所得となっている場合について）

**Q** 財産に関して生ずる所得が納税者等の所得となっている場合とは、どのようなときをいうのでしょうか。

**A** 国税徴収法基本通達逐条解説第 37 条関係で、次のように説明されています。

「法第 37 条の『財産に関して生ずる所得が納税者の所得となつている場合』とは、重要財産から直接又は間接に生ずる所得が納税者の所得となっている場合及び所得税法その他の法律の規定又はその規定に基づく処分により納税者の所得とされる場合をいうものとし、例えば、次に掲げる場合がある。

(1) 所得税法第 56 条〈事業から対価を受ける親族がある場合の必要経費の特例〉の規定により、納税者と生計を一にする配偶者その他の親族がその納税者の経営する事業で不動産所得、事業所得又は山林所得を生ずべきものから対価の支払を受ける場合で、その対価に相当する金額が納税者の所得とされる場合

(2) 法人税法第 132 条〈同族会社等の行為又は計算の否認〉の規定により、同族会社の判定の基礎となった株主又は社員の所得が同族会社の所得とされる場合

(3) 同族会社の判定の基礎となった株主又は社員の所有する財産をその同族会社が時価より低額で賃借しているため、その時価に相当する借賃の金額とその低額な借賃の金額との差額に相当するものが同族会社の実質的な所得となっている場合（昭和 48.10.15 広島高（岡山支）判参照）

(4) 納税者と生計を一にする配偶者その他の親族が所有する公債、社債、無記名の株式又は無記名の貸付信託若しくは証券投資信託の受益証券について、納税者が利子、配当、利益又は収益の支払を受けている場合

> (5) 納税者の事業の収支計算では損失が生じているが、重要財産から直接又は間接に生ずる収入が納税者の収益に帰属している場合」

## (二) 第二次納税義務を負わせるとは

納税者等の事業の遂行に欠くことのできない重要な財産を納税者以外の第三者が所有しており、その財産に関して生ずる所得が納税者等の所得になっている場合があります。

納税者等に滞納がある場合において、納税者等が事業の遂行上使用している財産が納税者等と密接な関係にある第三者が所有しており、その第三者も納税者等の事業によって所得を受けているような場合について、税収確保のために滞納処分ができるように納税義務を拡張したものです。

納税者等の財産を滞納処分しても、なおその徴収すべき額に不足すると認められる場合に、第二次納税義務を負わせることになります。

## (三) 第二次納税義務者

共同的な事業者の第二次納税義務については、国税徴収法第37条の各号で次のように規定されています。

> [参考]
> 
> 国税徴収法第37条：
> 
> (共同的な事業者の第二次納税義務)
> 
> 第37条　次の各号に掲げる者が納税者の事業の遂行に欠くことができない重要な財産を有し、かつ、当該財産に関して生ずる所得が納税者の所得となつている場合において、その納税者がその供されている事業に係る国税を滞納し、その国税につき滞納処分を執行してもなおその徴収すべき額に不足すると認められるときは、当該各号に掲げる者は、当該財産（取得財産を含む。）を限度として、その滞納に係る国税の第二次納税義務を負う。
> 
> 一　納税者が個人である場合　その者と生計を一にする配偶者その他の親族でその納税者の経営する事業から所得を受けているもの

二　納税者がその事実のあつた時の現況において同族会社である場合
　　その判定の基礎となつた株主又は社員

　生計を一にするとは、有無相助けて日常生活の資を共通にしていることをいい、納税者がその親族と起居をともにしていない場合においても、常に生活費、学資金又は療養費等を送金して扶養しているときは、生計を一にするものにあたります。また、親族が同一の家屋に起居している場合には、明らかに互いに独立した生活を営んでいると認められる場合を除き、これらの親族は生計を一にするものと見なされます。

　親族とは、民法第725条各号（親族の範囲）に掲げる者、すなわち、配偶者、六親等内の血族及び三親等内の姻族をいいます。

　納税者の経営する事業とは、納税者が経営する事業の全てをいい、重要財産が供されている事業のみをいうものではありません。

　所得を受けているとは、納税者から、その経営する事業の計画において、給料、賃貸料、配当、利息又は収益の分配等その名称のいかんを問わず、実質的に対価の支払を受けていることをいいます。

▶▶▶滞納整理の事例108
（第二次納税義務を負う者の調査について）

**Q** 　共同的な事業者の第二次納税義務は国税徴収法第37条の第1、2号で規定されていますが、該当するか否かの調査はどのようにすればよいのでしょうか。
　また、第二次納税義務を負う者の判定の時期はいつになりますか。

**A** 　納税者の配偶者その他の親族が納税者と生計を一にしているかどうかは、実地調査によって確認することになります。納税者の配偶者その他の親族であるかどうかは、戸籍簿若しくは住民票又はそれらの謄本等により確認することになります。
　納税者の経営する事業から所得を受けているかどうかは、納税者の経営する事業に関する賃金台帳、経費明細帳等の帳簿書類により確認する

ことになります。この場合には、賃金台帳等の写しを作成する等その事績を明確にしておく必要があります。

　なお、帳簿書類の調査によっては所得を受けているかどうかが判明しない場合には、納税者又は所得を受けていると認められる親族等に質問してその事実を確認し、必要に応じ質問顛末書等を作成しておくことになります。

　第二次納税義務を負う者の判定の時期については、重要財産を有している者が国税徴収法第37条第1号に掲げる者に該当するかどうかは、その者が重要財産を有し、かつ、重要財産に関して生ずる所得が納税者の所得となっているときの現況により判定することになります。また、同条第2号の「その事実のあつた時」とは、同族会社の判定の基礎となった株主又は社員が重要財産を有し、かつ、その財産に関して生ずる所得が納税者の所得となっている事実があったときになります。

# 第2編
## 徴収業務の効率化

# 第1章　業務の民間委託

## 第1節　専門定型業務の民間委託

### 1　国民健康保険業務を民間委託

　社会保障制度改革の進展に伴い、市町村の業務負担は今後増えていくと考えられますが、社会保障分野での民間委託は規制の関係などから遅れていました。

　増加する業務量と財政負担を減らす観点から、民間委託が必要不可欠になってくるのは世の中の流れだと思います。

　公共サービスの民間委託は、2000年代に入ってから、財政支出を減らすための手段として、空港ビルの運営や図書館の管理などを主体に行われてきました。

　東京都足立区では、2015年4月から国民健康保険の管理、運営業務を中心に、全体の90％相当を民間委託することになりました。

　私が所属している市では、催告センターと特定健診業務の一部を民間委託していますが、もともとは緊急雇用創出事業を活用したもので、当初は自治体としての持ち出しがなかったものです。

　民間委託や非常勤職員の活用については、総務省自治税務局長から通知された「地方税の徴収対策の一層の推進について」（平成19年3月27日総税企第54号）、および総務省自治税務局企画課長から通知された「地方税の徴収対策の一層の推進に係る留意事項等について」（平成19年3月27日総税企第55号）を基に、進めていくことになります。

　国は、強制的な処分（滞納処分）に至るまでの文書や電話、臨戸訪問等による滞納者に対する納税の慫慂等については、「できる限り徴税吏員、徴収職員以外に委ねる」ことによって、徴税吏員、徴収職員を公権力の行使に係る業務

により効果的かつ集中的に従事させるようにと、指導してきました。

　民間のノウハウを取り入れ、経費削減と業務効率化を目指すことは、今後、少子高齢化が進み、社会保障関連の業務の増加と財政悪化が危惧される状況下では、至極当然のことであると考えられます。

　国民健康保険においては、保険料の計算や過誤納付による還付業務、高額医療費の給付業務、窓口業務などを民間に委託すれば、繁忙期に人員を増やすなどの機動的対応が可能になることも期待できます。

　私が所属している市では、従来は区で行っていた国民健康保険料の過誤納付による還付業務を本庁に集約化することによって、当該業務に携わる人員を削減し、業務の効率化を進めることができました。高額医療費の給付事業についても、非常勤職員を投入することによって、本庁集約化を実施する予定です。

　将来は、これらの業務を民間委託することによって、経費削減と業務の効率化を確保したいと考えています。

## 2　足立区の民間委託から考える

　東京都足立区では、戸籍や国民健康保険、会計、出納など専門定型業務の民間委託について、実務的な作業を基に分析しました。その結果、特に国民健康保険業務については定型的な業務が多いとして、全業務量の9割を民間委託できるという検証結果を出しました。

　足立区によれば、自主財源に乏しく財政基盤が脆弱な多くの自治体では、人件費などの固定費を抑えることによって、サービス供給に必要な財源を捻出してきました。また、給食調理、清掃、公用車の運転等の技能職労務系職員の退職不補充や、施設の管理運営体制を見直しして指定管理者制度を導入することなどによって、行政改革を進めてきました。

　そして、事務系職員の定数削減に迫ることが喫緊の課題であると位置付け、前例踏襲に陥りがちな業務の進め方を見直し、社会構造や住民ニーズの変化に対応できる人員と財源を確保するために、行政改革を推進する必要があると結論付けました。

　私の考えを加えますと、給食調理や清掃などについては、既に民間に請負可

能な事業者が存在するので民間委託は容易ですが、国民健康保険事業全般となると、民間にはノウハウがないため、一気に民間委託を進めることはできません。

そこで、高い専門性を必要としない業務から段階的に民間委託を進め、民間にノウハウを移行させながらノウハウを蓄積させるという方法が考えられます。

### 3　資格検定制度の活用

事務系の業務について、次のように4つの類型に分類してみました。

① 専門性のない定型業務
② 専門性のある定型業務
③ 専門性のない非定型業務
④ 専門性のある非定型業務

このように分類してみると、④専門性のある非定型業務は民間委託になじまないことがわかります。反対に、①単純な定型業務が一番民営化になじむものであるといえます。

②専門性はあるが定型業務である場合は、これまでは民間委託が少なく、非常勤職員の導入等で対応されてきましたが、これらを民営化することが、最大のテーマになります。

最後に、③単純な非定型業務については、非常勤職員で対応することが主流でしたが、民間委託で十分に可能であるといえます。

定型的で確実な民間委託を推進するためには、委託先の業務ノウハウや社員スキルを客観的に評価することが重要です。

行政事務におけるスキルの可視化は、従来はほとんど行われておらず、経験年数だけがその指標となる傾向があります。

滞納整理業務履修基準表を作成したことがありますが（地方公共団体「徴収実務の要点」1831頁〜1850頁）、専門性があるが非定型業務（民間委託には一番なじまないと考えられる）といえる介護従事者については、すでにキャリ

ア段位認定制度があります。

　これと同様に、国民健康保険業務や税業務でも資格検定制度を実現できれば、民間従事者の能力証明や円滑な雇用促進、能力の可視化につながります。

　このような資格制度については、近隣自治体で一定水準を作ったり、政令指定都市や中核市ごとに水準を共有することができれば、参入する民間企業のスキルアップと安定的な供給につながると考えられます。

## 4　民間委託の有効活用

　地方団体が民間活力を使いながら徴収体制の整備を進めていくうえで基準となるのは、平成19年3月27日付けで総務省自治税務局企画課長から各道府県税務主管部長及び東京都総務・主税局長宛に通知された「地方税の徴収対策の一層の推進に係る留意事項等について」です。

　公権力の行使に当たらない業務と、徴税吏員が行う公権力の行使（公売・差押え・督促・立入調査など）に関連する業務であっても補助的なものについては、民間への委託を検討できる旨が記されています。

### ▶▶▶滞納整理の事例109

（外部委託を進める目的について）

**Q**　外部委託が地方団体の徴収部門にまで推進されていますが、その必要性についてご説明ください。

**A**　徴収現場のリソースを選択・集中し、公権力の行使に当たらない業務から順次、外部委託していくことによって、人件費を中心としたコストの削減、効率化の向上、新たな付加価値を積極的に作り出すということが、第一の目的です。

　民間企業がアウトソーシングを導入する理由としては、コスト削減、業務のスピード化、固定費の変動費化、専門性の向上、本業への集中、リスクの分散、人材不足の解消、組織のスリム化、事業の再構築（リストラ）などが挙げられます。

　徴収部門においては、催告センター、還付センター、窓口業務、調書

作成などを外部委託、嘱託化することによって、正職員が滞納処分や差押後の交渉等の専門的な業務に集中できるようにするために必要です。

## 5　平成19年3月27日総税企第55号通知（地方税の徴収対策の一層の推進に係る留意事項等について）

　総務省自治税務局企画課長から、各地方団体に対して徴収対策を講ずるに際し留意すべき事項を提示し、先進的な取組事例を取り入れながら推進していくようにと通知したのが、平成19年3月27日総税企第55号です。

［参考］

平成19年3月27日総税企第55号：

（地方税の徴収対策の一層の推進に係る留意事項等について）

1　徴収に関する業務にノウハウを有する民間業者の活用

　平成17年4月1日付け「地方税の徴収に係る合理化・効率化の一層の推進に関する留意事項について」（総務省自治税務局企画課長通知）においても通知しているところであるが、徴収に関する業務にノウハウを有する民間事業者を活用することを通じ、徴収能力の向上や徴収事務の効率化を図ることは有用である。

　既に同通知において民間委託が可能な業務の例などを示しているところであるが、地方団体における近年の先進的な取組・検討事例を踏まえ、改めて以下のとおり代表的な事例について、その実施上留意すべき事項を含めて整理したので、参考としていただきたい。

（1）　滞納者に対する納税の慫慂行為

　納税者が納期限までに地方税を完納しない場合、法令に基づき、地方団体の徴税吏員は督促状を発し、さらに一定の要件に該当する場合には滞納者の財産を差し押さえなければならないこととされている。さらに質問検査や捜索など、これらいわゆる滞納処分については、租税の性格上、極めて強力な公権力の行使が認められている

ものである。

　一方、実際の徴税現場においては、強制的な処分に至るまでに、文書や電話、臨戸訪問等を通じ、様々な形で滞納者に対する納税の慫慂が行われているところであり、これらの事務量は徴収対策において相当なウェイトを占めている。このうち、徴税吏員に実施主体が限定されていない業務について、非常勤職員や民間事業者の活用を含め、できる限り徴税吏員以外の者に委ねることは、公権力の行使に係る業務に徴税吏員をより効果的かつ集中的に従事させる観点から、有用と考える。

（ア）　催告状・督促状等の印刷・作成・封入等の業務

　　地方税法上、「督促」とは、滞納処分を行うための前提要件であり、口頭ではなく書面（督促状）によって行うことが必要とされている。督促の実施主体は、徴税吏員に限定されているが、これは督促に関連した事実行為についてまで、徴税吏員に限定する趣旨ではない。このため、個人情報の保護のために必要な措置を講じたうえで、滞納税額等を印字する業務を含め、督促状の印刷、作成、封入、発送等の業務を民間委託することは差し支えない。

　　また、法令上の「督促」以外にも、書面で催告状、最終催告状、差押予告状等の名称で、書面による納税の慫慂を実施するケースが多いが、上記督促状に関する業務とあわせて民間委託することが可能である。（後略）

（イ）　電話による自主的納付の呼びかけ業務

　　滞納者に対しては、書面による督促・催告などのほかに、電話により滞納者に直接その事実を知らせ、自主的な納付を呼びかけることは広く行われている。これらの業務のうち、滞納者に地方税の滞納している事実や滞納税額について伝え、自主的納付を呼びかけることや、滞納者の納付意思や納付予定時期の確認、滞納者が任意に申し出た事情の記録等については、法令上徴税吏員に限定されておらず、民間事業者に委託し、実施させることが可能

である。また、あわせて滞納者の照会に応じ、課税の根拠や滞納処分の制度等について、客観的な事実を説明することも差し支えない。

一方、滞納者の財産等を把握するための質問は、法令上徴税吏員に限定された質問検査権（国税徴収法第141条）の行使にあたることから、民間事業者に委託することはできない。また、地方税の徴収猶予（地方税法第15条）は地方団体の長に属する権限であることから、分納を認めるなどの納税交渉を包括的に民間委託することは不適当である。

先進事例においては、市役所の一室を執務スペースとしたうえで、民間事業者から電話催告にノウハウを有する労働者の派遣を受け、滞納者宅への電話による自主的な納付の呼びかけ業務を行わせている地方団体がある。この事例では、当該派遣労働者は、契約上指揮命令下におかれるほか、執務室への入退出時のチェック、私物持ち込みの禁止や民間事業者の労働者に対する定期的な研修など、個人情報の持ち出しを防止するために必要な措置が講じられている。督促状等の送付だけになりがちな少額滞納者に対し、滞納初期の呼びかけを行うこと等により、一定の成果があがっているとの評価もある。

こうした事例を踏まえつつ、各自治体の実情に応じ個人情報等に必要な措置を講じながら、民間事業者の活用を図ることは有用と考えられる。

なお、民間事業者のコールセンターなど、地方団体の庁舎外の場所における電話による自主納付の呼びかけ業務について、民間委託を検討している地方団体もある。この場合、他の民間債権の催告業務等を行う同一スペース、同一職員により、地方税の滞納者に対する呼びかけ業務が行われる可能性があることなどに鑑みると、個人情報保護や目的外利用の防止などについて特に厳重な配慮が必要であり、適切かつ十分な工夫を講じることとしてい

だきたい。
(ウ) 臨戸訪問による自主的納付の呼びかけ業務

書面、さらには電話による催告によってもなお、滞納が継続する場合、臨戸訪問によって直接滞納者と面接し、納付を求めることが多い。臨戸訪問においても、(イ)と同様に、滞納者に地方税を滞納している事実、滞納税額等を伝え、自主的納付を呼びかけることや、納付意思や納付予定時期を確認すること等については、法令上徴税吏員に限定する規定はなく、民間委託することは可能である。

ただ、庁舎内などで行われる電話による自主的納付の呼びかけ等と異なり、臨戸訪問は滞納者の自宅等において実施されることから、滞納者に関する情報を庁舎等の建物外に持ち出すこととなる。臨戸訪問の民間委託を検討する際には、適正な業務執行と個人情報保護の観点から、万全の措置を講ずることが求められる。
(後略)

2 地方団体における徴収体制の整備

民間事業者の活用が可能な分野は民間委託を積極的に活用する一方、徴税吏員その他の税務関係職員については、多様な任用・勤務形態の活用、広域連携の推進、組織間の連携強化、組織体制の見直しなどを通じ、より効率的な業務運営が可能となるような徴収体制を整備することが重要である。

(1) 多様な任用・勤務形態の活用

地方団体においては、再任用職員制度及び再任用短時間勤務職員制度(地方公務員法第28条の4及び第28条の5)による当該地方団体の定年退職者等の採用、任期付職員制度及び任期付短時間勤務職員制度(地方公共団体の一般職の任期付職員の採用に関する法律第3～5条)による国税の経験や他の地方団体の税務経験を有する者等の採用により、これらの職員を徴税吏員として活用している例が見られる。

こうした多様な任用・勤務形態を活用することにより、徴収にノウハウを有する者を徴税吏員として活用できる範囲が広がるなどの効果が期待できる。また、任期付短時間勤務職員を活用することにより、夜間や休日などを含めた勤務シフトを整備することも可能となる。したがって、こうしたニーズがある地方団体においては、これらの制度を積極的に活用していただきたい。

なお、特別職の非常勤嘱託職員は、特別職であるため、罰則で担保された守秘義務や厳格な服務規律が適用されない。このため、強力な公権力の行使を担当し、納税者の秘密情報にも深く関わる徴税吏員の業務を担当させることは適当でないことから、徴税吏員への任命はできないものである。また、一般職の非常勤職員についても、再任用短時間勤務職員や任期付短時間勤務職員以外は本格的業務を行うことができない職員であると解されていることから、徴税吏員に任命することはできない。

(2) 省略
(3) 地方団体内における各種公金の徴収の連携強化

地方団体が住民等から徴収する必要がある公金債権としては、地方税だけでなく、国民健康保険料、介護保険料、保育料など国税徴収法の例による自力執行権が付与されている債権のほか、公営住宅使用料、給食費、貸付金など多様な債権がある。いずれも滞納額や件数が増えるなど問題を抱える地方団体も少なくない。

これまではそれぞれの制度等を所管する部局において徴収対策に取り組まれてきたところであるが、より効率的かつ効果的な体制を整備する観点から、地方税以外の公金債権についても、一定の滞納整理を税務担当部局に移管、集約する事例が増えてきている。

地方団体の歳入を確実に確保する観点からも、地方団体内部では専門的な徴収ノウハウを有する税務担当部局の活用を図ることは有用と考えられるので、それぞれの債権に関する個人情報保護に十分かつ慎重な配慮を行いつつ、各地方団体の実情等に応じ、検討して

いただきたい。

　なお、国民健康保険料については、地方税の滞納処分の例により処分することができる（国民健康保険法第79条の2及び地方自治法第231条の3③）ことから、国税徴収法第141条の規定が適用され、滞納者等に対し財産に関する必要な質問及び検査への応答義務が課されている。このため、当該情報は滞納者との関係においては秘密ではないと考えられ、地方税法第22条に定める守秘義務に関し、地方税と国民健康保険料を一元的に徴収するため、滞納者の財産情報を利用することについは差し支えない。保育所保育料など、地方税の滞納処分の例によると規定されているものについても同様と考えられるので、参考としていただきたい。

3　省略

## 6　共同徴収と民間委託の融合

　共同徴収と民間委託を融合させ、さらに非常勤職員を活用することによって、収納率を向上させたいと考えています。

　共同徴収については、徴収事務の集約化により、徴収に係るコストの削減と時間の効率化を図ることができます。また、情報の共有や納付交渉における窓口の一元化によって、各債権を持つ徴収職員がそれぞれに財産調査や納付交渉を行うという無駄を防ぐことができ、大きなメリットがあります。

　正職員、非常勤職員、そして民間のそれぞれの役割分担を明確にし、定型的な業務については正職員以外へシフトしていくことが望ましいといえます。

　非常勤職員や民間へのシフトが比較的しやすい業務の1つに、催告関連業務があります。催告とは、一般的に義務の履行を促す行為であり、納付の請求ということになります。

　催告の方法は、文書、電話、臨戸と概ね3つありますが、これらの業務について、民間の活力を導入するのか、あるいは非常勤職員を活用するのかについて、各自治体の徴収環境を分析しながら、結論付けていくことになります。

限られた徴収職員で全ての滞納者に対応することは不可能であるばかりか、少額事案の滞納整理に正職員を投入することは、リソースの無駄であると言わざるを得ません。したがって、できるだけ人件費を下げながら、専門的、効率的に文書催告や電話、臨戸による呼びかけ業務を行う部署（催告センター等）を構築させることが、理想となります。

　さらに、地方税、国民健康保険料、介護保険料、保育料など国税徴収法に基づいて滞納整理を行う部署間における共同徴収を実現させることによって、各々で取り組んでいる財産調査等の重複を避けるだけではなく、滞納システムの共有等を通じて、事務の軽減など費用の圧縮に努めることになります。

　このように民間活力と非常勤職員の両方を導入することが、現状では効率性の高い優れた滞納整理の戦略であるといえます。

　文書催告と電話催告を民間委託とすることは容易ですが、臨戸訪問については滞納者データを外部へ持ち出すことになるため十分に管理することが必要であり、民間委託よりも非常勤職員で対応するのが適当でしょう。

　非常勤職員は、定型的な窓口業務にも投入します。窓口業務や電話業務は、その80％が定型的な業務であることから、最初に非常勤職員に対応させ、事案の困難性に応じて正職員にエスカレーションさせる体制を構築し、さらに調査や事務で正職員の補助を行わせます。これによって、正職員は滞納処分等の徴税吏員でなければできない、本来の高度な業務に専任させることができます。

　催告センターを設置する場合は、電話での呼びかけ業務だけではなく、文書催告業務で封入・封緘から発送までを行わせます。さらに、文書催告の効果として現れる、滞納者からの電話応対も行わせます。初期的な滞納や少額事案については、文書催告の反応による電話応対も行わせます。

　また、包括的に民間業者に委託することによって、催告システム機器に精通した人材を確保することができるため、オペレーターを育成する必要がなくなり、導入自体が比較的容易となります。催告システム機器についてはリースでの対応が多く、購入する事例は少ないようです。

　また、費用は高くなりますが、滞納管理システム等を導入できれば、情報の共有化により滞納整理事務の処理がスピードアップするばかりか、一定期間未

折衝事案や約束不履行事案などを抽出することができ、滞納状況に沿った催告書や照会文書を発行することができます。

さらに、累積した折衝データ等を活用することによって、滞納者の担税力の把握や徴収計画の立案が容易になります。費用対効果の問題はありますが、このような機器を使うことによって、徴収の戦略や戦術を後押しできるデータを揃えることが可能になります。

---

▶▶▶滞納整理の事例110

（民間委託の実施上の留意点について）

**Q** 民間委託を円滑に推進するにはコミュニケーションが重要となりますが、その他の留意点についてご教示願います。

**A** 単調な業務や定型的な業務が民間委託されることになりますから、個人のモチベーションの持続が重要になります。

　管理者は、職場全体のモチベーションの向上に努めなければなりません。地方団体と委託先企業が協力・協同関係を築きながら、情報の共有化等にも積極的に取り組むことが必要であり、機密保持などの信頼性も求められます。

---

## 7　民間事業者の活用

### （一）　滞納者に対する納税の慫慂

　納税者が納期限までに地方税を完納しない場合は、法令の規定に基づいて、地方公共団体は納期限から20日以内に督促状を発して、その督促状を発した日から10日を経過した日に差押えをしなければなりません。

　さらに質問・検査、捜索など極めて強力な公権力が行使されることになりますが、実際の徴収現場においては、強制的な滞納処分に至るまでに文書や電話による催告や、臨戸訪問等を通じて、滞納者に対して納税の慫慂が行われています。

　納税の慫慂に関する業務は滞納整理全体の業務量のうち相当のウエイトを占

めていることから、必ずしも徴税吏員でなくても可能な業務に民間事業者を活用することは、滞納整理業務の効率化にとって極めて有効な手法であると考えられます。

### (1) 文書による催告業務

地方税法においては、督促状を発することは滞納処分を行うための前提条件とされており、これらの行為は徴税吏員に委ねられていますが、督促状の作成、封入等の業務は徴税吏員に限定されているものではありません。

個人情報の保護のために必要な措置を講じれば、民間の活力を利用することに何ら支障はありません。

### (2) 電話による自主納付の呼びかけ業務

電話によって滞納者に滞納の事実を知らせ、自主的な納付を呼びかけることは広く行われています。この業務において、滞納者の納付の意思の確認や納付の時期の確認、または納付できない事情（滞納の原因）を滞納者が任意に申し出た場合の記録などは、徴税吏員でなくても可能な業務ですから、民間事業者に委ねても何ら問題はありません。

滞納者から、課税についての質問や滞納処分の制度等の質問を受けた場合は、徴税吏員でなくとも説明することは可能です。

注意点としては、滞納者の財産を把握するための質問は質問検査権（国税徴収法第141条）の行使にあたるため、徴税吏員に限定されており、民間事業者に委託することはできません。

---

### ▶▶▶滞納整理の事例111

**Q** 電話による自主的な納付の呼びかけを民間事業者に委託したところ、滞納者が滞納の原因を任意に申し出て、徴収の猶予または換価の猶予に基づく分割納付が可能と判断される場合、民間事業者にどのような取扱いをさせればよいでしょうか。

**A** 地方税法第15条の徴収の猶予、換価の猶予は地方団体の長に属する権限であることから、分納を認めることまで民間事業者に委ねることは不適切です。

> 事例のような場合は、徴収の猶予、換価の猶予の説明に留めて、徴税吏員との面談交渉の機会のセッティング等に留めるべきでしょう。
> 　例えば「お客様のご事情は地方税法の徴収猶予に該当する場合がありますので、いついつまでに来庁して担当者とお話しください。」などと説明させることにします。
> 　また、滞納する期別数が少なかったり、滞納が少額であるため、滞納者が数回の分割納付で完納となりうる納付条件を申し出た場合は、民間事業者が受けても差し支えないでしょう。滞納者自身による任意の分納と位置づけることができるからです。

### (3) 臨戸訪問による自主納付の呼びかけ業務

　地方税を滞納している事実や滞納額等を伝えて自主的な納付を呼びかける行為に留めている限りは、直接滞納者と面接することも何ら問題はありません。ただし、庁舎の外で行われるため、滞納者についての個人情報の取扱いには万全の体制が求められます。

　民間事業者が地方自治法施行令第158条の2（収納事務の委託）に定める基準を満たしている場合は、臨戸訪問時に滞納者から直接の滞納税の納付行為が行われた際に、地方税の収納を委託することも可能です。

　ただし、金銭、特に公金であることから、徹底した管理・監督体制をとることが必要です。

> ［参考］
> 地方自治法施行令第158条・第158条の2：
> 　（歳入の徴収又は収納の委託）
> 第158条　次に掲げる普通地方公共団体の歳入については、その収入の確保及び住民の便益の増進に寄与すると認められる場合に限り、私人にその徴収又は収納の事務を委託することができる。
> 　一　使用料
> 　二　手数料

三　賃貸料
　　　四　物品売払代金
　　　五　寄附金
　　　六　貸付金の元利償還金
　2～　(略)
　第158条の2　普通地方公共団体の歳入のうち、地方税については、前条第1項に規定する場合に限り、その収納の事務を適切かつ確実に遂行するに足りる経理的及び技術的な基礎を有する者として当該普通地方公共団体の規則で定める基準を満たしている者にその収納の事務を委託することができる。
　2～　(略)

## 8　インターネット公売等の活用

　インターネット公売においては、どこからでも買い受けの申込みができるため、買受人の利便性が格段に向上し、多くの方が公売へ参加できるようになりました。公売に付す不動産や動産等の財産の換価が容易になるばかりか、「売れ残り」も少なくすることができます。さらに、公売手続きの軽減化にもつながるため、インターネット公売に積極的に取り組むことで、滞納整理の大幅な進捗が期待できます。

　滞納整理組合などの広域的な連携の強化は、行財政改革や徴収業務の合理化・効率化を図るうえで有効な手段であるといえます。小規模な地方公共団体ではノウハウの蓄積が困難であるばかりか、滞納者との接点が近すぎて滞納処分へ踏み込めないなどの問題が生じています。このような課題の解決策としては、都道府県と市町村の連携や市区町村間の連携強化に取り組むことが有効です。

　地方公共団体の内部においては、地方税だけではなく、国民健康保険料、介護保険料、保育料などの国税徴収法の例による自力執行権を付与されている債権の一元化(これらについては情報を共有すること、すなわち滞納者の財産情

報等を利用することについては、何ら問題はない)、さらに、公営住宅料、給食費、各種使用料など多様な債権をすべて集約することを含めて縦割組織による債権回収処理の重複をできる限り省き、統一的な対応をとることによって、行財政改革、徴収の合理化・効率化を推進していくことが重要です。

# 第2章 収納方法の工夫と地方税法第15条の弾力的運用

## 第1節 公金収納方法の多様化

### 1 モバイル端末と公金収納

　スマートフォンも含めて、モバイル端末を介したオンラインショッピング、ネットオークション、おサイフケータイでの買い物や乗り物の支払いにおける使用が激増しています。マルチペイメントネットワークが充実したことで金融機関に口座があれば税金や水道料などの公金を納めることも可能ですし、クレジットカードとモバイル端末があれば金融機関の窓口に行かなくても24時間いつでも自宅で納めることが可能です。

　今後は公金収納の多様化が進み、モバイル端末からの公金収納が主流になる日が近いかもしれません。

▶▶▶滞納整理の事例112

（マルチペイメントについて）

**Q** マルチペイメントについて、説明してください。また、地方自治体の導入状況等について、教えてください。

**A** 電気、ガス、電話などの公共料金、携帯電話料金、税金、国民健康保険料、インターネットショッピングの購入代金等を通信ネットワークで支払える仕組みのことをいいます。

　料金・代金を収納したい公共団体や企業と、銀行などの金融機関がネットワークでつながることによって、利用者は、ＡＴＭやインターネットに接続可能な携帯電話やパソコンを使用して、自分の口座から各種料金・代金を支払うことが可能となりました。

> 地方自治体では、税金収納の決済もできるところが増えてきました。
> このように、いつでも、どこでも、簡単に支払いが行えるサービスとして定着しつつあります。
> 公金収納方法の多様化については、地方自治体の9割がその必要性を感じており、たいへん関心が高く、今後導入するところが増えてくる見込みです。

## 2 コンビニ収納の導入

### (一) コンビニ収納の利便性

これまでの地方自治体の公金収納は、金融機関や自治体窓口での納付と口座振替制度に限定されていました。

現在、コンビニエンスストアは全国的に普及し、24時間営業が主流になっているばかりか、物販に限らず銀行ＡＴＭや公共料金をはじめとする収納代行サービスに力を入れています。コンビニエンスストアを公金収納の窓口と考えるならば、「24時間、365日いつでも、全国どこでも待たずに納付できる」という大きなメリットがあります。

地方自治体が公金収納の手段として活用することを検討するのは当然の動きですが、ネックとなるのは高い費用の問題です。口座振替の手数料は1件あたり約10円ですが、コンビニ収納の場合は1件あたり55〜60円程度の手数料が発生するため、この費用の負担を避けては通れません。

また、コンビニ収納の導入にはシステム開発のための投資負担が大きく、3,000万円〜5,000万円程度のイニシャルコストが発生します。この大きな費用を跳ね返すだけの効果を考えなければなりません。

効果として期待できるものは、次のとおりです。

(1) 収納率の向上
(2) 未納者に対する督促、催告の郵送料の削減
(3) 収納に係る事務経費の削減

このような環境の中で、地方自治体における公金のコンビニ収納は着々と増

加しています。また、マルチペイメントネットワークやクレジットカードを含めて、公金収納方法の多様化が進んでいます。

しかしながら、財政状況が厳しい地方自治体や人口の少ないところでは、公金収納方法の多様化を進める必要性を感じながらも、システム開発や収納にかかる手数料負担が大きいため、導入は難しいと考えられています。

### (二) 導入までの課題

公金収納の多様化においては、納付データ処理のためのシステム初期開発費用や維持管理費用がかかります。

地方自治体は、費用と効果のバランスを意識しながら、財政状況を踏まえて導入を検討していくことになります。住民の利便性向上と納付機会の拡大だけでは、その大きな費用を出せるものではありません。費用に見合うだけの効果を得るために、収納率の向上や収納事務費の軽減、督促コストの削減などに向けて努力していかなければなりません。

例えば国民健康保険料の収納率向上を期待する場合に、コンビニ収納とクレジットカードによる収納のどちらが有効かを考えてみます。

国民健康保険加入世帯の職業別世帯数割合では無職が約40％、世帯の所得別世帯数割合で100万円未満の所得世帯が約50％というデータからは、国民健康保険料加入者の半数以上がクレジットカードの信用保証上、契約できにくい人、審査が通りにくい人であることがわかります。クレジットカードは会員の信用保証を確認し、契約した上で発行されるものであることから、一定の所得とそれまでの与信情報が第一となります。

このようなことから、クレジットカードによる収納は、国民健康保険料の収納率向上には効果が小さいといえます。

### (三) ある自治体におけるコンビニ収納の導入

以下は、コンビニ収納の導入を検討している自治体の研究レポートです。

(1) 滞納者の分納の納付書もコンビニで使用できるようにすることによって、納期内納付者の利便性の向上だけではなく、納付機会の拡大と収納率の向上を目指す。

(2) すでに導入している地方自治体におけるコンビニ収納時間帯別利用者

数の調査では、深夜0時〜金融機関の窓口が開く9時までの利用者が7％、9時〜15時（金融機関窓口も開いている時間帯）が52％、15時〜24時までが41％であり、金融機関の営業時間外に48％の取扱いがある。

　金融機関の窓口が開かない土曜、日曜、祝日の納付分を含めると、61％が金融機関窓口の閉鎖している時間帯における収納である。

(3)　日本全国のコンビニ店舗数は約5万5,000店舗であり、そのほとんどで納付できるとすれば、市外へ転出した滞納者にも有効に活用できる。24時間いつでも、全国どこでも納付できる。

(4)　コンビニエンスストアの来客年齢階層を調査したところ、利用する世代の変化を把握することができた。これまではコンビニエンスストア＝若者のイメージが強かったが、現在ではコンビニ自体が若者向けというイメージを打破して、50歳以上まで幅広く利用されるようになっている。

(5)　コンビニエンスストアにはＡＴＭが設置されている場合が多く、ＡＴＭで出金して直ちに納めることができる。この点では、金融機関窓口と同等である。また、コンビニの利用形態を調べると、公共料金の支払いや銀行・ＡＴＭの利用が増加しており、従来の銀行窓口として使う習慣が十分に整ってきた。

(6)　コンビニ収納のメリットとしては、場所や時間を問わず納付できるので利便性が向上すること、納期内納付率の向上が見込めるので督促や催告費用の一定の削減が期待できること、初期滞納者を減少させることで徴収業務が効率化できること、納付意欲の希薄な若年層の納期内納付率の改善と向上が見込めること、翌日には仮消しこみ処理が行われるため納付確認が容易になる等を挙げることができる。

### ▶▶▶滞納整理の事例113

（外部委託の必要性について）

**Q**　現在当市では収納済通知書のＯＣＲ処理業務や納付書の印刷業務、手書き収納済通知書のデータ化などを外部委託していますが、その他で外部委託できる業務をご教示ください。

催告センターを設置して、その全てを外部委託するという方法があります。電話催告だけではなく、文書催告も行わせます。

電話催告については対象者の抽出、納付確認、電話催告、催告結果の入力を対応させます。文書催告については対象者の抽出、納付確認、封入封緘、文書催告に反応した電話納付相談を対応させます。

外部委託の基準としては、公権力の行使に当たらない業務であることが条件になりますが、コンビニ収納はまさしく外部委託に最適であるといえます。

従来の滞納整理では、滞納者数が多いため、正職員の人員だけでは窓口対応と文書催告に留まる傾向がみられました。しかし、窓口の定型的な交渉業務を非常勤職員に担当させる、電話・文書による催告を外部委託で行う等の対応をすることによって、正職員は高額事案等の差押えや納付折衝を行う時間を確保することができます。

電話や文書催告に反応した納付意思のある滞納者に対しては、コンビニでの納付や口座振替を指導していくことになります。

### (四) 国民健康保険料(税)収納率向上へのコンビニ収納の有効性

国民健康保険料(税)加入世帯のうち無職が約40%、100万円未満の低所得世帯が約50%、さらに非正規雇用の割合が高く、毎月定期的、安定的な収入がない世帯が大半を占めることが、滞納に陥る原因であるといえます。

このような加入世帯の所得状況からは、コンビニ収納を活用して納付機会を拡大すること、いつでもどこでも納めることを可能にすることが、収納率の向上につながると考えられます。

コンビニ収納には次のような特徴があるため、現年度の収納率向上だけではなく、滞納繰越分の収納率へも好い影響を与えると考えられます。

① 日中仕事を持つ単身者に、24時間収納窓口が確保される。
② コンビニは若年層から高齢者層まで幅広く利用されている。
③ 市外へ転居しても、全国どこでも納めることができる。

なお、収納率を向上させるためには口座振替の活用が有効であるといわれますが、口座振替の加入については、一定金額以上の毎月定期的な所得がある世帯に勧奨することが望ましいといえます。

### (五) コンビニ収納のまとめ

コンビニ収納については、以下のようにまとめることができます。

庁舎窓口や銀行、郵便局の窓口では取扱時間等に制約がありますが、コンビニエンスストアで税金の納付が可能になれば、日曜祝日の休日や庁舎窓口等が閉まった以降も深夜でも、納付が可能となります。地方税の収納をコンビニエンスストアに委託する形で行うことになれば、納税者の利便性が大きく向上することは間違いありません。ただし、1件当たりの手数料が概ね50～60円かかるため、費用対効果の観点を十分に検討する必要があります。

さらに、コンビニエンスストアでの納付は納期限までだけではなく、督促状や催告書など滞納の初期段階においても納付可能な契約にすれば、徴収強化に有効な手法として期待することができます。また、一定以上の滞納期間があっても換価猶予に基づく分割納付等にも活用できるならば、よりいっそうの効果が得られそうです。

いずれにしても、コンビニエンスストアでの納付は滞納整理業務よりはむしろ収納業務を合理化、効率化することになると考えるべきです。収納に携わる人員を徴収に従事させる狙いも生じてくるでしょう。

## 3　MPNでの収納

MPNは、全国の金融機関や収納機関を結んで、納税者が時間や場所を自由に選び、携帯電話、パソコン、金融機関のATMなどを通して地方税の納税を可能とする手法です。

「MPN」とはマルチペイメントネットワークの略です。金融機関によるモバイルバイキングのサービスが普及拡大している現状からも、今後の収納業務の合理化、効率化にかなりの期待ができる手法といえます。

元々民間主導で進められたネットワークですが、総務省が「電子自治体推進パイロット事業」に採用したことから、一部の自治体では、公金の支払いにつ

いて、すでに実験的に活用しています。

ただし、収納システム改修や通信サーバーの自己導入が必要となるため、費用対効果の問題を考えると、一長一短があると言わざるを得ません。なお、収納機関共同利用センターを利用することによって、初期投資と運用コストを削減することは可能です。

☆　利用者のメリット
・納付場所：パソコン・携帯電話・ＡＴＭ等によって、自宅・外出先を問わず納付可能。
・納付時間：24時間、土日祝日も納付可能。

☆　地方公共団体のメリット
・収納消込作業：電子的な納付済通知を使って消込が可能。
・督促作業：納付を即座に把握できる。
・延滞金管理：延滞金の自動計算によって正確な収納が可能。

## 4　クレジットカードを利用した納付

日常生活においてクレジットによる商品の購入や代金の支払いを行うことは一般的ですが、地方税など公金についてもクレジットカード支払を認めることによって、納税者の利便性は大きく向上することになります。

クレジットカードには債権譲渡方式と立替払い方式の２つの方式がありますが、民間で広く利用されている方式は債権譲渡方式です。

地方税については民間への債権譲渡を行うことはできないため、立替払い方式を活用することになります。立替払い方式を活用したクレジットカードによる地方税の納付は、地方税法第20条の６における「第三者納付」の規定から、第三者であるクレジット会社が納税者に代わって地方税を納付すると考えることができ、現行の法制度上も何ら問題はありません。

クレジット会社の与信を含む認証についての方法としては、所定のインターネットサイトで納税者にクレジット番号等を入力・送信してもらって認証する

方法や、納税者が事前に申込書によってクレジット番号等を地方公共団体に登録してもらい、一定の時期に認証する方法があります。

　前者では納税者は時間や場所を選ばずに納付が可能となることから、マルチペイメントネットワークと同様のメリットがあります。後者では口座振替制度と同様のメリットが得られることになります。さらに、口座振替制度では口座残高の不足を理由に振替不能となりますが、後者では口座に残高がなくとも納税は履行されるメリットがあります。

　納税窓口に機器を設置すれば、納税者からクレジットカードの提示を受けた際に認証を行うことも可能となりますし、職員が携帯機器を所持すれば納税者の自宅でも認証することが可能となります。

　デメリットとしてはカード番号を含めた納税者の個人情報の取扱いや真正性の確認などには十分な配慮が必要となること、手数料の地方自治体の負担額が他の方法よりも割高になることへの配慮、すなわち、手数料で一定額以上は納税者負担とするなどの検討が必要になるでしょう。また、クレジットの提示から実際にクレジット会社による地方税の納付までのタイムラグの問題なども慎重に検討していかなければなりません。

> ▶▶▶滞納整理の事例114
>
> **Q** 軽自動車税の滞納事案や少額滞納事案の全滞納者に占める割合が大きくなっていますが、郵送による催告を繰り返し行うこと、臨戸訪問による納税の慫慂、財産調査を実施した上で滞納処分を執行すること等は、費用対効果の側面からは不経済だと言わざるを得ません。しかし、これらの事案を放置すれば納税の公平性に対する信頼を損なうことにもなりかねません。
>
> 　このようなことを踏まえて、低コストで徴収効果を上げられる方法はないか、お示しください。
>
> **A** 徴収対策を推進するうえで、徴収事務の効率化を図ることは極めて重要です。
>
> 　他方で、税負担の公平性の達成を目標にしなければならず、単に費用

対効果を目指すだけではこれを達成することはできません。

　民間事業者の活用や再任用職員制度（定年退職者等の採用）、非常勤職員の導入などが検討されることになります。滞納処分に係わらない業務についてはこれらを活用することによって、コストの低減と納税の公平性を守ることを目標にするのがよいでしょう。

## 第2節　合理化及び効率化の推進策

### 1　国民健康保険料と地方税徴収の連携強化

　国民健康保険料については、国民健康保険法第79条の2及び地方自治法第231条の3第3項の規定で、地方税の滞納処分の例によって処分することができるとされています。

　地方税の滞納処分を例にするということは、国税徴収法第141条の規定が適用されることになり、滞納者の財産に関する必要な質問及び検査・捜索もできることになります。

　地方税と国民健康保険料を一元的に集約して徴収することは、地方税法第22条に定める守秘義務の規定を遺脱するものではなく、地方税及び国民健康保険料のそれぞれの部署で滞納者の財産情報を共有することは、何ら法的に差し支えないと判断することができます。

---

［参考］

**国民健康保険法第79条の2：**

　（滞納処分）

　第79条の2　市町村が徴収する保険料その他この法律の規定による徴収金は、地方自治法第231条の3第3項に規定する法律で定める歳入とする。

---

[参考]

**地方自治法第231条の3第3項：**

（督促、滞納処分等）

第231条の3

3　普通地方公共団体の長は、分担金、加入金、過料又は法律で定める使用料その他の普通地方公共団体の歳入につき第1項の規定による督促を受けた者が同項の規定により指定された期限までにその納付すべき金額を納付しないときは、当該歳入並びに当該歳入に係る前項の手数料及び延滞金について、地方税の滞納処分の例により処分することができる。この場合におけるこれらの徴収金の先取特権の順位は、国税及び地方税に次ぐものとする。

## （一）　地方税と連携した場合の問題点

### （1）　時効の問題

国民健康保険料の時効は2年ですが、地方税の時効は5年です。

国民健康保険料の滞納整理を地方税の滞納処分の例により進めるにあたって、面白い状態が想像できます。どのようなことかといいますと、「滞納処分をすることによってその生活を著しく窮迫させるおそれがあるとき」と判断される事例で滞納処分の停止を行った場合において、執行停止期間が満了する3年を迎える前に国民健康保険料の時効は完成するということです。すなわち、停止をしてもしなくても、時効が訪れる方が早いということになります。

ただし、何ら滞納処分を行わないまま時効を迎えると、自力執行権を行使しないという問題が生じてきます。したがって、単に時効を迎えるのではなく、滞納処分の停止を行うことが適切な処理であるといえます。

### （2）　公租公課の問題

地方税では差押えの先着手、交付要求の先着手が保証されますが、公租公課の優先順位では公租が優先されます。

したがって、公課である国民健康保険料で滞納処分による不動産差押えを実

施しても、公租に参加差押えされると、権利関係では後ろである公租に配当順位では優先順位があることになります。

また、地方税と国民健康保険料を同じ執行機関が一元管理する場合は、法的な優先順位に従えば地方税から優先徴収する手続きを取らざるを得ないため、国民健康保険料の徴収率が低下するという意見もあります。

▶▶▶滞納整理の事例115

**Q** 国民健康保険料を滞納するAに対して不動産の差押えを執行しましたが、B国税、C市税、D社会保険事務所が参加差押えを執行しました。

その後、この不動産について、裁判所から競売開始決定通知書兼求意見書が送達されたため、裁判所に対して競売手続続行に同意する旨を通知しました。

このような場合、競売の配当順位はどうなるのでしょうか。

**A** 配当順位については、B国税またはC市税が、参加差押えの順番には関わらず、交付要求の早い方が上位となります。

国民健康保険税であれば、差押先着手の優先によって配当順位1位が守られますが、事例では「料」であるため、公租が公課に優先して、このような順位となります。

いずれにしても、B国税とC市税が配当順位の1、2位を占めることになります。

国民健康保険料は、差押えの先着手の規定によってD社会保険事務所よりは優先され、3番目に配当を受けることができます。

▶▶▶滞納整理の事例116

**Q** 公課である国民健康保険料の滞納処分において、公租の徴収機関より参加差押えまたは交付要求を受けると、配当を優先的に受けることができませんが、このような公租公課の優先関係の条件下で、

確実な収納を目指すためにはどのような取組みが必要でしょうか。

預貯金の差押えを積極的に行って、配当計算書の交付時までに公租からの交付要求がなければ、配当を獲得することができます。

不動産を差し押さえするよりは即時取立てである預貯金を差し押さえする方が確実な収納につながります。

預貯金調査の徹底を心掛けることが重要です。

国民健康保険料の徴収機関の立場からは、国民健康保険料はすべて国税及び地方税に次ぐものとされているため、地方税の徴収機関に連携を求めても、差押えが絡んでくるとメリットが少ないことになります。

このように、国民健康保険料と地方税を連携させても、滞納処分上は限界があります。

徴収を一元化する目的は、事務全体を簡素化することによって、最少徴税費を実現するとともに、納税者の利便性を向上させることにあります。

同じ地方公共団体で2つの徴収機関を持つよりは、一元化した方が明らかに徴税費は下がります。公租と公課の両方を滞納する者については、費用対効果の側面から、財産調査、文書催告、分納管理等を統一的に実施することが重要です。

(二) 税と連携した場合の国民健康保険料の滞納整理

(1) 国民健康保険料と税の両方を滞納している場合

滞納処分については法的な優先順位がある以上、国民健康保険料の徴収は税に劣後することになります。

換価の猶予に基づく分納が認められる事案では、毎月3万円の分納を各々の滞納額に応じてそれぞれに振り分けることは可能です。

公売または競売で滞納整理が進捗する事案以外については、徴収業務を集約することに意味があることになります。

(2) 国民健康保険料のみの滞納の場合

税の徴収機関の徴収ノウハウをそのまま国民健康保険料の滞納整理に取り入

れることができますから、税との連携によって大きな効果を期待することができます。

この場合は、税の滞納がないのは住民税が非課税であるためか、あるいは特別徴収であるためか等の情報を活用して、方針を決定していきます。

## 2　国民健康保険料の2年時効を踏まえた滞納整理

税の滞納整理の基本は、滞納整理の早期着手と現年度優先です。2年時効の国民健康保険料の滞納整理では、この基本方針をさらに徹底させることが最も重要です。

単年度整理を徹底し、当該年度に賦課された国民健康保険料をその年度のうちに収納し、翌年に繰り越さないことを最重点として、取り組むことが必要です。

2年時効であるからには、5年時効の税よりも早く着手することが望ましいことはいうまでもありません。

今後も厳しい経済情勢が続いて収納率が低下し、国民健康保険収支が赤字となった場合は、一般財源から赤字分を繰入して補填することになります。このような不公平な事態を避けるためにも、取れる事案と取れない事案を早期に見極めることが重要となります。

### (一)　国民健康保険料で滞納処分

#### (1)　2年時効をじっくり考える

文書催告や実態調査をしても明らかに誠実な納付の意思を持たないと判断される滞納者に対して、現年度時点で差押えを執行し、その後に滞納者と納付交渉の機会を持ち、換価の猶予あるいは滞納処分の執行停止を検討できる状態になった時点を考えてみましょう。

例として平成29年7月31日納期の国民健康保険料を取り上げますと、この保険料は平成31年8月31日に時効が完成することになります。平成31年度の途中で納税義務が消滅しますが、この平成31年度の会計年度が終わるまでは調定額に含まれており、平成32年度の調定には含まれないことになります。

この保険料に対して平成29年12月7日に差押えを執行し、12月14日に滞

納者との納付交渉の機会を得て、滞納者から聴取した滞納原因や担税能力の内容とその後の反面調査によって事実確認が裏づけされ、停止相当であると判断されたとしましょう。

仮に停止の反面調査(預貯金調査等)に時間がかかり、2ヶ月間を要したとしても、平成30年2月中に滞納処分の執行停止を行うことは十分に可能です。

執行停止をした場合は差押えを解除しなければならず、この日から時効に向かって再びカウントされていくことになります。したがって、滞納者の状況が停止の要件を満たしたまま平成32年2月まで継続すれば、国民健康保険料の時効が完成します。

平成31年度中に納付義務が消滅して平成32年度調定には含まれないことになるわけで、このように時効を完成させたとしても、自力執行権を行使しないまま時効を迎えたわけではなく、執行停止中に時効の優先が訪れたことになりますから、最も適切な判断による滞納整理が行われたことになります。

また、換価猶予の要件を満たしていれば、1年以内または2年以内の完納を見込むことができますから、この場合も平成32年度へ繰り越すことはありません。

このように2年時効であることを考慮すれば、1年目すなわち現年度のうちに差押えを執行し、納付交渉を経て、取れるか取れないかを見極めていくことが単年度整理の基本であり、滞納の累積をさせない適正な滞納整理であるということができます。

### (2) 無職者・低所得者の多数加入を考慮

住民税の課税状況から所得を調査し、固定資産税課税台帳から所有不動産の状態を調査し、その他預貯金調査等で財産を調査することができれば、国民健康保険の加入者には無職者や低所得者が多く含まれていることから、停止を検討できる事案が多数含まれているものと考えられます。

言い換えれば、所得状況などの内部調査と預貯金調査等の外部調査を徹底しながら、滞納者との納付交渉を組み合わせて、取れる、取れないを見極めていけば、かなりの整理進捗が期待できることになります。

### (3) 余剰金への交付要求

税の差押えによって完納となり、余剰金が生じている場合は、交付要求（または二重差押え）をすることによって、配当を得ることができます。

このような事例は全体からは少ないといえますが、集約化して管理しておけば、確実に徴収することができます。

(二)　調書の作成について

税と国民健康保険料の集約化、一元化を行った場合でも、滞納処分はそれぞれ別々に行うべきであると考えます。

滞納明細書も別々に作成し、差押書等もそれぞれ作成することが適切です。

時効完成の期間が違うだけではなく、公租公課であるため、換価手続きや競売における配当順位が優先劣後の関係にあるので、分けて作成した方が後々の事務処理に障害を残さないことになります。

預貯金等の差押えについては、余剰金が生ずる時のみ国民健康保険料で二重差押調書を作成するのがよいでしょう。

その他の債権等の差押えの場合は、二重差押書に交付要求をする旨を明記することが、適切な処理であるといえます。

## 3　納税の猶予等の取扱要領

1976年6月に、国税庁長官から「納税の猶予等の取扱要領の策定について」の通達が出されました。1973年の第一次オイルショック後の経済不況が、この通達が出される要因であったかどうかはわかりませんが、この総則には以下のような記述があります。

「納税者によっては、納期限内における納付又は滞納処分の執行による強制的な徴収手続等を緩和することが納税者の実情に適合し、かつ、徴収上の措置としても妥当とされる場合がある。納税の猶予等の制度は、このような場合に納税者の実情に即応した措置を講ずることにより、納税者との信頼関係を醸成し、税務行政の適正、かつ、円滑な運営を図ることを目的とするものである。」

「国税の徴収に当っては、画一的な取扱いを避け、納税者の個別的、具体的な実情に即応した適正妥当な徴収方法を講ずることが必要である。特に、

納税者から、その納付すべき国税につき即時に納付することが困難である旨の申出等があった場合には、その実情を十分調査し、納税者に有利な方向で納税の猶予等の活用を図るよう配意する。」

「失業率が5％を超える」、「全労働者の40％以上が非正規雇用」、「非正規雇用者の4人に3人が200万円未満の所得」となっている今日、私たち徴税吏員は、改めて1976年6月の通達を熟考しながら、低所得で雇用が不安定な厳しい生活状況に置かれている滞納者と向かい合わなければなりません。

すなわち、滞納原因の把握と担税力を調査することに労力を割き、納税の緩和制度を大いに活用していくことが極めて重要です。

## 4　換価猶予の弾力的運用

納税の猶予等の取扱要領を活用しながら、換価の猶予の要件をまとめてみましょう。

（1）　滞納者が納税について誠実な意思を有すると認められること。

「納税についての誠実な意思」とは、滞納者が、その滞納に係る国税を優先的に納付しなければならないことを認識していることをいう。なお、「納税について誠実な意思を有すると認められる」かどうかは、従来において期限内に納税していたかどうか、納税の猶予、換価の猶予等の場合において確実に分納を履行したかどうか及び納税の能力等を参考として判定するものとする。この場合においては過去にほ脱の行為又は滞納の事実等があっても、現在において誠実な納税の意思を有していると認められるかどうかにより判定する（国税徴収法基本通達第151条関係2）。

「納税の能力」については、換価の猶予をしようとする場合において、原則として、換価の猶予をしようとする国税を一年以内に納付でき、また、猶予期間中に納期限が到来すると見込まれる他の国税についても、その期限内に完納できる能力があると見込まれることをいう。この場合における「納税の能力」を有するかどうかは、所有する資産及び最近における収入等の概況により判定して差し支えない。

(1)に該当し、かつ、次の(2)と(3)のいずれかに該当すると認められる場合に換価の猶予の要件を充たすことになります。

(2) 財産の換価を直ちにすることにより、その事業の継続又は生活の維持を困難にするおそれがあるとき。

換価しようとする国税のすべてを直ちに徴収しようとする場合において、次のいずれかに該当するときは、「その事業の継続又は生活の維持を困難にするおそれがあるとき」と同様に処理する。

(ア) 滞納処分の対象となる滞納者の財産のすべてを換価しなければならないと認められるとき。

(イ) 滞納者の事業の継続あるいは生活の維持に必要と認められる財産以外の財産の換価処分のみでは、滞納に係る国税のすべてを徴収することができないと認められるとき。

(3) 財産の換価を猶予することが、直ちに換価することに比し、滞納に係る国税及び最近において納付すべきこととなる国税の徴収上有利であるとき。

換価の猶予をしようとする国税のすべてを直ちに徴収しようとする場合において、次のいずれかに該当するときは、「換価の猶予をすることが、直ちに換価することに比し国税の徴収上有利であるとき」に該当するものとして処理する。

(ア) 滞納者の財産のうち滞納処分ができるすべての財産につき滞納処分を執行したとしても、その徴収することができる金額が徴収しようとする国税に不足すると認められる場合であって、換価処分を執行しないこととした場合には、換価の猶予に係る期間内に新たな滞納を生ずることなく、その猶予しようとする国税の全額を徴収することができると認められるとき。

(イ) 換価すべき財産の性質、形状、用途、所在等の関係で換価できるまでには相当の期間を要すると認められる場合で、換価処分を執行しないことが、換価の猶予をしようとする国税及び換価の猶予に係る期間内において納付すべきこととなる国税の徴収上有利であると認められるとき。

（ウ）　滞納国税につき直ちに徴収できる場合等であっても、最近において納付すべきこととなる国税と既に滞納となっている国税との総額については、換価処分を執行しないことが徴収上有利であると認められるとき。
(4)　原則として、滞納に係る国税の額に相当する財産の差押え又は担保の提供があること。

「原則として」と断りがあるように、差押え又は担保を徴取することにより、事業の継続又は生活の維持に著しい支障を与えると認められる場合、納付委託に係る有価証券の提供により、換価の猶予に係る国税につき差押え又は担保提供の必要がないと認められるに至った場合、換価の猶予に係る税額が比較的少額で、かつ、滞納者の納税の誠意及び資力の状況等から判断して、差押え又は担保を徴取しないこととしても徴収上支障のないことが明らかであると認められる場合は滞納に係る国税の額に相当する財産の差押え又は担保の提供はなくてもかまわないとされています。

### ▶▶▶滞納整理の事例117

**Q**　緩和措置を講じて換価の猶予に基づく分割納付を認める際に、財産調査が追いつかず、滞納者の所有する財産を把握しきれないまま、どの財産の換価を猶予しているのか不明な事案（単に分納を認めているだけの事案）が多数存在しています。
この問題について、どのように対応すべきでしょうか。

**A**　生活収支表を作成することが重要です。分納申請時に滞納者自身に作成させるか、納税交渉時の聴取を通じて徴税吏員が作成するようにします。
3カ月程度の分納で完納する場合はともかくとして、換価の猶予を認める場合や滞納処分の執行を停止する場合は必ず作成していることが望ましく、担税力を正確に把握した上で月々の分納額を決定することにします。
滞納者に地方税法第15条の5又は7の規定を十分に説明した上で、滞納者の所有財産の有無についても滞納者自ら聴取することにします。

> 「取扱要領」は国税の徴収職員だけのものではなく、地方税を取り扱う徴税吏員も十分に活用することが重要だと考えます。

## 5 滞納処分の停止に関する取扱い

平成12年6月30日に国税庁長官から「滞納処分の停止に関する取扱いについて（事務運営指針）」が示されました。

それは、滞納処分の停止の趣旨を踏まえ、滞納処分の停止事務を適正に処理しつつ、その効率化を図るため、滞納処分の停止処理に当たっての具体的な手続きを定めるものです。

以下に、その内容を記載します。

### （一） 事務運営指針の基本的な考え方

滞納処分の停止は、滞納者につき国税徴収法（以下「徴収法」という。）第153条第1項に定める事由に該当するときに、その者についての滞納処分の執行を停止するものであり、納税の猶予等の猶予措置とともに、納税緩和措置の一環をなすものである。滞納者の納付すべき国税については、租税負担の公平を実現するためにも、その確実な徴収に努めなければならないが、一方、滞納者について滞納処分の停止に該当する事由があるにもかかわらず滞納処分の停止を行わない場合には、納税緩和措置の適正な執行という観点から不適切であるのみならず、滞納処分の執行を続行する意義がない事案の管理等のために事務量を投入せざるを得ないこととなるなど、事務の効率化にも反することになり、全体として、滞納整理における確実な徴収にも支障が生じることになる。

したがって、滞納整理に当たっては、滞納者の実情を把握し、その実情に即した処理を的確に実施し、その結果、滞納者について、滞納処分を執行することができる財産がない場合、又は滞納処分を執行すれば滞納者の生活を著しく窮迫させるおそれがある場合など徴収法第153条第1項に定める事由に該当するときには、遅滞なく滞納処分の停止を行うことに努める。

なお、滞納処分の停止に当たっては、租税負担の公平を実現する観点から、本取扱いにおいて一律的・形式的に行うことのないよう留意する。

## (二) 「停止相当」としての事案管理

(1) 滞納処分着手後5年以上経過しているとき（滞納国税に相当する価額の財産を差し押さえている場合、交付要求により滞納国税に相当する配当が見込まれる場合、納税の猶予、換価の猶予若しくは納付受託を行っている場合又は不服申立てを行っている場合を除く）。

(2) 滞納者がすでに事業を行っておらず、かつ、滞納処分を執行しても滞納国税を徴収できる見込みがないとき。

(3) 滞納者の所在又は滞納処分を執行できる財産が不明で、1年以上調査を継続しても発見できないとき。

(4) 滞納国税が破産宣告前の原因に基づいて生じた国税及び破産宣告後の原因に基づいて破産財団に関して生じた国税である場合で、既に破産手続きが終結していること。

(5) 滞納国税が会社更生手続開始前の原因に基づいて生じた国税である場合で、既に清算を内容とする会社更生計画案が認可決定されていること。

(6) 債務を弁済するために財産を譲渡したことに基因して税額が確定したもので、その課税資料等から判断して滞納国税を徴収できる見込みがないこと。

(7) (6)に準じ、税額が確定したときにおいて、その課税資料等から判断して滞納国税を徴収できる見込みがないこと。


(1)については、不動産の差押えに着手してから5年が経過しているのに換価手続きに踏み込めない場合が想定されます。このような長期にわたって公売できないのであれば、例えば滞納者の住居を失わされるために生活が窮迫させるおそれがある場合などもあるでしょう。

(3)については、国税徴収法第153条第1項第3号は滞納者の所在と財産がともに不明であることを執行停止の要件としていますが、不明なのが滞納者の所在か財産のどちらか一方であっても、1年間の調査で判明しなければ執行停止ができると示したものです。

(4)については、国税においてこのような基準で滞納処分の停止をして差し

支えないと判断するのであれば、市町村における住民税については前年の所得によって賦課されるので、破産宣告前の原因で生ずることになりますから、滞納処分の停止の対象として取り扱いやすくなります。

(6)については、債務を弁済するために不動産を売却した場合に発生する譲渡所得に係る住民税についても、滞納処分の執行を停止することを検討できることになります。

(三) 滞納処分の停止要件の充足性を判断する場合の留意事項
〔1号要件の充足性を判断する場合の留意事項〕
(1) 次に掲げる財産を差し押さえている場合において、その財産について必要な売却手続き（随意契約による売却の勧奨を含む）を行っても売却できる見込みがないときは、その財産は、滞納処分を執行することができる財産に当たらないものとする。
(ア) 差押前から公共目的のために供されている財産（当該財産の使用状況を勘案すると、他の財産でもってその公共目的が達せられると認められる場合を除く）
(イ) 差押財産の性質形状が、災害その他やむを得ない事情によって差押時に比較して著しく異なることとなった財産（人為的な原因により差押財産の現状が著しく異なることとなったときは、その原因を引き起こした者に対し原状回復請求、損害賠償請求等の法的手段を講ずることができない特別の事情があるとき、及びその著しく異なることとなった原因が滞納者の責に帰さないときに限る）
(2) 国外に所在する財産は、滞納処分を執行できる財産に当たらないものとする。
(3) 滞納者が事業を継続している場合において、次のいずれにも該当するときは、滞納処分を執行することができる財産がないときに当たるものとする。
(ア) 滞納者が納税について誠実な意思を有すると認められること。
この場合の納税について誠実な意思を有すると認められるかどうかは、その判定を行おうとする日前のおおむね3年間において、その期間中に

納期限が到達した国税の納付税額に相当する金額以上の納付を行っており、かつ、滞納者について、滞納処分の停止をした場合においても、今後新たな滞納を発生させるおそれがないと認められるかどうか等を勘案して判定する。
(イ)　現金、預金、売掛金等の当座資産及び棚卸資産（仕掛品等を含む（以下「当座資産等」という））以外に滞納処分を執行することができる財産がないこと。
(ウ)　(イ)の当座資産等について滞納処分を執行することにより、直ちにその事業の継続を困難にするおそれがあること。
(エ)　見込納付能力調査により算出した月平均支払可能資金額により毎月分割納付を継続した場合において、完納に至るまでおおむね10年程度の長期間を要すること。
(オ)　資力の急激な回復が見込まれないこと。
　　　この場合の資力の回復の見込みは、その判定を行おうとする日の直前の年分（法人については事業年度とする。以下同じ）、その前年分及び前々年分の三年間における売上高と経営損益（又は所得金額）の推移、負債の返済状況、経営再建策の有無等を勘案して判定する。

〔2号要件の充足性を判断する場合の留意事項〕
(1)　滞納者が差押禁止財産以外に財産を有していても、収入が僅少で安定性がないため、その生活の維持が難しい場合（滞納者の収入が主として給料等によるものであるときは、徴収法第76条に定める差押禁止額と同等の額以下で、かつ、生計を一にする親族等の収入を見込んでも生活の維持が難しいと認められる場合をいう。また、滞納者の収入が主として事業によるものであるときは、見込納付能力調査の結果、納付可能資金が算出されず、かつ、生計を一にする親族等の収入を見込んでも生活の維持が難しいと認められる場合をいう）、扶養親族を含めた滞納者の生活を維持するためにその財産を生活費に充てつつある場合（今後一年程度の間にその財産を生活費等やむを得ない支出に充てる状態になるおそれがあると認められる場合を含む）又はその財産が現に生活の用に供されており生活の維持

に必要不可欠と認められる場合には、生活を著しく窮迫させるおそれがあるときに当たるものとする。

(2) 滞納者の居住用財産を換価するときにおいて、生活保護法の適用を受けなければならないほどではないが、次のいずれにも該当する場合は、生活を著しく窮迫させるおそれがあるときに当たるものとする。

(ア) 滞納者について老齢又は病気、負傷その他これに準ずる事実があり、滞納者及び生計を一にする親族の収入の合計が徴収法第76条に定める差押禁止額と同等の額以下しかなく、今後三年程度の間においてもその回復が見込まれないこと。

(イ) その財産が、滞納者の生活にとって必要最低限のものであること。
　この場合において、必要最低限のものであるかどうかは、その財産の立地条件等を勘案して、社会通念上必要最低限度のものと認められるかどうかにより判定する。

(ウ) 居住用財産を換価した場合において、滞納者が親族その他の者と同居することが不可能であり、かつ、新たな生活の本拠となるべきアパート等の賃借に要する費用等（引越費用及び今後１年間の家賃相当額を含む。以下同じ）を有しないと認められること。

(エ) 居住用財産を差し押さえている場合において、国税に劣後する公租公課、私債権等を有する者の参加差押え又は強制執行により差押等がないこと。

(オ) なお、参加差押等がある場合においても、差加差押権者等がその権利を行使しないと認められるときは、参加差押等がないものとして処理する。
　次に該当する場合には、原則として、生活を著しく窮迫させるおそれがあるときに当たらないことに留意する。

(カ) 土地のみを換価する場合

(キ) 居住用財産を換価した場合において、滞納者に交付すべき残余金が滞納者の新たな生活の本拠となるべきアパート等の賃借に要する費用等に相当する額を超えると見込まれる場合

(ク) その財産に第三者の債務を担保するための抵当権等が設定されている場合において、その被担保債権の弁済に伴う求償権の行使が現実に可能な場合

## 6　執行停止の要綱策定

　執行停止を判定する基準となるのは、財産の有無と停止判定時の家計状況にあるといえます。そして、納税緩和措置の適正な執行という観点からは、滞納処分の執行を続行する意義がない事案については執行停止を進捗させることが重要です。

　最近では、国税徴収法の通達を基にして、独自の執行停止要綱等を策定する市町村が増えてきました。

　一部を紹介しながら、新しい「要綱」の一文を作成してみましょう。

（一）　地方税法第15条の7第1項第1号、滞納処分できる財産がない場合の適用基準

　所得及び財産が全くない、あるいは差押禁止財産、換価価値がない財産等しか保有しておらず、原則として現年度非課税の場合とする。

（二）　地方税法第15条の7第1項第2号、滞納処分をすることによってその生活を著しく窮迫させるおそれがある場合の適用基準（全部停止）

　所得及び不動産を所有するが（ただし自宅のみ）、生活を維持するためだけのものであって、原則として非課税の場合とする。

(1)　生活保護法の適用を受けている場合
(2)　生活保護法の適用基準に近い生活程度の場合
(3)　低所得で資力の回復が望めない場合
(ア)　老年者（65歳以上）で、一年以内に資力の回復が望めないとき
(イ)　障害及び病弱のため、一年以内に資力の回復が望めないとき

特例基準（一部停止）

　滞納額全額を納付することは現在の生活状況から困難であると認められ、滞納者に納税に対する誠意を認めることができるときは、納付可能額を一括または分割納付させ、滞納額の一部を執行停止し、新規滞納を発生させないように

する。

(三) 地方税法第15条の7第1項第3号、滞納者の所在および滞納処分できる財産がともに不明である場合の適用基準

滞納者の所在不明期間が、概ね1年以上の場合に適用する。

▶▶▶滞納整理の事例118

**Q** 最近では国税徴収法の通達を基本として独自の執行停止要綱等を策定する市町村が増えています。住民税が非課税である場合を適用基準としているところが多いようですが、停止と非課税の関係について説明してください。

また、準要保護世帯を停止の規定に含めることについて、解説してください。

**A** 住民税は前年中の所得に応じて課税されることから、現年度の住民税が非課税の場合は、前年中の所得が低かったことが明らかであり、担税する力が弱っていたことがわかります。数年間に非課税の状況が一度でもあれば、その期間の所得が減少していたことは明らかであって、家計の収支状況を立て直すのに一定期間は必要だと考えることができます。このような場合で換価できる財産がなければ、停止を検討することが妥当であると考えます。

また、生活保護法の適用を受けていれば執行停止の要件を充たしていることは明らかですし、所有する財産が居宅用の不動産だけであれば、生活保護法の規定でも保護の対象になることから、地方税法第15条の7第1項第2号の規定に基づいて停止することになります。

生活保護法の適用基準に近い生活程度の場合を準要保護世帯程度と考えれば、わかりやすくなります。子どもが二人いる場合の準要保護世帯の所得は320万円程度であり、収入がこの金額より少なければ就学援助制度の対象となることから、このあたりを停止相当のボーダーラインと考えることが可能です。

第一のセーフティーネットである失業保険や、第二のセーフティーネ

ットである生活福祉資金貸付制度や訓練・生活支援給付制度の対象となっている場合も、停止相当と判断して差し支えないといえるでしょう。

▶▶▶滞納整理の事例119

**Q** 子どもがいる世帯では準要保護の基準を活用すれば停止の判定がしやすくなりますが、単身者等または子どものいない世帯等の停止検討の基準はどのように策定すればよいでしょうか。

**A** 子ども2人がいる平均的な4人世帯の場合は相対的貧困率の概念からは可処分所得で244万円、生活保護法からは持ち家がなければ334万円程度、生活保護を受給していない準要保護世帯であるならば所得で320万円程度と、停止判定に収入金額を使いやすくなります。

所得の金額で停止の判定がしやすいのは間違いありません。もちろん停止を検討する場合は、財産調査(預貯金等)で換価のできる財産がないことが前提となります。

単身者の場合は相対的貧困率の概念からは可処分所得で127万円、生活保護法からは、例えば30歳男性で1級地の2であれば生活扶助基準の個人単位で3万9,580円、世帯単位で4万2,680円、住宅扶助基準で3万7,000円、支給総額は11万9,260円となり、年間では143万1,120円です。この金額よりも少ない収入であれば、停止の基準を充たしていると判断することが適切です。

また、若年層の滞納者等は非正規雇用によって定職を持てずに収入が不安定であるばかりか、過去3年間に非課税の期間がある滞納者も多数います。非課税の前年は低所得であることは間違いありませんから、所得の低いときの生計の状態等を滞納者から聴取して、生活費等の借入れや親族からの援助があった場合などは、現年度が非課税でなくとも停止を検討していくべきです。もちろん現年度を優先させて、滞納繰越分は執行停止であるということに留意します。

# 関係法令の知識

## 第1節 地方税の優先と他の債権との調整

### 1 租税の優先関係について

本節では、地方税法第14条に主体を置いて、徴収実務を考えてみたいと思います。

法第14条の6で、差押先着手による地方税の優先が次のように規定されています。

---

［参考］

**地方税法第14条の6第1項：**

（差押先着手による地方税の優先）

第14条の6　納税者又は特別徴収義務者の財産につき地方団体の徴収金の滞納処分による差押をした場合において、他の地方団体の徴収金又は国税の交付要求があつたときは、当該差押に係る地方団体の徴収金は、その換価代金につき、当該交付要求に係る地方団体の徴収金又は国税に先だつて徴収する。

2　（略）

---

地方税と国税は理論的には同順位となりますが、先に差押えに着手した租税が優先するという原則を規定したものであり、他の地方税又は国税から交付要求があっても優先的に徴収できることを保障しているものです。

例外としては、強制換価の場合の都道府県たばこ税や消費税の優先（法第14条の4）、担保を徴した地方税又は担保を徴した国税の優先があります。強

制換価の場合のたばこ税が例外とされているのは、例えば滞納処分として商品である「たばこ」を換価した場合に、この換価代金すべてを滞納税に配当すると、取引で発生した「たばこ税」が徴収できないという矛盾が生じることになるからです。

さらに、法第14条の7で「交付要求の先着手による地方税の優先」と、同じく第14条の8で「担保を徴した地方税の優先」が規定されています。

ここまでの優先関係を上位から並べてみると、「担保を徴した地方税」、「差押えの先着手」、「交付要求の先着手」の順番となります。

事例で考えてみましょう。

### ▶▶▶滞納整理の事例120

① 滞納者Tは運送会社の社長である。A市では、滞納者Tが所有する不動産に係る固定資産税の滞納が280万円ある。

② 当該不動産は運送会社の底地と建物及び滞納者Tの自宅であるが、運送会社の経営不振から賃貸料と役員報酬が未払いになっていることが、滞納原因である。

③ 滞納者Tは、自宅分の固定資産税については納税の意思を示すなど、納税に対して一定以上の誠実な意思を持つと判断できたので、滞納者TがB町に所有する別荘の土地と建物を担保に徴することにした。A市に所有する不動産には滞納税に優先する私債権の担保設定があるため、無担保物件の別荘を担保財産に選択した。

④ 所得税の滞納170万円があったため、C税務署が、A市が担保として徴した別荘に対して差押えを執行した。A市は、C税務署の差押後に担保物処分による参加差押えを執行している。

⑤ その後、C税務署は換価手続として公売を実施し、B町（別荘に係る固定資産税を30万円滞納）とD県税事務所（自動車税60万円を滞納）、そしてA市がそれぞれ交付要求した。売却価額は500万円で、滞納処分費は30万円であった。

さて、C税務署が公売を実施しましたが、配当の第一位は法第14条の3の規定から直接の滞納処分費30万円が最優先されます。

第二位は、交付要求の先着手に関わらず担保を徴していた（法第14条の8の規定）A市役所の280万円に配当されます。

第三位は、公売を実施したC税務署の170万円となります（法第14条の6の差押えの先着手）。

第四位以降は交付要求の着手順から（法第14条の7の規定）B町、そして最後にD県税事務所の順番になります。

配当順位第三位のC税務署までで、500万円のうち480万円（30万円＋280万円＋170万円）の配当が決定していますので、第四位のB町については交付要求額30万円に対して20万円（500万円－480万円）が配当されることになり、D県税事務所には配当はありません。

このような配当結果となった各徴収機関の処分状況等について、考察してみましょう。

A市：

　法第15条の5の規定を満たしていると判断して換価の猶予を認め、さらに滞納額が100万円以上あることから、法第16条の規定から担保を徴取しています。

　問題点としては、担保に徴した不動産が滞納者Tの所有する無担保の別荘であるため、この別荘の換価が事業の継続又はその生活の維持を困難にするおそれはないと判断されるのであれば、滞納者T自身に任意で売却させるか、A市で差し押さえて公売する方法もあったと考えられます。

B町：

　B町自体が固定資産税を賦課する不動産にA市の抵当権を設定された時点で、A市同様に滞納者Tとの納税交渉によって別荘を担保徴取する

か、C税務署が着手する前に差押えを執行すべきであったといえます。
　幸い交付要求が先着できたことで、20万円の徴収につながりました。

D県税事務所：
　交付要求でB町に先着できなかったことから、配当を得ることができませんでした。
　C税務署より先に差押えをすれば60万円全額、B町より先に交付要求だけでもすれば20万円の配当を受けることができました。
　B町とD県税事務所双方に言えることは、担保を徴したA市と差押えをしたC税務署に対抗する手段として、せめて当該不動産を参加差押えしていれば、確実に20万円の配当を受けることができました。
　参加差押えの本質は交付要求の効力なので、換価価値のある不動産等が他の租税機関に差し押さえられた場合は、参加差押えを確実に執行することが滞納整理の基本になります。

## 2　交付要求と参加差押え

　参加差押えの効力には3つあります。
　①交付要求の効力、②先行する差押えが解除された場合は参加差押えした時にさかのぼって生ずる差押えの効力、③差押えした機関が換価手続きに着手しない場合の換価の催告権です。

　**事例120**では、B町又はD県税事務所は参加差押えをしておけば配当を受ける可能性を高くすることができました。

　公売の場合は参加差押えに交付要求の効力がありますが、競売の場合は参加差押えに交付要求の効力はありません。競売の場合には競売開始前に執行されている「差押え」については配当が優先されますが、「参加差押え」には配当の優先の効力はなく、配当はすべて交付要求の先着手の順位で実施されます。

　もう1つの注意点として、滞納処分の執行を停止している場合においても、交付要求又は参加差押えをすることは可能です。

滞納処分の停止をした場合は、その停止に係る税金に対して新たな差押えをすることはできず、既に差押えしている財産がある場合は解除しなければなりません（法第15条の7第3項）。これに対して、交付要求と参加差押えは、執行機関の強制換価手続きに参加して換価代金の中から配当を受ける手続きであることから、法第15条の7第3項には抵触しないと考えられています（国税徴収法基本通達第153条関係参照）。

## 3　税と私債権との競合の調整

「税」対「税」では担保の徴収、差押えの先着、交付要求の先着で優劣関係が決まってきますが、「税」対「私債権」では、「税」の法定納期限等と「私債権」の抵当権設定日の関係で優劣が決定します。

このことは、法第14条の10（法定納期限以前に設定された抵当権の優先）に次のように規定されています。

> [参考]
>
> **地方税法第14条の10：**
>
> （法定納期限等以前に設定された抵当権の優先）
>
> 第14条の10　納税者又は特別徴収義務者が地方団体の徴収金の法定納期限等以前にその財産上に抵当権を設定しているときは、その地方団体の徴収金は、その換価代金につき、その抵当権により担保される債権に次いで徴収する。

事例120においては、「別荘」は無担保物件（私債権の抵当権はない）でしたが、事例を加工してA市、B市、C税務署、D県税事務所のすべての法定納期限等より以前にE銀行の抵当権（債権額150万円）があったとすると、換価代金500万円の配当順位は、第一位は滞納処分費30万円で変わりませんが、第二位にE銀行の150万円、第三位にA市の280万円、第四位に残金の40万円だけ執行機関であるC税務署に配当されることになります。B町及びD県税事務所には配当はありません。これが配当の基本形です。

ある地方税が他の地方税又は国税に優先するが、私債権には劣後するのに他の地方税又は国税が私債権に優先するという、「三つ巴」の状態になることがあります。

このように競合する場合を規定しているのが、法第14条の20（地方税及び国税等と私債権との競合の調整）です。

法第14条の20第1項第1号で
(1)　a 強制換価手続きの費用の優先、b 直接の滞納処分費の優先
(2)　a 強制換価の場合の都道府県たばこ税等の優先、b 強制換価の場合の消費税等の優先
(3)　a 留置権の優先、b 前払賃料、c 自動車等についての準用規定、d 不動産保存の先取特権等の優先を規定しています。

第2号で、私債権の抵当権等の設定日と租税の法定納期限等で成立の時期の古いものからそれぞれ順次に充てて、さらに私債権と租税に充てるべき金額の総額を定めると規定しています。

第3号で、租税については法第14条の6から法第14条の8までの優先順位で充てると規定しています。これらのことを事例で考えてみましょう。

▶▶▶滞納整理の事例 121

① 滞納法人U社は本社をA市に置き、食品製造販売を主たる目的に設立された株式会社である。U社はA市の他にB市とC市に工場を持ち、主力製品はパン、菓子製造販売であるが、平成26年ごろから競合する大手製パン会社との競争力に対応しきれず赤字経営が続き、ノンバンクS商事の支援を受けたが、原油の高騰等のコスト高が重なり、結果として平成29年6月に不渡りを出して倒産状態となった。

② A市では、固定資産税の滞納から平成28年5月にU社の所有する不動産の中で換価による配当の可能性が一番高いと判断されたC市内の工場と底地に換価の猶予による抵当権を設定した。

③ 平成29年2月にD国税が、消費税の滞納からA、B、C市の

U社が所有するすべての不動産に対して差押えを執行した。これに対してＡ市は、平成29年3月にＣ市内の担保として徴収した不動産について「担保物処分による参加差押え」を執行した。

④　Ｅ県税は、法人県民税の滞納から平成29年5月に、Ａ、Ｂ、Ｃ市にＵ社が所有するすべての不動産について参加差押えをした。

⑤　その後、Ｃ市内の不動産の一番抵当権者Ｍ銀行が競売の申立てをするに至り、Ｂ市、Ｃ市とＦ社会保険事務所を含めて、すべての滞納に係る官公庁が交付要求している。

Ｃ市不動産に対する抵当権の設定日及び債権額、滞納税の法定納期限等及び滞納額、交付要求の状況は、次のとおりとなっている。

【差押えの状況】

(1)　平成29年2月28日　Ｄ国税差押え　法定納期限等平成28年3月31日　滞納額650万円

(2)　平成29年3月2日　Ａ市参加差押え　法定納期限等平成27年5月1日　滞納額500万円

(3)　平成29年5月10日　Ｅ県税参加差押え　法定納期限等平成27年3月31日　滞納額1,350万円

【権利の状況】

(1)　平成20年5月14日　Ｍ銀行抵当権設定　債権額5,500万円

(2)　平成27年4月6日　Ｓ商事抵当権設定　債権額8,000万円

(3)　平成28年5月6日　Ａ市抵当権設定　債権額500万円

【交付要求の状況】

(1)　平成29年6月5日　Ｄ国税　法定納期限等平成28年3月31日　滞納額650万円

(2)　平成29年6月28日　Ｃ市　法定納期限等平成28年5月2日　滞納額200万円

(3)　平成29年6月29日　Ａ市　法定納期限等平成27年4月30日　滞納額500万円

(4)　平成29年7月3日　Ｂ市　法定納期限等平成27年4月30

日　滞納額 300 万円
(5)　平成 29 年 7 月 4 日　E 県税　法定納期限等平成 27 年 3 月 31 日　滞納額 1,350 万円
(6)　平成 29 年 7 月 10 日　F 社保事務所　法定納期限等平成 27 年 3 月 31 日　滞納額 100 万円
※　滞納の法定納期限等は、事例解説の便宜上、各官公庁各 1 つとした。

売却価額は 7,100 万円で強制換価手続きの費用は 50 万円であった。

配当を考えてみると、最初に強制換価手続きの費用の優先から 50 万円が配当されます。

残る 7,050 万円は私市債と公債権は抵当権の設定日と法定納期限等の成立の古いものから順に①M 銀行 5,500 万円、②、③ E 県税 1,350 万円と F 社会保険事務所 100 万円が同順位、④ S 商事債権額は 8,000 万円あるが 100 万、⑤、⑥ A 市と B 市が同順位だが配当はない、⑦ D 国税は配当がない⑧ C 市は配当がない、と仮配当されます。

私債権はこれで確定ですが、公債権グループについては配当総額 1,450 万円について、法第 14 条の 20 第 1 項第 3 号の規定に基づき、配当順位は① A 市 500 万円（担保を徴した地方税の優先）② D 国税 650 万円（差押えの先着手）③ C 市 200 万円（交付要求の先着手）、B 市 100 万円（交付要求の先着手）となります。

滞納額の全額を回収できた A 市と D 国税及び C 市は、滞納整理が結果として適切に行われたと言えます。特に C 市は、地元の不動産競売事件に対して早期に交付要求できたことによって、法定納期限等で一番新しく、仮配当では最下位の状況下でありながら、滞納額全額を回収できたのですから、満足のいく結果であると言えます。

他方で B 市と E 県税は、滞納整理に反省すべき点があります。
B 市は法定納期限等で A 市と同日であったわけですから、明らかに滞

納処分が遅れたことが配当を得ることができなかった原因であり、なんとかE県税に対して1日早い交付要求ができたことで、滞納額の3分の1に相当する100万円の配当を得ることができましたが、滞納額全額を回収できる可能性が高かった事案でした。

E県税は、参加差押えは執行していますが、競売事件に対しては「無力の行為」と言わざるを得ず、A市よりも法定納期限等が古い高額の滞納事案であったわけですから、いち早く滞納処分に取り組むべきでした。交付要求でB、C両市に遅れをとったことも残念な結果です。

このように徴収現場では、担保の徴取、早期の差押え、すばやい交付要求を常に念頭に置き、官公庁間であっても滞納税の「争奪戦」が行われる「ライバル」であることを十分に意識する必要があります。

## 4　租税優先の原則と担保を徴した公課について

法第14条の10（法定納期限等以前に設定された抵当権の優先）では、「納税者又は特別徴収義務者が地方団体の徴収金の法定納期限等以前にその財産上に抵当権を設定しているときは、その地方団体の徴収金は、その換価代金につき、その抵当権により担保される債権に次いで徴収する。」と規定されています。

公租（国税、地方税等）と公課（社会保険料、国民健康保険料等）の関係は原則的に公租が公課に優先しますが、公課が公租の法定納期限等以前に担保を徴している場合の優先関係は、法第14条の10の規定の私債権と国税の関係と同様に取り扱うこととし、公課が公租に優先することになります。

このことは、国税徴収法基本通達第8条関係7に、「公課が担保を徴している場合における当該公課と国税との関係は、公課に関する法律が国税に劣後する旨の優先順位を規定しているにもかかわらず、国税徴収法第2章第3節から第5節まで〈国税と被担保債権との調整等〉に規定する私債権と国税との関係と同様に取り扱うものとする。」と規定されているからです。

公課は原則として、公租に対して配当の順位が劣後することになりますが、

例えば社会保険料を5ヶ月分滞納する法人に対して、換価の猶予を認めることができる状況であるならば、次のように対処すべきです。
① 法人が所有する不動産又は代表者等が所有する不動産等を担保提供させて抵当権を設定する（概ね100万円以上の滞納）。
② 換価の猶予後に納期が訪れる社会保険料については、納期内納付を指導して、換価を猶予した部分については分割納付を認める。

このような対応で滞納整理を進めれば、滞納法人が経営悪化から倒産状態に陥り競売を申し立てられ、その競売事件に対して他の租税等の法定納期限等以前に抵当権を設定したような場合に、滞納分の社会保険料の徴収に優位になる場合もあると思います。

公課の滞納整理のポイントは、「他の公租の法定納期限等以前に設定された抵当権」の状態を考えるのであれば、滞納の初期の段階から（社会保険料を滞納するということは、かなり経営が思わしくない状態が想定されます）、滞納分を保全する見地からも高額滞納事案については担保を徴取し、新しいものを優先して納めさせ、結果として他の公租との関係上、少しでも優位に立てる状況を築く方向で取り組まなければなりません。

租税の徴収、公課の徴収にかかわらず滞納分はきちんと換価の猶予とし、新しいものを優先して納めさせるのが滞納整理の基本であるといえます。

換価の猶予の要件である「滞納者の誠実な意思」とは、第1に滞納に係る徴収金に対しては換価の猶予期間中に完納を目指して行うという意思と、第2に新たに納期が訪れる徴収金については滞納累積させないという意思であると解されます。

債権の場合を考えると、公課が差押えした後で公租に二重差押え及び交付要求がなされると、配当順位は逆転してしまいます。即時取立てのできる預金等の差押えであれば確実に徴収できますから、公課の滞納整理は積極的な即時取立ての可能な預金、売掛金、工事代金等の債権に対する差押えが効果の大きい有効な手立てであると考えられます。

公租と競合すれば徴収上不利となることを常に念頭に入れて、できるだけ競

合しない方法で徴収金の争奪戦を乗り切らなければなりません。

## 5　担保権付財産が譲渡された場合について

　法定納期限等に劣後する抵当権が設定されたまま第三者に譲渡された場合の徴収方法として、法第14条の16に「納税者又は特別徴収義務者が他に地方団体の徴収金に充てるべき十分な財産がない場合において、その者がその地方団体の徴収金の法定納期限等後に登記した質権又は抵当権を設定した財産を譲渡したときは、納税者又は特別徴収義務者の財産につき滞納処分をしてもなおその地方団体の徴収金に不足すると認められるときに限り、その地方団体の徴収金は、その質権者又は抵当権者から、これらの者がその譲渡に係る財産の強制換価手続きにおいてその質権につき配当を受けるべき金額のうちから徴収することができる」と規定されています。

　このことは、譲渡がなければその財産から当然に受けとることができた金額について、徴収しようとするものであり、先取権に類似しています。

　ただし、この財産以外に滞納租税を徴収する手立てがない場合に限定されています。

> ▶▶▶滞納整理の事例122
> 　A市役所の納税課に勤務するB主任は、不動産業を営む滞納者Cに対して、A市内に所有する不動産を差し押さえすべく、最新の不動産登記簿を取得したところ、抵当権がついたままで第三者のDに譲渡されていることがわかりました。
> 　B主任は2ヶ月前の財産調査時の不動産登記簿により、E信用金庫の抵当権設定日（平成29年4月14日）よりも滞納する市県民税（滞納額450万円）の法定納期限等（平成29年3月15日）が古く優先することを確認していましたので、この所有権の移転に愕然としました。しかし、所有権は移転されまたが売却されたものではなくて、譲渡されたものであったため、滞納者Cが債務者の抵当権が抹消されていないことから、法第14条の16を思い出すことができ、滞納者Cに直ちに連

絡を取り経過の説明を求めました。B主任が滞納者Cから聴取した内容は次のとおりです。

① 元々は「商品」ともいうべき売却を予定していた不動産であったが、当該不動産は「接道」の問題からなかなか買い手が付かず、経営の悪化から事業に行き詰まったため、売れずに残っていた無担保物件の当該不動産を担保に、事業資金としてE信用金庫から平成29年4月に1,000万円の融資を受けた。

② Dとの関係は子供のころからの友人で、Dはセメント工場の社長をしており、これまでに延べ1,500万円ほどの借金を繰り返しており、当該不動産が売却できたら返済する約束であったが、なかなか売れなかったので譲渡することになった。

③ E信用金庫からも当初は1,500万円程度の担保価値と見られていたが、買受先を探してはいるものの値段の折り合いがつかず、またE信用金庫に無断でDに譲渡したことから信用をなくして、早急の弁済を求められている。

④ 当該物件以外に換価できる財産がないことは滞納者Cからの聴取だけではなく、B主任が行った財産調査においても明らかでる。すなわち、当該不動産からしか滞納税金は徴収できない。

　この事例は、2ヶ月後にE信用金庫が競売の申立てをするに至り、強制換価手続きが開始されA市役所はすみやかに交付要求をしました。配当について考えてみましょう（売却価額は1,200万とし、強制換価手続きの費用は50万円とする）。

　最初に1,200万円のうち強制換価手続費用の50万円が配当されます。1,150万円については、国税徴収法基本通達第22条関係8（徴収できる金額）により、「法第22条第1項の質権又は抵当権の被担保債権が譲渡に係る財産の換価代金から配当を受けることができる金額（①とします）から、譲渡に係る財産を納税者の財産とみなして、その財産の換価代金につき納税者の国税の交付要求があったものとした場合において、国税徴収法第22条第1項の質権又は抵当権

の被担保債権が配当を受けることができる金額（②とします）を控除した額（①－②となります）と抵当権に優先した国税の額のいずれか少ない額である」となっていますから、①はE信用金庫に1,000万円、②では1,150万円－450万円で700万円となり、①－②は1,000万円から700万円を控除した300万円となります。そして、A市役所がE信用金庫に法定納期限等で優先した450万円と求められた300万円を比較して、少ない額の300万円がE信用金庫の配当を受けることができる金額から徴収することができます。

　この事例で、法定納期限等に優先する私債権と劣後する私債権の抵当権が設定されていた場合を考えてみます。

　X銀行の被担保債権額　600万円　抵当権設定日平成28年8月25日
　E信金の被担保債権額　1,000万円　抵当権設定日平成29年4月14日
　A市役所の滞納額　450万円　法定納期限等平成29年3月15日

　X銀行の抵当権設定日はA市役所の法定納期限等に優先していますので、国税徴収法第22条の規定は適用されませんから、X銀行の被担保債権額の600万円の配当権利は決定します。1,200万円から強制換価手続きの費用50万円を控除した1,150万円から、この600万円をさらに控除した550万円の配当先を考えることになります。まず、A市役所の存在を考えなければ、550万円（①）は全額E信用金庫に配当されます。A市役所の優先を考えれば、550万円からA市役所の450万円を控除した100万円（②）がE信用金庫の配当となります。①から②を控除した（550－100）450万円とA市役所の450万円を比較した場合は同額になりましたから、この450万円をE信用金庫から徴収できることになります。

　事例では滞納者が他に地方団体の徴収金に充てるべき十分な財産がない場合において、法定納期限後に登記した抵当権を設定したままで所有権を移転した場合には、抵当権者から徴収できることを説明しましたが、国税徴収法基本通達第22条関係6で「抵当権付債権の譲渡等と国税徴収法第22条の適用」が規定されており、それによれば、抵当権そのものの譲渡であっても同様に取り扱うことができます。

## 第2節　相続による納税義務の承継

### 1　納税義務承継者

相続に関する一般的な規定は、民法第5編相続（第882条から第1044条）に定められていますが、税法による承継の範囲とは違いがあるので留意してください。

（一）　相続人

民法第887条から第890条までの規定によって相続人となった者で、被相続人（死亡した者または失踪宣告を受けた者）の一定の親族が相続人になります。配偶者は常に相続人となり（民法第890条）、血族親族は次の順で相続人になります。

第一順位：子またはその代襲者（民法第887条）

第二順位：直系尊属（民法第889条）

第三順位：兄弟姉妹またはその代襲者（民法第889条）

民法の規定では相続分、相続放棄、相続の欠格、遺言等の規定があるので注意してください。また、承継者が1人のときは被相続人の納税義務の全部を、複数のときは全納税義務を民法の規定により相続分または受贈分に応じて承継します。限定承認をしたときは、相続によって得た財産を限度として承継します（法第9条1項）。

※　民法第888条は昭和37年に削除されました。現在の民法第887条第2項及び第3項の代襲相続に関する規定がありました。

　　胎児の場合は死産でない限り相続人となりますが（民法第886条）、出世時までは相続人でないものとして取り扱います。なお、被相続人が外国籍を有する場合の被相続人の相続については、原則としてその本国法が適用されます。

（二）　包括受遺者及び包括名義の死因贈与を受けた者

包括受遺者とは相続人以外の者で遺言により遺産の贈与を受けた者をいい（民法第964条）、死因贈与を受けた者とは贈与者の死亡により効力が生ずる贈

与を受けた者をいいます（民法第554条）。

### （三）　相続財産法人

　相続財産法人とは相続開始時に相続人のあることが不明なとき、あるいは、相続人がいないことが明らかなときに、相続財産が法律上構成する法人のことをいいます（民法第951条）。したがって、相続人のあることは明らかであるが、その生死または所在が明らかでない場合には相続財産法人は構成できません。なお、相続開始後に相続人の全員が相続の放棄をした場合でも相続財産法人は構成されることになります。

　相続財産法人が成立すると、家庭裁判所は利害関係人または検察官の請求により相続財産管理人を選任し公告します（民法第952条）。相続財産管理人は相続財産の管理及び債務の弁済等を行いますから、相続財産法人への納税の告知等の書類はこの相続財産管理人に送付することになります。このため、相続財産管理人が定められていないときは、地方団体は利害関係人として家庭裁判所に相続財産管理人の選任を請求しなければなりません（民法第952条）。

## 2　承継の効果

　承継される徴収金には被相続人に賦課されるべきもの（賦課要件が充足し納税義務は成立しているが賦課決定や申告等による納税義務が確定していないもの）と賦課決定がされて被相続人が納付、納入すべきものがあります。

　相続があったときに、相続人または相続財産法人は被相続人の納税義務を承継しますので、被相続人に対して既に納税の告知、督促、滞納処分等が行われているときは、相続人はその地位についてもそのまま承継することになります。例えば、被相続人に対して行った差押えに基づき換価をすることができます。

▶▶▶滞納整理の事例123
（被相続人に滞納処分の停止がされている場合の相続人への承継）

**Q** 　被相続人が納付または納入すべき徴収金について、既に滞納処分の停止を行っています。この徴収金が相続人に承継された場合にどのように取り扱えばよいのでしょうか。
　また、同様に被相続人に対して、既に換価の猶予に基づき分割納付を認めていた場合等の取扱いについてもご教示ください。

**A** 　被相続人の納付または納入すべき地方団体の徴収金について、徴収の猶予、換価の猶予または滞納処分の停止をしている場合は、地方団体の徴収金はそれらの処分がされた状態で相続人に承継されることになります。
　例えば換価の猶予で毎月10万円の分割納付を認めていた場合は10万円の分納が承継されます。ここで相続人についての担税能力や換価財産の有無などを調査して、それらの処分の取消事由があると認められるときは、取り消すことができます。
　滞納処分の停止を取消しして、新たな滞納処分による差押えをすることも可能ですし、換価の猶予を取り消し、一括で納付または納入させることも可能となります。
　相続人が納税義務を承継した場合は相続財産以外の相続人の固有財産についても滞納処分ができますが（民法第920条）、この場合には滞納処分の執行に支障がない限り、最初に相続財産を差し押さえるように留意しなければなりません。このことは国税徴収法第51条第1項で規定されています。

## 3　承継の範囲

　地方団体の徴収金の範囲は被相続人が遺言または第三者に委託して定める指定相続分（民法第902条）、指定がない場合の法定相続分（民法第900条）、そ

して、代襲相続分（民法第901条）を基本に次の事項に注意しながら按分計算で行われます。

(1) 相続の順位については先に記載したとおりです。相続人の全員が相続放棄した場合、相続財産は国庫に帰属することになります。

(2) 共同相続人中に民法第903条に定める特別受益者がいる場合でも、各相続人の承継額の計算には、その特別受益者の部分は考慮しません（法通達9条関係9）。

(3) 遺産分割協議等により、民法第900条から第902条と異なる遺産配分が行われた場合であっても各相続人の承継額の計算は原則として民法第900条から第902条により定めます（法第9条第2項）。

(4) 遺留分（民法第1028条）を侵害する相続分の指定があっても、その侵害部分は無効となるのではなくて、侵害された相続人は減殺の請求（民法第1031条）ができることにとどまるため、各相続人の承継額の計算は減殺の請求があるまでは、指定相続分に従って処理することになります。

(5) 相続人が二人以上いる場合で相続財産の価額が、その承継した地方税の額を超過する相続人は、その超過する価額を限度として、他の相続人が承継した徴収金を納付する責任を負います（法第9条第3項）。

(6) 相続人が限定承認をした場合には、その相続人は承継した積極相続財産を限度として徴収金の納付責任を負います。したがって、限定承認した相続人の固有財産に対する差押えはできません。なお、相続人が複数いるときの限定承認は全員で行わなければなりません（民法第923条、法通達9条関係6）。

▶▶▶滞納整理の事例124

（指定相続分が明らかでない場合の法定相続）

Q 相続分について遺言の効力に争いがあるため、指定相続分が明らかでない場合や相続人が自己のために相続の開始があったにも関わらず限定承認をしていない場合等の取扱いについてご教示ください。

> **A** 指定相続分が確定していない場合は、法定相続を適用して納税義務の範囲を決定します。相続人が相続を知ってから3ヶ月以内に限定承認しない場合には単純承認したものとみなしてかまいません（民法第921条）。

## 4 徴収手続き

相続人に対する徴収手続きは、各相続人の承継税額ごとに個別に行います。

### （一） 納税義務の承継通知

納税義務の承継があった場合で徴収金の額が確定しているときは承継人に対して「納税義務承継通知書」を送達します。

### （二） 書類通達の特例

相続人に対する徴収手続きに関し、次のような書類送達の特例があります。

(1) 相続人が2人以上あるとき、これらの相続人は被相続人の徴収金の賦課徴収（滞納処分を除く）及び還付に関する書類を受領する代表者を指定することができます。この場合、指定された相続人は、その旨を地方団体の長に届け出なければなりません（法第9条の2第1項）。この法第9条の2第1項の規定による代表者の指定は、指定をする相続人と代表者として指定される相続人との個々の委任契約に基づくものであるから、一部の相続人の代表者となることができることに留意しなければなりません。

(2) 地方団体の長は相続人が2人以上であり、相続人または相続分のうちに明らかでないものがある場合で相当の期間内に(1)の届出がないときは、相続人の一人を指定し通知を行うことにより、その者を(1)の代表者とすることができます（法第9条の2第2項）。「相当の期間内」とは相続の開始があった日から概ね3ヶ月以内として取り扱うことにします。

▶▶▶滞納整理の事例125

(指定と届出が競合した場合の取扱い)

**Q** 法第9条の2第2項の規定により代表者を指定した後に、第9条の2第1項の規定に基づき相続人から別の相続人を代表者にする届出がありました。
どのように取り扱えばよいのでしょうか？

**A** 第2項の規定で代表者を指定した後に、第1項の規定で別の相続人を代表者とする届出があった場合は、その第1項の届出が相続人全員の代表者として届出するもので、かつ、その届出を遅延したことを地方団体の長がやむを得ない事情があると認められる場合に限り、その届出を受理し、その旨を届出に係る代表者に通知するものとします。この場合で届出を受理するまでに行った納税の告知等の効力には影響を及ぼさないことに留意してください。

▶▶▶滞納整理の事例126

(指定がされた代表者が死亡した場合)

**Q** 法第9条の規定により届出または指定がされた代表者が死亡した場合には、どのように取り扱えばよいのでしょうか？

**A** 法第9条の2第1項で届出された代表者または第2項で指定した代表者が死亡した場合は、その届出または指定の効力は失われます。あらたな代表者を届出させるか、指定する必要があります。地方団体の長がその代表者の死亡を知らないでした納税告知書等の送達は代表者の相続人に送達されたときに限り、有効に送達されたものとなることに留意してください（民法第112条、同第655条）。

(3) 被相続人の死亡後、その死亡を知らないで、その者の名義で行った賦課徴収または還付に関する処分で、書類の送達を要するものは、その相続

人の１人にその書類が送達された場合はすべての相続人に対して送達されたものとみなします（法第９条の２第４項）。

(三)　相続人に対する滞納処分

　相続財産以外の相続人の固有財産についても、納税義務の範囲内であれば、滞納処分を行うことができます。この場合は、まず相続財産を差し押さえ、次に固有財産を差し押さえます（民法第920条、国税徴収法第51条第１項）。

(四)　相続財産法人に対する徴収手続き

　相続財産法人に対する書類の送達は相続財産管理人に対して行わなければなりません。また、相続人があることが判明したときは、相続開始時に遡って相続財産法人は存在しなかったことになりますが、既に行った滞納処分等及び相続財産管理人の行った納付等は相続人に対しても効力を有します。

サービス・インフォメーション
─────────────通話無料─────────────
① 商品に関するご照会・お申込みのご依頼
　　　　　　TEL 0120(203)694／FAX 0120(302)640
② ご住所・ご名義等各種変更のご連絡
　　　　　　TEL 0120(203)696／FAX 0120(202)974
③ 請求・お支払いに関するご照会・ご要望
　　　　　　TEL 0120(203)695／FAX 0120(202)973

● フリーダイヤル（TEL）の受付時間は、土・日・祝日を除く
　9:00～17:30です。
● FAXは24時間受け付けておりますので、あわせてご利用ください。

---

手際よく収納率アップ！
覚えておきたい自治体徴収実務の定石

---

平成30年3月20日　初版発行

著　者　　日　澤　邦　幸

発行者　　田　中　英　弥

発行所　　第一法規株式会社
　　　　　〒107-8560　東京都港区南青山2-11-17
　　　　　ホームページ　http://www.daiichihoki.co.jp/

---

収納アップ徴収　ISBN 978-4-474-06280-1　C2031（2）